Die energische Wencke Tydmers hat alle Hände voll zu tun, gegen die Sparmaßnahmen in ihrer Abteilung zu kämpfen, als sie zu einem Mordfall nach Juist gerufen wird. Seite an Seite mit ihrem spießigen Kollegen Sanders stößt sie auf Geheimnisse, die die Menschen auf der Insel allzu lange vergessen wollten.

Sandra Lüpkes, geboren 1971, lebt in der ostfriesischen Kleinstadt Norden, wo sie als freie Autorin, Sängerin und Kabarettistin arbeitet. Mit ihrer oftmals chaotischen Kommissarin Wencke Tydmers, die in erster Linie an der Küste und auf den Inseln ermittelt, ist sie weit über den norddeutschen Tellerrand hinaus bekannt geworden.

Bei Rowohlt sind von Sandra Lüpkes *Fischer, wie tief ist das Wasser* (rororo 23416), *Halbmast* (rororo 23854) sowie vier weitere Kriminalromane erschienen, in deren Mittelpunkt die sympathische und tatkräftige Ermittlerin Wencke Tydmers steht:

Die Sanddornkönigin (rororo 23897)
Der Brombeerpirat (rororo 23926)
Die Wacholderteufel (rororo 24212)
Das Sonnentau-Kind (rororo 24408)

Der vorliegende Band ist der erste dieser Reihe.

Sandra Lüpkes

Das Hagebutten-Mädchen

Ein Inselkrimi

Rowohlt Taschenbuch Verlag

7. Auflage November 2007

Originalausgabe
Veröffentlicht im Rowohlt Taschenbuch Verlag,
Reinbek bei Hamburg, Mai 2004
Copyright © 2004 by Rowohlt Verlag GmbH,
Reinbek bei Hamburg
Umschlaggestaltung any.way, Cathrin Günther
(Foto: Photonica)
Satz Minion PostScript, PageOne,
bei Dörlemann Satz, Lemförde
Druck und Bindung Druckerei C. H. Beck, Nördlingen
Printed in Germany
ISBN 978 3 499 23599 3

Wie mit grimmgen Unverstand Wellen sich bewegen!
Nirgends Rettung, nirgends Land vor des Sturmwinds Schlägen!
Einer ist's, der in der Nacht, einer ist's, der uns bewacht:
Christ, Kyrie, du wandelst auf der See.

Wie vor unserm Angesicht Mond und Sterne schwinden!
Wenn des Schiffleins Ruder bricht, wo dann Rettung finden?
Wo denn sonst als bei dem Herrn, sehet ihr den Abendstern!
Christ, Kyrie, erschein uns auf der See!

Nach dem Sturme fahren wir sicher durch die Wellen,
Lassen, großer Schöpfer, dir unser Lob erschallen,
Loben dich mit Herz und Mund, loben dich zu jeder Stund:
Christ, Kyrie, ja dir gehorcht die See.

Einst in meiner letzten Not, lass mich nicht versinken.
Sollt ich von dem bittern Tod Well auf Welle trinken,
reiche mir dann liebentbrannt, Herr, Herr, deine Glaubenshand!
Christ, Kyrie, komm zu uns auf die See!

Traditionsreiches Insulanerlied, Evangelisches Gesangbuch
Niedersachsen Nr. 592
Text: nach Johann Daniel Falk 1816

Samstag, 20. März, 7.03 Uhr

Erol Radzömir war in seiner Heimat stolzer Besitzer eines Eisenwarengeschäftes gewesen. Und bis eines Tages die kurdischen Rebellen aus den Bergen kamen, um sich, mit schweren Gewehren im Anschlag, in seinem Laden mit Werkzeugen auszurüsten, bis zu diesem Tag also, an dem er für die türkische Regierung zu einem Feind wurde, war er auch ein Mann gewesen, der geachtet war und der sich und seiner großen Familie etwas bieten konnte.

Nun war er dafür zuständig, dass auf den Straßen einer kleinen Insel in der kalten Nordsee keine Pferdeäpfel auf der Straße lagen. Die Einheimischen mochten ihn, manche grüßten sogar freundlich, wenn sie ihn mit dem Fahrrad überholten, während er mit Besen und Schaufel den faserigen Kot von den steinigen Straßen kratzte. Er wusste, es gab niemanden auf Juist, der diesen Job übernehmen wollte. Vielleicht riefen sie deswegen so dankbar ihr knappes «Moin» im Vorbeifahren. Er war der Köttelfeger. Doch seine Familie war sicher, nur das zählte. Die Älteste hatte gerade auf dem Festland die ersten Abiklausuren geschrieben und der Jüngste lernte am Nachmittag im *Inselhuus* Plattdeutsch. Die Kinder waren hier zu Hause. Sie tranken morgens lieber Tee als den starken, süßen Kaffee, den seine Frau so wunderbar zubereitete und der nach Heimat schmeckte. Es war nicht schlecht hier. Viele Schicksalsgenossen hatten es weit schlechter erwischt: Sie lebten in Containern in wirklich endlos scheinenden Großstädten, atmeten Tag für Tag die schmutzige Luft ein und mussten sich sogar manchmal gegen Fremdenhass zur Wehr setzen. Schlimm musste das sein, dachte Radzömir.

Er war morgens immer einer der Ersten auf den schmalen, hellbraun gepflasterten Straßen der Insel. Hinter den Fenstern der rot geklinkerten Pensionen und Hotels und Geschäftshäuser war es noch dunkel an diesem Samstagmorgen im März. In zehn Tagen ging die Saison wieder los, dann sah es um sieben Uhr früh schon ganz anders aus, dann fuhr der Bäcker mit dem schweren, schwarzen Fahrrad die warmen Brötchen zur Filiale am Kurplatz und die ersten Pferdekutschen brachten Gepäck von abreisenden Gästen zum Hafen. Doch heute war es wie ausgestorben. Sie schliefen ihren Rausch aus, die Insulaner.

Gestern Abend hatte im *Haus des Kurgastes* auf der Düne ein lautes, feuchtfröhliches Folkloretreffen stattgefunden. Die anderen Inseln waren zu Gast. Borkum, Norderney, Baltrum, Langeoog, Spiekeroog, Wangerooge. Alle Mann auf Juist. Sie trugen dicke Trachten und Holzschuhe an den Füßen. Radzömir mochte Folklore. Ob Ostfriesland oder Kurdistan, die gemeinsamen Lieder und die uralten Tänze waren sich überall ähnlich. Sie erzählten immer Geschichten von Liebe und Heimweh. Nur, dass man in seiner Heimat nicht so viel Alkohol dabei trank.

Gestern Abend musste es wirklich hoch hergegangen sein. Er fand leere Bierdosen im Rinnstein und zwei Häuserecken waren mit den angetrockneten Resten von Erbrochenem beschmutzt. Wie nach einer Schlacht, dachte Radzömir. Bis nächste Woche musste alles sauber sein. Schon am Montag würden sie alle vor ihren Häusern stehen und die Fenster putzen und die Grassoden zwischen den Pflastersteinen herauskratzen. Denn bald fingen die Osterferien an und dann kamen die Gäste auf die kleine, idyllische Insel, auf ein sauberes Stückchen Erde ohne schmutzige Luft und Fremdenhass, dann ...

Er ließ den schweren Griff des Handkarrens fallen und starrte in das Schaufenster. Da die Beleuchtung noch nicht angeschaltet war, konnte er sich nicht sicher sein, ob das, was er zwischen den alten, dunklen Bildern, den messingfarbenen Kompassrosen und dem anderen wild durcheinander geworfenen Kram zu erkennen glaubte, ob das wirklich ein Mensch war. Er zögerte. Wenn es ein Mensch war, dann wollte er keinen Schritt weiter gehen. Er hatte in seiner Heimat schon zu viele Tote gesehen. Eigentlich hatte er gehofft, dass er nie wieder einen sehen müsste.

Und doch näherte sich Radzömir dem kleinen Trödelladen. Vielleicht schlief diese Gestalt auch nur. Vielleicht.

Er wandte sich ab. Das kleine Polizeirevier war nicht weit von hier entfernt. Er ließ den Holzwagen mit dem Pferdemist mitten auf der Straße stehen und rannte los. Radzömir kannte den Mann im Schaufenster. Es war ein guter Mann.

Samstag, 20. März, 7.05 Uhr

Bumm bumm bumm.

Axel Sanders' Kopf machte Musik. Hämmernde, kreischende Rummtata-Musik. Früher hatte er nicht so viel Alkohol getrunken. Als er noch in Aurich lebte, vor etwas mehr als einem halben Jahr also, da hatte er sich ganz selten einmal einen edlen Tropfen gegönnt. Trockene deutsche Weißweine waren seine Favoriten gewesen. Aber diese Zeit schien zu einem anderen Leben zu gehören. Die letzten sechs Monate waren ihm wie eine Ewigkeit vorgekommen.

Gestern Abend hatte er süffiges deutsches Bier getrunken. Und zwar viel zu viel. Seit er auf der Insel lebte, hatte er Bekanntschaft mit dem Vollrausch, dem Brummschädel und dem heftigen Nachdurst gemacht. Vorher waren ihm diese drei Halunken fremd gewesen.

Er wusste nicht, warum er auf Juist so viel soff. Er hatte auch keine Angst, dass er zum Alkoholiker werden würde, weil es ihm jetzt viel zu dreckig ging und ihm der Schwur, nie wieder ein Glas Bier anzurühren, viel zu ernst war. Gott sei Dank waren die neun Monate Vertretung auf der Polizeidienststelle Juist bald vorbei. Noch zehn Wochen und drei Tage, dann würde er nach Nordhorn gehen, zur GER, einer Sondertruppe von Polizei und Zoll, die sich mit Drogendelikten an der niederländischen Grenze beschäftigte. Er war als Ermittlungsleiter vorgesehen, das heißt, genau genommen gab es ihn und einen weiteren, ihm unbekannten Anwärter auf diesen ziemlich begehrten Job. Aber er selbst rechnete sich gute Chancen aus. Er hatte sich wirklich noch nie etwas zu Schulden kommen lassen und stets sauber und effizient gearbeitet. Als Beweis seines Engagements hatte er sogar diesen verdammten Job hier auf Juist angenommen. Man munkelte intern, dass ihm der Job im Emsland so gut wie sicher war. Noch zehn Wochen und drei Tage!

Zum Glück lag der Inselwinter fast hinter ihm. Denn im Winter, so hatten ihm Kollegen erzählt, ging es auf Juist ganz besonders hoch her. Wenn die Gäste kamen, dann blieb nicht mehr so viel Zeit zum Feiern. Gott sei Dank.

Prost! Er stürzte das Glas eiskaltes Leitungswasser gierig in seinen trockenen Hals und füllte es gleich wieder nach. Als er sich dabei im Spiegel über dem Waschbecken erblickte, versuchte er krampfhaft, die versoffenen Knitterfalten auf den unrasierten Wangen und das glasige Dunkelrosa seiner Augäpfel zu ignorieren.

Meine Güte, diese Insel hatte ihn ruiniert. Er sah fürchterlich aus. Wäre er sich in diesem Zustand vor einem halben Jahr selbst begegnet, dann hätte er einen weiten Bogen um sich gemacht. Er schleuderte sich Unmengen von kaltem Wasser ins Gesicht, trocknete sich fest mit dem angenehm rauen Handtuch ab, sodass sich seine Haut kühl und glatt anfühlte. Doch man konnte ihm dieses gute Gefühl leider nicht ansehen. Als er wieder in den Spiegel schaute, sah er noch immer jämmerlich aus.

Gnadenlos zupfte er sich mit der bereitliegenden Pinzette ein paar aus der Reihe tanzende Härchen aus den Augenbrauen.

War es das wert gewesen? War der gestrige Abend es wert gewesen, dass er sich heute Morgen fühlte wie ein Spüllappen in der Gemeinschaftsküche einer Studenten-WG?

Er stieg unter die Dusche. Kein Pardon, der Wasserhahn wurde gnadenlos ganz in die blaue Ecke geschoben und die eisigen Wassertropfen, biestig wie Nadeln, quälten seinen noch bettwarmen Körper.

Durchhalten, eine halbe Minute durchhalten, dachte er und schnappte nach Luft. Dann gewöhnst du dich dran. Das bist du deinem Körper schuldig, Axel Sanders.

Es war mehr als eine halbe Minute, mit Sicherheit, aber irgendwann war das kalte Wasser nicht mehr unangenehm, nur noch frisch und sättigend. Er ließ das teure Duschgel in seine Handfläche tropfen und verteilte den duftenden Schaum auf der Brust und unter den Armen. Und dann gelang ihm das erste Lächeln des Tages. Er dachte an gestern Abend.

Ja. Das war es wert gewesen. Abgesehen von der volkstümlichen Musik, die ja eigentlich gar nicht sein Ding war, und abgesehen vom fettigen Grünkohl, den er nicht unbedingt mochte, abgesehen davon hatte er sich noch nie in seinem

Leben so amüsiert wie gestern Abend. So viele ungezwungene Jungs mit verrückten Ideen und, was noch viel erfreulicher gewesen war, so viele ungezwungene Mädchen, die zu allem bereit waren. Ja, er hatte seinen Spaß gehabt. Nicht, dass Axel Sanders die Situation irgendwie ausgenutzt hätte, er war kein Mann, der sich eine betrunkene Schönheit ins Bett holte. Doch allein die vielen seidigen, schlanken Arme, die sich ihm um die Schulter gelegt hatten, und die aufgeknöpften Trachtenblusen hatten ihm einen wunderbaren Abend beschert.

Als sich nun der Schaum des Gels langsam an seinen behaarten Beinen hinabbewegte, freute er sich auf eine Tasse Kaffee.

Seike Hikken war schon eine bemerkenswert schöne Frau. Sie war die größte in der Volkstanzgruppe. Wo ihre Beine endeten, begannen bei den meisten anderen Frauen schon die Brüste. Ihre Haare waren blond wie Strandhafer, ihre Augen hellgrün wie die See. Sie entsprach auf angenehmste Art und Weise in jeder Hinsicht dem Klischee einer Friesin. Und sie hatte es auf ihn abgesehen. Er war erst wenige Stunden auf der Insel gewesen, da hatte sie bei ihm geklingelt, ihren zwei- oder dreijährigen Sohn im Tragetuch, und hatte ihn auf eine Tasse Tee eingeladen. Einfach so. Sie wohnte ein paar Straßen weiter direkt an den Dünen, in einer unauffälligen Doppelhaushälfte in der Dellertstraße. Von ihren fünf Zimmern vermietete sie in der Saison drei. Sie hatten damals bis nach Mitternacht in ihrer gemütlichen Küche gehockt, der kleine Peer oder Piet, Axel Sanders konnte sich den Namen des Kleinen nie so recht merken, schlief schon längst oben im Zimmer, und als er dann gehen wollte, hatte sie ihm das Versprechen abgerungen, mal bei der Volkstanzgruppe vorbeizuschauen. Weil man noch Männer brauche und er doch so stattlich sei und einen musikalischen Eindruck mache. Und so war er dann in diese Kreise geraten. Dank Seike Hikken.

Es war ein gutes Gefühl, als er sich das Shampoo mit den Fingerkuppen bis tief in die Kopfhaut einmassierte. Vielleicht würde doch noch etwas aus diesem Tag werden. Trotz aller Anzeichen einer nur haarscharf vermiedenen Alkoholvergiftung. Er hatte überlebt. Es war noch keine halb acht und er war wieder lebensfähig. Vielleicht würde er sich gleich einen kleinen Spaziergang zur Dellertstraße und ein ausgiebiges Frühstück bei Seike Hikken mit dotterweichem Fünf-Minuten-Ei gönnen. Nur noch den Conditioner auf den Kopf, speziell für den Mann ab vierzig. Soll das Haarvolumen steigern und gleichzeitig erste graue Strähnen abdecken. Mindestens zehn Minuten Einwirkungszeit.

Kling kling!

War es wieder dieses Geräusch im Ohr, diese Überreste an Trommelfellschwingungen vom letzten Abend, oder hatte es eben an der Haustür ...

Kling kling! Scheiße! Also doch kein guter Tag. Das Geräusch schellte ungeduldig und laut durch seinen leeren Flur. Es blieb ihm nichts anderes übrig, er musste tropfnass aus der Duschwanne treten, sich das Laken um die Hüfte und ein Handtuch um die Schultern legen und zur Tür. Inselpolizist war ein mieser Job. Zumindest auf Juist, wo man im Winter der einzige Ordnungshüter weit und breit und somit auch immer im Dienst war.

Der kühle Märzwind zog durch die undichten Ritzen der Tür und ließ die Haare auf seinen Armen zu Berge stehen. Fast wären seine nassen Füße auf dem glatten Linoleumboden ausgerutscht, und es klingelte immer noch. Dieser Idiot, dessen Gestalt Axel Sanders durch die Milchglasscheibe der Haustür schemenhaft erkennen konnte, dieser fürchterliche Idiot. Endlich war er an der Tür, die er wütend öffnete. Vor ihm stand der Türke. Der die Pferdeäpfel wegmachte. Er hatte ihn schon oft gesehen, dieser große, dünne Mann mit dem tiefschwarzen Vollbart gehörte fest zum Juister Straßenbild, doch gesprochen hatte Axel Sanders noch nie mit ihm. Nun blickte der Türke ihn ganz aufgeregt an.

«Es ist ein toter Mann …», begann er.

Sanders bibberte. «Wenn es Ihnen nichts ausmacht, dann kommen Sie bitte erst herein. Es könnte nämlich sein, dass *ich* sonst ein toter Mann bin.»

«Es ist kein Witz, Herr Polizei, kein Witz!», überschlug sich der Straßenfeger und lief hektisch mal vor, mal hinter Sanders, als der versuchte, den Flur entlang ins Büro zu gelangen.

«Bitte warten Sie einen Moment hier in meinem Arbeitszimmer. Wie Sie sehen, muss ich mir schnell etwas überziehen.» Sanders schubste den Mann fast in den Raum, dann hastete er zitternd zurück ins Bad und hatte dabei das Gefühl, seine Füße seien bereits abgestorben vor Kälte.

Er überlegte kurz, sich die Spülung aus den Haaren zu waschen, doch das würde zu lange dauern. Wenn er richtig verstanden hatte, dann ging es hier um einen Leichenfund. Und der Türke sah ziemlich aufgeregt aus, kein Zweifel. Also blieb die klebrige Masse auf dem Kopf. Er streifte sich nur schnell seinen Jogginganzug über, die Uniform konnte er später noch anziehen. Fürs Erste musste es so gehen.

Der Mann stand noch immer genau so da, wie Sanders ihn ins Büro geschoben hatte. Mit hängenden Schultern und der dunkelblauen Pudelmütze in der Hand, als sei er beim Anblick des trostlosen, winzigen Zimmerchens vor Schreck erstarrt. Erst als Sanders sich beim Eintreten durch ein kurzes Räuspern bemerkbar machte, wandte der Mann den Kopf.

«Ein toter Mann, sagten Sie eben?», begann Sanders das Gespräch, setzte sich an den Schreibtisch und fuhr den Computer hoch. «Entschuldigen Sie, wie ist Ihr Name?»

«Erol Radzömir. Ja, ich habe gesehen in Fenster, dass er ist tot und nicht schlafen.»

Sanders wies den aufgeregten Mann an, sich zu setzen, doch der blieb stehen, atmete immer noch schwer, weil er wohl gerannt war.

«Es ist schlimm, sehr schlimm!»

«Moment mal, Sie haben durch ein Fenster einen Toten liegen sehen? In einem Zimmer, im Bett, oder wie genau? Nun beruhigen Sie sich mal, Herr Radzömir, und dann erzählen Sie mir ...»

«Mein Arbeit auf die Wilhelmstraße und dann ich gucke in das Fenster von Geschäft und es ist ganz dunkel und ich denken, es ist eine Pullover oder Jacke, aber dann ich sehe, es ist Mann. Toter Mann!»

Sanders stockte der Atem. «In einem Schaufenster?»

«Ja, in Geschäft für Musik und Teller und Schiffe und so, alles alte Sachen. Sie wissen nicht? Geschäft von Kai Minnert. Sie wissen Kai Minnert?» Er drehte aufgebracht seine Wollmütze in den Händen.

Ob er Kai Minnert kannte? Natürlich, jeder kannte ihn. Spätestens seit gestern Abend, wo er die ganze Veranstaltung mit seinen plattdeutschen Witzchen in Schwung gebracht hatte und anschließend noch Grünkohlkönig geworden war. «Sie haben eine Leiche in Kai Minnerts Schaufenster gefunden?»

«Ja», sagte der Mann nur und schaute zu Boden.

Sanders griff zum Telefon. Er kannte die wichtigsten Nummern auf Juist auswendig. Und die des Arztes kannte er, seit er sich nachts nach einer Prügelei um die gebrochenen Nasenbeine kümmern musste, die sich zwei schlagkräftige Brüder gegenseitig verpasst hatten. «Sanders hier, Polizeidienststelle Juist, guten Morgen. Wir müssen uns dringend vor Kai Minnerts Laden treffen, bitte mit Krankenwagen. Dort soll eine bewusstlose Person im Schaufenster liegen.»

Er streifte sich seinen Mantel über den Jogginganzug, kaum dass er den Hörer aufgelegt hatte. Kurz ärgerte er sich über seine nassen, shampoonierten Haare, dann setzte er sich die Wollmütze auf, die er sich nur für die Insel angeschafft hatte und nur bei ganz miesem Wetter über die Ohren zog. «Gehen wir, Herr Radzömir.»

Sanders ahnte, der Doktor war mindestens genau so dienstuntauglich wie er selbst. Als er gestern das Fest verlassen hatte, saß der Arzt noch neben einem Langeooger Akkordeonspieler und sang aus vollem Halse.

Ein verdammt ungünstiger Morgen, um bewusstlos oder was auch immer in einem Schaufenster herumzuliegen, fand Sanders.

Samstag, 20. März, 7.27 Uhr

Bist du es wirklich?»

Wencke Tydmers war ins Zimmer getreten und hatte versucht, so einen Gesichtsausdruck aufzusetzen, als wenn alles genau so wäre wie jeden Morgen in der Auricher Mordkommission.

Doch Greven und Britzke ließen ihre Kaffeebecher sinken und starrten sie mit offenen Mündern an.

«Was ist los, Chefin? Karneval ist schon vorbei!»

«Lasst mich doch in Ruhe», fauchte sie und verschwand in ihrem Büro. Leider fielen ihre Schritte nicht einmal halb so energisch aus, wie sie es sich gewünscht hätte. Wencke war es nicht gewohnt, hochhackige Schuhe zu tragen, und der enge Rock ihres Kostüms ließ sie eher trippeln als schreiten. Vielleicht hätte sie ihren Jeans doch besser treu bleiben sollen, trotz des Termins mit dem niedersächsischen Polizeidirektor. Früher hatte es ihr nichts ausgemacht, unpassend gekleidet zu sein.

Sie holte aus dem Schrank einen Aktenordner hervor und überflog noch einmal im Stehen die Notizen, die sie sich für das Treffen heute gemacht hatte. Es ging um wichtige Personalumstrukturierungen im Weser-Ems-Bezirk. Natürlich sollte an allen Ecken und Enden gespart werden und das konnte sie auch hier in der Auricher Dienststelle ein oder zwei Kollegen kosten. Und das, obwohl sie seit Axel Sanders' Versetzung nach Juist ohnehin schon eine Kraft weniger hatten. Entgegen ihren eigentlichen Gewohnheiten hatte Wencke Tydmers sich auf das Gespräch bestens vorbereitet. Sie hatte diesen Ordner angelegt, Argumente abgeheftet und eine Statistik über die Entwicklung von Gewaltverbrechen im Landkreis Aurich ausarbeiten lassen. Und ebendieses dunkelgraue Kostüm mit weißer Bluse und braunen Lederpumps gekauft. Alles nur, weil sie niemanden in ihrer Abteilung missen wollte, jeder war ihr wichtig, sogar Greven mit seinem dämlichen Kommentar eben.

Die Tür öffnete sich langsam und Meint Britzke lugte zum Türspalt herein. «'tschuldige, Wencke. Du siehst wirklich toll aus. Umwerfend sozusagen. Wir sind nur viel zu überrascht, um dir die passenden Komplimente zu machen!»

«Ihr seid echte Trottel!», maulte Wencke. Doch als ihr der liebste Kollege die Hand entgegenstreckte und ein heißer schwarzer Kaffee seinen Duft im Büro verbreitete, musste sie lächeln. «Ich mache das alles nur für euch!»

Nun schob sich Meint ganz ins Zimmer und setzte sich auf die Kante ihres Schreibtisches. «Wir wissen es auch alle zu schätzen, Wencke. Wirklich!» Er schaute sie von der Seite an. «Aber irgendetwas ist doch mit dir los. Abgesehen von dem Stress, den sie dir von Hannover aus aufbrummen. Es ist noch etwas anderes, oder nicht?»

Wencke mochte Britzke sehr. Er hatte immer an ihrer Seite gearbeitet, seit sie in Aurich war, schon vor der Beförderung zur Hauptkommissarin. Er war zwar spießig, hatte einen Schnauzbart und an seinem silbermetallicfarbenen Opel-Familienkombi klebte hinten neben dem Deutschland-Oval noch ein Aufkleber aus dem Harz, wo er mit seiner Frau und den zwei Kindern jedes Jahr Urlaub auf dem Bauernhof machte. Aber er war in Ordnung. Und er hatte sie nie ändern wollen, sie nie belehrt. Nicht so wie Axel Sanders, der, als er noch bei ihnen gewesen war, seine Nase immer gerümpft hatte, wenn sie ihre Unterlagen nicht geordnet hatte oder zu spät zum Dienst erschienen war. Meint Britzke war so zuverlässig und nachsichtig wie ein braver Hund. Doch sie wollte ihm auf keinen Fall erzählen, was mit ihr los war. Sie ärgerte sich, dass man ihr die Krise schon deutlich anzumerken schien.

«Meint, sei so lieb, frag mich nicht nach solchen Dingen.» Dann nahm sie den letzten Schluck vom Kaffee und reichte ihm die Tasse. «Ich danke dir.» Er nickte kurz und man merkte ihm seine Unzufriedenheit an, aber schließlich ließ er sie allein und zog leise die Tür hinter sich zu.

Wencke seufzte. Wie sollte er ihr helfen? Bei einem Problem, das ganz neu für sie war und welches ihr zudem noch albern und lächerlich vorkam?

Wencke war letzten Monat Tante geworden. Ihr Bruder Jasper, Fotograf auf Norderney, hatte vor elf Monaten seine wahre Liebe getroffen, sie geschwängert, geheiratet und nun eine kleine Familie gegründet. Emilie hieß die Kleine, hatte langes, schwarzes Haar und Finger so winzig wie Suppennudeln. Wenn Emilie schlief, machte sie zufriedene Schmatzgeräusche, und wenn sie trank auch. Wencke hatte dieses schmatzende Päckchen auf dem Arm gehabt. Und mit einem Mal gespürt, dass sie auch so etwas wollte. So ein Kind und so eine wahre Liebe und alles, was dazugehörte. Das hatte ihr gerade noch gefehlt: Biologische Uhr, hatte ihre neue Schwägerin wissend gelächelt. Darüber hatte Wencke sich sehr geärgert, weil sie diesen Ausdruck ganz schrecklich fand, genau wie den Glauben, jede Frau sei zum Mutterdasein auserkoren. Die ersten paar Tage hatte sie sich noch dagegen gewehrt. Und schließlich hatte sie sich dieses Kostüm mit weißer Bluse und braunen Lederpumps gekauft. Und die Haare bei ihrer Friseurin färben lassen und sich nicht wie sonst immer das Rot selbst in die Haare geschmiert. Nun war es an der Zeit, den kupferroten Kurzhaarschnitt in Zukunft der Fachfrau zu überlassen.

Dass Wencke ihren innig geliebten Kater vor sechs Wochen hatte einschläfern lassen müssen, kam noch erschwerend hinzu. So war es also jetzt: Sie war alt, na ja, fast dreiunddreißig, einsam und von Hormonen gepiesackt.

Dieses Problem ausgerechnet in ihrem ausschließlich männlichen Kollegenkreis zum Besten zu geben, war undenkbar.

Wencke schaute ihr Spiegelbild in der Fensterscheibe an. Es gefiel ihr, was sie da sah. Britzke und Greven würden sich vielleicht an diesen Anblick gewöhnen müssen. Es war ein Samstagmorgen im März und sie hatte noch eine Stunde bis zum Termin. Vielleicht sollte sie sich einmal die Nägel lackieren?

Samstag, 20. März, 7.45 Uhr

Der Türke hatte Recht. Auf den ersten Blick konnte man nicht erkennen, ob die Gestalt im Schaufenster nur schlief oder ob sie tot war.

Was Axel Sanders allerdings auf den ersten Blick erkennen konnte, war, dass es sich bei der Gestalt um den Geschäftsinhaber handelte, um Kai Minnert. Er trug eine auffällige Jacke aus Segeltuch, sie leuchtete gelb zwischen all dem verstaubten Gerümpel. Es war eine Jacke, die man auf hundert Meter Entfernung ausmachen konnte. Als Axel Sanders nun direkt neben der Scheibe stand, da war er sich fast sicher, dass der Mann nicht mehr lebte.

Minnert lag seltsam und unbequem auf der Auslage, sein rechter Arm umfasste einen riesigen, hölzernen Leuchtturm, die linke Hand lag nach hinten verdreht auf einer Reihe silberner Teestövchen. Minnerts Kopf war dem Fenster zugewandt, seine dunkelblaue Schirmmütze war ihm tief ins Gesicht gerutscht und bedeckte die Augen, die schlaffen Lippen berührten fast das Glas der Scheibe. Es schlug sich darauf kein Nebel nieder. Wäre da noch ein klein wenig Atmungsaktivität gewesen, dann hätte man es gesehen. Sanders war froh, als er sich umschaute und den Arzt mit dem Fahrrad herbeieilen sah. Es war dessen Aufgabe, einen genaueren Blick auf diesen leblosen Körper zu werfen, nicht seine. Nicht, dass er sich darum gerissen hätte.

«Moin, Doktor», sagte Sanders deshalb nur knapp und holte sein Handy hervor. «Wissen Sie zufällig die Nummer vom Büro der Reederei?»

Der Arzt zog seine schwarze Tasche vom Gepäckträger und sah ihn verwundert an. «Ja, natürlich, 9 10 10. Aber wofür brauchen Sie die?»

«Wir müssen so schnell wie möglich in den Laden kommen, die Tür ist verschlossen, und ich dachte mir, bevor wir das Schloss aufbrechen, versuchen wir, Henner Wortreich zu erreichen. Er müsste jetzt im Dienst sein, das Schiff von Norddeich legt gleich an. Er hat sicher den Schlüssel. Der wird schneller hier sein, als wir beide die Tür knacken können.»

Sanders sah das anerkennende Nicken des Arztes und wählte die Nummer. Es klingelte ewig. So ein Mist. Es kam gerade jetzt auf jede Minute an, sie brauchten den Schlüssel, Himmel, und die Herren im Hafenbüro tranken in aller Ruhe zuerst ihren Tee zu Ende, bevor sie ans Telefon gingen. «Verdammt noch mal ...», fluchte Sanders und er spürte den ersten leisen Stich hinter den Schläfen. Nun kamen die Kopfschmerzen, verdient hatte er sie, aber er konnte sie jetzt beim besten Willen nicht gebrauchen.

Endlich ein Knacken in der Leitung, ein ausgiebiges Rascheln, als ob es sich jemand am anderen Ende erst gemütlich machte, bevor er sich meldete. «Reederei Frisia auf Juist, Wortreich?»

«Herr Wortreich? Polizeidienststelle Juist, Sanders hier. Wir brauchen so schnell wie möglich den Schlüssel zu Kai Minnerts Laden. Können Sie uns da aushelfen?»

«Guter Mann, wie stellen Sie sich das vor? Wir haben gerade Anreise. Wenn Sie noch eine halbe Stunde warten ...»

«Unmöglich. Es ist mehr als dringend. Haben Sie den Schlüssel dabei?»

«Ja, natürlich, in meiner Jackentasche. Tun Sie mir den Gefallen und kommen Sie eben selbst mit dem Rad hierher, dann ...»

Sanders wusste, man sollte nahe Angehörige nicht am Telefon mit einer Schreckensbotschaft behelligen, doch in diesem Fall war Eile geboten, sie mussten unbedingt so schnell wie möglich in diesen Laden. «Herr Wortreich, kommen Sie bitte sofort in die Wilhelmstraße. Wir haben Grund zu der Annahme, dass Ihrem Lebensgefährten etwas zugestoßen ist.»

«Wie? Ich komme sofort!», hörte er nur kurz, dann wurde das Gespräch unterbrochen, Sanders vermutete, dass am anderen Apparat aufgelegt worden war. Er blickte in Richtung Inselkirche und ahnte, dass er nicht weiter als bis fünfzig würde zählen müssen, bis sein Gesprächspartner dort mit dem Fahrrad auftauchte.

«Es hat schon sein Gutes, wenn jeder jeden kennt», murmelte der Arzt, während er in aller Seelenruhe die ersten Instrumente aus der Tasche holte und sich das Stethoskop um den Hals hängte. «Man weiß wenigstens genau, wen man zuerst benachrichtigen muss, wenn jemand das Zeitliche gesegnet hat.»

«Sie meinen wirklich, er ist tot?», fragte Sanders und wagte wieder einen Blick auf den verdrehten Körper. Natürlich war er tot, man konnte es sehen. Nicht auf den ersten Blick, aber wenn man genau hinsah.

«Der Mann liegt in einem winzigen, abgeschlossenen Raum, wer weiß, wie lange schon. Viel Luft zum Atmen bleibt da wirklich nicht.» Der Arzt trat neben ihn und zog sich ein Paar gepuderte Handschuhe über. «Will lieber keine Fingerabdrücke hinterlassen», sagte er knapp. Dann standen sie nebeneinander, schwiegen und schnauften ihren verkaterten Atem in die frische Morgenluft. Der kalte Wind kroch in Sanders Hosenbeine und erinnerte ihn daran, dass er einen unschicklichen Jogginganzug trug.

Er war noch schneller gewesen, man hätte es nicht bis zur Fünfzig geschafft, als Henner Wortreich mit offener Jacke um die Ecke gerast kam, die Krawatte wehte über die Schulter nach hinten und ein Schlüsselbund schlackerte gegen den Lenker. Schon von weitem rief er: «Was ist passiert?»

Man hörte die kaum unterdrückte Panik in der Stimme. «Was ist mit Kai?»

Als er das Rad abbremste, wäre er fast gestürzt. Sofort entdeckte er den Körper im Schaufenster, drückte Sanders wortlos die Schlüssel in die Hand und rannte zur Scheibe. Das Gesicht und die flachen Hände gegen das kalte Glas gepresst, starrte er Kai Minnert an. «Um Himmels willen, sagen Sie mir endlich, was mit ihm ist!»

Sanders rannte zur Ladentür, die in einer Art Windfang etwas abseits des Bürgersteigs lag. Meine Güte, es waren beinahe ein Dutzend verschiedene Schlüssel am Bund. Er versuchte es mit dem ersten, der passte nicht.

«Es ist der gelbe», schrie Henner Wortreich, der das hilflose Klimpern in Sanders' Hand gehört haben musste. «Machen Sie die Tür auf, helfen Sie ihm! Bitte! Doktor, er ist doch nicht tot, oder?»

Der Arzt sagte nichts, Sanders sah nur aus den Augenwinkeln, wie er mit den Schultern zuckte, und als sich die Tür endlich öffnen ließ, da ging der Mediziner zuerst hinein und deutete Sanders mit einer kurzen Geste an, dass er den aufgelösten Henner Wortreich besser außen vor lassen sollte.

«Sagen Sie mir bitte, dass er nicht tot ist!»

Sanders blieb in der Tür stehen und beobachtete den Arzt, der an einer Holzwand den Metallriegel zur Seite schob und die Platte mit einem Ruck zu sich heranzog. «Ich habe zum Glück mal gesehen, wie diese Konstruktion funktioniert, als ich für meine Frau hier eine Uhr gekauft habe, die Kai erst aus dem Fenster holen musste.» Er stellte das mannshohe Brett an der Seite ab. Das eine Bein von Minnert fiel plump wie ein Sack aus dem Schaufenster. Noch keine Leichenstarre, dachte Sanders. Wenn Kai Minnert tot war, so war er es noch nicht lange. Der Arzt beugte sich weit über die Leiche, kroch fast ins Schaufenster, horchte mit dem Stethoskop, leuchtete in die Augen, fühlte den Hals, dann stellte er sich aufrecht hin und sagte nur ein Wort. «Tot!»

Henner Wortreich musste ihm auf der anderen Seite der Glasscheibe die Buchstaben von den Lippen abgelesen haben, denn er heulte im selben Moment los und fiel auf die Knie. Sanders rannte zu ihm, griff dem zusammengesackten Mann unter die Arme und zog ihn hoch. Er versuchte, Henner Wortreich vom Fenster fortzuziehen.

«Bitte, beruhigen Sie sich doch», beschwor er ihn, redete mit auswendig gelernten Phrasen auf ihn ein, bis endlich der Krankenwagen kam und Sanders den herbeieilenden Sanitätern den Fall überlassen konnte. Für Kai Minnert im Schaufenster konnten die Männer ohnehin nichts mehr tun, auch der Arzt winkte ab, da kam jede Hilfe zu spät. Sollten sich die Weißkittel doch lieber um dieses zitternde, aschfahle Häufchen Elend in einem marinefarbenen Dienstsakko kümmern.

Sanders ging nun endlich in den dunklen Laden, der muffelig roch. Scheinbar Tausende von unzusammenhängenden Gegenständen stapelten sich bis an die Decke, Bilder, Kerzenhalter und alte Instrumente, alles querbeet. Er war noch nie zuvor hier gewesen. Trödel war nicht gerade Sanders' Welt, er liebte klares, schlichtes Design, ganz neu, ohne Macken und Spuren der Zeit. Doch er wusste, dass Kai Minnert Ahnung von diesem Plunder gehabt hatte, dass er nebenbei die Holzmechaniken alter Schifferklaviere restaurierte und einige dieser Stücke hier gar nicht so wertlos waren, wie sie aussahen. Sanders schaute sich um. Nichts war umgefallen oder zur Seite geschoben worden, und obwohl es zweifelsohne ein wenig chaotisch in diesem Raum aussah, schien nichts auf einen Einbruch hinzudeuten. Kai Minnert war aus einem anderen Grund in sein Schaufenster verfrachtet worden.

«Kann ich den Toten herausholen oder besser nicht?», fragte der Arzt. «Ich denke zwar, dass Kai Minnert an einer Kohlendioxid-Vergiftung gestorben ist, doch für die Angaben auf dem Totenschein muss ich ihn näher untersuchen.»

«Die Schaufensterrückwand war von außen verriegelt, nicht wahr?», erkundigte sich Sanders. Der Arzt nickte. «Damit steht eindeutig fest, dass ihn jemand dort eingeschlossen hat. Ob nun in mörderischer Absicht oder nicht, das müssen wir noch feststellen. Aus diesem Grund würde ich lieber alles an Ort und Stelle lassen, bis die Spurensicherung eingetroffen ist. Vielleicht können Sie ja zunächst das Nötigste untersuchen, die Temperatur zum Beispiel.»

Wieder nickte der Mediziner und holte ein Thermometer aus dem Koffer, beugte sich über die Leiche und strich ihr mit dem Messgerät über die Stirn. «Er ist noch nicht lange tot. Nicht länger als ein oder zwei Stunden. Was meinen Sie, wann kommen Ihre Kollegen vom Festland?»

Sanders seufzte. Juist war so verdammt weit weg vom Rest der Welt. Bis die Truppe aus Aurich kam, würde sicher eine ganze Weile vergehen, auch wenn sie den Hubschrauber nahmen. Und bis dahin musste er hier am Tatort bleiben und aufpassen, dass es auf der Hauptverkehrsstraße der Insel keinen Tumult gab. Am besten wäre es, die Schaufensterscheibe mit einem Laken zu verhüllen. Ein Laken, wo sollte er jetzt ein Laken hernehmen? Es gab keinen Kollegen, den er hätte schicken können, er musste den ganzen Scheiß irgendwie allein regeln, und das mit nassem Kopf, aufsteigender Übelkeit und Jogginghose. Vielen Dank auch.

«Ich rufe sie jetzt an», antwortete er endlich, tippte die altvertraute Nummer seiner ehemaligen Dienststelle ins Handy und stellte sich vor, wie Wencke Tydmers in ihren engen Jeans zum Telefon ging.

Samstag, 20. März, 8.51 Uhr

Astrid, hast du es gut, sagten ihre Freundinnen ständig. Astrid, ihr habt ein so schönes Haus und dieser Blick auf den Deich, und die Fliesen im Flur lassen sich so problemlos wischen, und dein Mann ist immer so auf sein Aussehen bedacht, Astrid, hast du es gut.

Und so ein hübsches Kind, der Michel, gut in der Schule noch dazu. Und an Geld mangelt es auch nicht. Jedes Jahr drei Wochen Sonnenbaden auf Mauritius und dann noch eine Woche Schönheitsfarm in der Nähe von Hamburg. Obwohl, wofür Schönheitsfarm? Deine hübschen Naturlocken, das satte Dunkelblond, wie aus den Frisurenillustrierten, beneidenswert, und dazu diese Elfenfigur, kannst ja essen, was du willst, Astrid, deine Konfektionsgröße bleibt sechsunddreißig.

Hatte sie es gut?

Meine Güte, immer wieder diese Gedanken und am frühen Morgen waren sie am wenigsten zu ertragen. Astrid strich mit dem Tuch über das sanftbraune Holz des Treppengeländers und atmete den Geruch der Möbelpolitur ein. Nächsten oder vielleicht übernächsten Winter würde sie den Flur neu tapezieren müssen, an den Wänden waren feine Streifen zu sehen, die unvorsichtige Gäste bei der An- und Abreise mit den riesigen Koffern verursacht hatten.

Seit mehr als drei Jahren ging das nun schon so, sie beobachtete ihr scheinbar wunderbares Leben wie unter einem Mikroskop und erkannte immer mehr, dass es ein Gewebe mit riesigen Löchern und mit brüchigem Faden war.

Es war nicht so, dass sie ihre Arbeit in der *Villa Waterkant* nicht gern tat. Sie liebte den Umgang mit den Gästen, die vielen Lebensgeschichten, die in ihrem Haus für ein paar Wochen zur Ruhe kamen. Und sie liebte dieses Haus, in dem sie eine glückliche Kindheit verlebt hatte. Obwohl es mit seinen zwanzig Zimmern nicht gerade klein war, war es doch immer gemütlich und warm. Es machte ihr auch nichts aus, die Zimmer in Ordnung zu halten und das Frühstück zu servieren. Für das Abendessen hatte sie in der Saison eine Köchin engagiert, die fleißig und sauber war, ein Glücksgriff. Den Garten machte ein polnischer Mann, der sonst im *Hotel Dünenschloss* als Gepäckfahrer angestellt war. Alles lief wie am Schnürchen. Es war nur ein bisschen zu viel.

Und Gerrit mochte tatsächlich ein Mann sein, der auf sein Aussehen bedacht war, ja, er war geradezu attraktiv, wenn man ihn mit seinen Altersgenossen auf Juist verglich. Seine Leidenschaft war die freiwillige Feuerwehr, immerhin hatte er es schon zum Hauptlöschmeister gebracht. Er war zuständig für die Atemschutzgeräte und den ganzen Kram, von dem Astrid noch nie etwas verstanden hatte. Gerrit verbrachte also viel Zeit damit, Gott und der Welt Gefallen zu tun, und wenn dann noch ein bisschen Zeit übrig blieb, dann machte er die Männerarbeit in der *Villa Waterkant*. Er trank auch nicht, er wurde nicht laut, wenn er anderer Meinung war, und er stieg sicher nicht hinter ihrem Rücken in die Betten anderer Frauen. Doch in ihres stieg er auch nicht. Seit mehr als drei Jahren schon schlief er im Gästezimmer, ohne dass es zuvor einen Streit gegeben hatte.

Alles ging seit Jahr und Tag seinen geregelten Gang. Die Gäste und das Geld kamen ins Haus, der Junge bekam von der ehelichen Flaute nichts mit – oder zumindest tat er so, als ob – und ihre Freundinnen seufzten immer: Astrid, hast du es gut.

Die Stellen neben den Geländerstreben waren nur schwer zu erreichen, Astrid nahm die kleine Kinderzahnbürste zur Hand und fuhr damit in die engen Ritzen. Beim Putzen schweiften die Gedanken viel zu oft ab. Wenn sie nun mit dem Kopf bei der Arbeit blieb, bei der Umsatzsteuererklärung zum Beispiel oder bei der großen Anreise bei Ferienbeginn in ein paar Tagen, aber nein. Ihr Kopf war schwach und dachte über die großen Maschen nach, aus denen das Gewebe ihres heilen Lebens gewebt war, und durch die sie früher oder später einmal fallen würde.

«Sie machen sich aber viel Arbeit», sagte eine Stimme über ihr und Astrid fuhr erschrocken hoch. Die dicke Frau aus Borkum. Sie hatte sich bemerkenswert leichtfüßig aus der oberen Etage herabgeschlichen, jedenfalls hatte Astrid die Schritte nicht gehört. Hinter ihr stand dicht an der Wand ihr magerer Ehemann, den Astrid seit seiner Anwesenheit noch nie ein Wort hatte sagen hören.

«Ich mach das in meiner Pension ehrlich gesagt nicht so gründlich. Meinen Sie denn, die Leute sind bei sich zu Hause so pingelig? Ich glaub das ja nicht!»

«Guten Morgen», sagte Astrid nur und rückte ein Stück zur Seite. Sie hatte fast vergessen, dass Gäste im Haus waren. Na ja, oder so etwas ähnliches wie Gäste. Sie hatte sich bereit erklärt, vier Leute aus Borkum aufzunehmen, auch wenn sie selbst am Inseltreffen nicht teilnahm. Dennoch fühlte sich Astrid als langjähriges Mitglied im Heimatverein verpflichtet, ihren Beitrag für eine gelungene Veranstaltung zu leisten. Zum Glück brauchte sie kein Frühstück zu servieren, es gab Gemeinschaftsverpflegung im *Hotel Friesenhof*.

«Ist immer viel zu tun so vor Saisonauftakt, ne?», fragte die Dicke aus Borkum, die ihre massige Gestalt gegen die Flurwand lehnte und Lust auf ein Schwätzchen zu haben schien. «Wenn wir morgen wieder zu Hause sind, werde ich auch erst mal die Zimmer lüften und dann, na ja, Sie kennen das ja!»

Astrid nickte.

«War ein toller Abend gestern, nicht wahr?»

Astrid blickte kurz auf und erkannte am übernächtigten Gesicht der Frau, dass es wohl nicht nur am Abend toll gewesen sein musste. «Ich habe keine Ahnung, ich bin nicht dort gewesen. Mein Kind, wissen Sie, irgendjemand muss ja auch auf meinen Sohn ...»

«Wir hatten vielleicht 'nen Spaß. Der Moderator, dieser, hmm, wie hieß er auch noch gleich ...», sie stieß ihren Mann mit dem Ellenbogen in die Seite und Astrid befürchtete, dass der arme Kerl, schwach, wie er aussah, dieser Wucht nicht standhalten könnte. «Schatz, du kennst ihn doch, hast doch schon mal mit ihm geschäftlich zu tun gehabt. Mein Mann ist auf Borkum nämlich auch Antiquitätenhändler.»

«Kai Minnert», antwortete Astrid leise.

«Ja, genau der. Mann, war der komisch. Hat uns alle richtig in Stimmung gebracht mit seinen Döntjes. Der kann ja erzählen, der Junge ...»

Die Dicke beugte sich vor, um Astrid genauer betrachten zu können, wie sie mit der Zahnbürste den gedrechselten Knauf in der Mitte der Geländerstange reinigte. Astrid konnte ein nur angedeutetes Kopfschütteln erkennen. Sie verstärkte den Druck der Borsten.

«Ach, wo war ich stehen geblieben, ach ja, der Kai Minnert ... nee, wir hatten Tränen in den Augen. Schade, dass er so früh weg ist.»

Astrid unterbrach kurz ihre Arbeit, blickte aber nicht auf. «Wer ist früh weg?»

«Na, der Lustige, dieser Minnert. Ist noch Grünkohlkönig geworden und dann isser abgehauen, noch vor elf Uhr war das. Wirklich schade drum, ich hätte gern ein bisschen mit ihm getanzt.»

Astrid schrubbte weiter. Sie mochte solche bunten Abende nicht, wenn alle zu viel tranken, zu laut sangen und sich in den Armen lagen, obwohl sie sich eigentlich nicht ausstehen konnten. Und sie fand auch nicht, dass Kai Minnert ein lustiger Kerl war, ganz im Gegenteil. Die Dicke sagte noch etwas, ihr Mann nicht, doch sie hörte sowieso nicht mehr hin, und als Astrid mit ihrem Lappen an der untersten Treppenstufe angekommen war, war sie wieder allein im Flur.

Sie ging vor die Tür, um den Staublappen auszuschütteln, und hörte einen Hubschrauber landen. Nur in dringenden Fällen flogen sie den Hafen an, und dann waren die Rotoren im ganzen Ort zu hören und jeder fragte jeden, wer denn wohl so krank wäre, dass der Helikopter kommen musste.

Astrid schaute auf die Uhr, es war kurz vor neun. Ziemlich früh für einen Hubschrauber, dachte sie.

Dann ging sie wieder ins Haus, sie hatte sich heute noch vorgenommen, die Gardinen im Lesezimmer zu waschen. Es war kühl, aber trocken draußen, die Sonne bewegte sich auf ihrem Weg am Frühlingshimmel. Wenn das Wetter sich hielt, dann konnte sie die Vorhänge auf der Wäscheleine trocknen lassen.

Samstag, 20. März, 9.02 Uhr

Der dunkelgraue Rockbund kniff über dem Bauch und sie schob jede Minute den verrutschten Saum über die Oberschenkel. Kostüme waren nicht gerade für Helikopterflüge gemacht. Wencke Tydmers schaute aus dem Fenster, durch das man tief unten die Insel Juist erkennen konnte, die sich, von der Märzsonne beschienen, im grauen Wattenmeer lang machte. Die roten Häuschen kauerten in der Inselmitte zwischen Deich und Dünen, sie konnte den klobigen Wasserturm erkennen und knapp daneben das imposante *Hotel Dünenschloss*. Als sie zum ersten Mal auf Juist gewesen war, hatte sie hinter diesen luxuriösen weißen Mauern einen Mordfall klären müssen. Es war schon ein paar Monate her, oh nein, Wencke stutzte, zwei Jahre waren inzwischen vergangen. Zwei Jahre leitete sie schon die Mordkommission Aurich. Verdammt lange Zeit auf dem Kalender, verdammt kurz, wenn man darauf zurückblickte.

Der Hubschrauber flog im großen Bogen über den Hafen und setzte zur Landung neben dem kleinen Leuchtturm an. Das Grün des Deiches kam immer näher und langsam erkannte sie auch die Gestalt dort unten, die sich den hochgeschlagenen Jackenkragen enger um den Hals hielt und mit zusammengekniffenen Augen zu ihr hinaufschaute. Axel Sanders. Sie hatte nicht gedacht, dass sie sich jemals auf ihn freuen könnte. Meine Güte, was war er doch für ein Ekelpaket gewesen, als er noch als ihr Vertreter in der Auricher Mordkommission gearbeitet hatte. Selbst wenn alle in der Abteilung sich einig gewesen waren, hatte er trotzdem immer noch ein Wenn und Aber auf den Tisch geknallt. Wencke wusste, dass er sich schon immer für den besseren Polizisten gehalten hatte und wohl niemals akzeptieren würde, dass ausgerechnet sie seine Vorgesetzte geworden war. Damals vor zwei Jahren.

Und doch fehlte etwas, seit er vor einem halben Jahr auf die Insel abkommandiert wurde, um von dort sozusagen als Bewährungsprobe seinem Posten als Leiter der Gemeinschaftsermittlung Rauschgift im Emsland entgegenzusehen. Seine Miesepetrigkeit, seine Klugscheißerei, seine glatten Hemden und tadellosen Krawattenknoten fehlten. Wer hätte das gedacht? Bis zu diesem Moment hatte Wencke selbst noch nicht bemerkt, dass sie Axel Sanders vermisst hatte. Und nun stand er da, inzwischen waren sie fast auf der glatten Grasnarbe gelandet, und sie merkte, wie schön es war, ihn endlich wiederzusehen. Es gab da etwas. Etwas, was sie sich selbst noch nie bewusst eingestanden hatte. Sie erinnerte sich daran, dass er ihr damals vor zwei Jahren das Leben gerettet hatte, und vor einem Jahr, bei einem Fall auf der Nachbarinsel Norderney, hatte sie das erste Mal bemerkt, dass seine organisierte Art, sein kühles, sachliches Wesen einen gewissen Reiz hatten. Und zum Erfolg führen konnten. Er hatte das, was Wencke nur allzu oft fehlte: einen klaren Kopf! Würde er diesen nicht so verbissen durchsetzen wollen, er könnte vielleicht ein richtig feiner Kerl sein.

Die erste Berührung mit dem Juister Boden war sanft, Wencke riss sich den Gehörschutz von den Ohren und schnallte sich ab. Sie sah durch die Scheibe, wie Sanders unter den Rotoren gebückt zu ihr gerannt kam. Er lächelte schief und fasste den Türgriff von außen, doch er schaffte es nicht, den Ausstieg zu öffnen.

Sie schnappte sich ihre eben noch in Aurich hektisch gepackte Tasche, stieg zwischen den Vordersitzen hindurch und glitt aus der Pilotentür den halben Meter hinunter auf den Boden. Ihr Rock rutschte dementsprechend einen halben Meter hinauf. «Mist», fluchte sie.

«Kollegin Tydmers, das ging schneller, als ich dachte!», begrüßte Sanders sie schreiend und nahm sie ein wenig in seinen Windschatten, was nicht viel nutzte, da der Helikopter überall die Luft aufwirbelte, wie bei einem Sturm. «Ich hoffe, ich habe Ihnen mit diesem Einsatz nicht irgendwelche Termine durchkreuzt.» Er griff nach ihrer Tasche.

Was war mit Sanders los? Er war zuvorkommend, er war höflich und vor allem hatte er eine teuflische Fahne. «Sie *haben* einen wichtigen Termin unterbrochen», sagte sie, als sie sich ein paar rennende Schritte vom tösenden Hubschrauber entfernt hatten.

«Oh, entschuldigen Sie. Aber Sie werden gleich verstehen, dass ich sofort Verstärkung brauchte. Ein Toter in einem

Schaufenster der Juister Hauptverkehrsstraße, den kann ich nicht einfach herumliegen lassen.»

«Es ist überhaupt nicht schlimm, dass ich dieses Gespräch so holterdipolter beenden musste», beschwichtigte Wencke. «Es ging um die Stelleneinsparung in unserer Abteilung. Und da außer mir keiner von uns einfach so auf die Insel konnte, weil wir alle bis zum Hals in Arbeit stecken, werden die hohen Tiere aus Hannover uns unmöglich noch einen Kollegen wegrationalisieren können.»

Sanders lachte. Er sah irgendwie merkwürdig aus, dachte Wencke. Ob er krank war?

Sie winkte die Kollegen von der Spurensuche zu sich. Axel Sanders hatte einen urigen Handkarren mitgebracht, in den sie ihre aufwendige Ausrüstung und die kleine Reisetasche verfrachten konnten. Sanders zog den Bollerwagen hinter sich her, als sei es das Selbstverständlichste der Welt. Dabei sah er ein wenig aus wie ein Gaul vor der Kutsche.

«Im Schaufenster, sagten Sie?» Sie gingen gemeinsam durch die Deichscharte, dahinter führte die gepflasterte Straße direkt zum Inseldorf. Links und rechts, wie zwei Wegweiser, die rote und die grüne Leuchttonne.

«Ja, sieht aus, als würde er schlafen. Der Inselarzt ist natürlich kein Gerichtsmediziner, doch er vermutet, dass Kai Minnert in dem engen, abgeriegelten Raum erstickt ist. Wir fanden den Toten so gegen sieben, und da war er noch nicht lange tot, nicht länger als anderthalb Stunden.»

«Und, kannten Sie ihn?»

Er schaute sie von der Seite an. «Ja, natürlich kannte ich ihn. Ich glaube, ich kannte nach einer Woche schon so ziemlich jeden Insulaner, weil sie hier alle bei Dunkelheit ohne Licht am Fahrrad fahren und ich sie jede Nacht gestoppt und abkassiert habe.»

Wencke lachte. So sehr hatte er sich vielleicht doch nicht verändert. Korrekt wie eh und je.

«Nein, im Ernst, natürlich kannte ich ihn. Jeder kannte ihn hier. Kai Minnert, ich schätze sein Alter auf Ende vierzig, war so etwas wie ein Juister Original. Er war, wie soll ich sagen, ziemlich redegewandt. Und er hatte auch ziemlich viel zu erzählen.»

«Haben Sie seine Familie schon benachrichtigt? Hat er Frau und Kinder?» Wencke hoffte, dieser Canossagang würde ihr erspart bleiben.

«Kai Minnert hat keine Familie. Er war schwul.» Sanders sagte das in einem wichtigtuerischen, lauten Ton, als müsse die ganze Welt darüber Bescheid wissen, welche sexuelle Orientierung sein toter Insulaner im Schaufenster gehabt hatte. «Sein Lebensgefährte hat uns die Schlüssel für den Laden gegeben, damit wir hinein konnten, der weiß also schon Bescheid, wie übrigens inzwischen auch die ganze Inselbevölkerung. So etwas macht hier schnell die Runde.»

«Und seine Eltern, soweit er noch welche hatte?»

Als Sanders kurz stehen blieb, um die Hand, mit der er die Karre zog, zu wechseln, rutschten die Metallkoffer durch den abrupten Stopp nach vorn. «Sind schon verstorben, soweit ich informiert bin.»

Nun erkannte Wencke plötzlich, was ihn so merkwürdig aussehen ließ, abgesehen von seinen roten Augen und der Übernächtigung. «Was haben Sie eigentlich mit Ihren Haaren gemacht, Kollege?»

Unwillkürlich strich sich Sanders mit der freien Hand durch die Strähnen, die wild und fusselig von seinem Kopf abstanden. Früher hatte er stets glatt nach hinten frisiertes Haar gehabt, nun sah er aus, als hätte er seit seiner Versetzung nach Juist keinen Kamm in der Hand gehalten. «Ach, das ist mir ein bisschen unangenehm. Der Zeuge, der die

Leiche heute Morgen aufgefunden hat, hat mich unter der Dusche hervorgeholt und da hatte ich keine Zeit mehr, mich anständig ...» Er unterbrach sich. «Es ist manchmal ganz schön hart, wenn man der einzige Ordnungshüter weit und breit ist und immer – ob Tag oder Nacht – parat sein muss.»

«Das glaube ich gern», sagte Wencke. Sie hatte Mühe, in ihrem Rock seinem energischen Schritt zu folgen, zudem waren ihre Lederschuhe nicht gerade ideal für das holperige Juister Straßenpflaster. Als sie den Kurplatz erreicht hatten und direkt am gähnend leeren Schiffchenteich links in die Wilhelmstraße bogen, spürte sie hin und wieder seinen Blick. Dummerweise stolperte sie über einen unebenen Stein und fluchte leise, weil es alles andere als souverän aussehen musste, wie sie hier in den Inselort marschierte.

«Frau Tydmers?»

«Hmm», entgegnete sie missmutig.

«Ich freue mich sehr, dass ausgerechnet Sie auf die Insel gekommen sind. Wirklich!» Sanders holte noch einmal tief Luft. «Und Sie sehen ziemlich gut aus heute.»

Samstag, 20. März, 9.28 Uhr

Und wann?»

Tjark Bonnhofen stand mit dem Handy am Ohr auf den Stufen vor dem Hotel Friesenhof und alle naselang drängten Leute an ihm vorbei und gingen zum Frühstück. Er hasste die Ungeduld seines Gesprächspartners und er hasste es, nicht ungestört telefonieren zu können. Also ging er ein paar Schritte über die Straße und setzte sich auf den Beckenrand des ovalen Schiffchenteiches.

«Meine Güte, Sie können Fragen stellen. Ich habe es eben erst erfahren. Was soll ich dazu noch sagen? Er ist tot. Mausetot. Und aus diesem Grund kann ich nun mal keine Verhandlungen mehr mit ihm führen, das sollte Ihnen einleuchten.»

«Bonnhofen, sind Sie schwer von Begriff? Ich habe Sie nicht zum Feiern auf die Insel geschickt, sondern damit Sie meine Interessen vertreten. Und wenn der erste Vorsitzende des Heimatvereins nicht mehr unter den Lebenden weilt, dann kontaktieren Sie seinen Vertreter. Das kann doch nicht so schwer sein!»

«Haben Sie mir nicht richtig zugehört? Kai Minnert ist allem Anschein nach ermordet worden. Vor fünf Minuten spazierte die Polizei an mir vorbei, um die Untersuchungen am Tatort vorzunehmen. Es ist ein schlechter Zeitpunkt, um Ihre Interessen zu vertreten, Dr. Johannsen.»

Ein paar Sekunden schwieg der Mann am anderen Ende der Leitung. Verdammte Scheiße, dachte Tjark Bonnhofen, ausgerechnet bei diesem Auftraggeber muss sich eine solche Katastrophe ereignen. Wann bekam man schon einmal einen Anruf aus den höchsten Kreisen? Gut, er hatte in seinem Job bereits mit etlichen Prominenten zu tun gehabt, die sich ein Häuschen auf einer der ostfriesischen Inseln kaufen wollten. Die Nachrichtensprecherin zum Beispiel, die nach der Trennung von ihrem untreuen Mann bei dem Medienrummel eine Fluchtmöglichkeit suchte. Sie hatte ihn in seinem Norderneyer Büro angerufen und er hatte ihr ein reetgedecktes Haus auf Spiekeroog vermittelt. Doch als sich Dr. Johannsen vor zwei Wochen bei ihm gemeldet hatte, da hatte er beim Telefonieren vor Aufregung sein Jackett ausziehen müssen. Dr. Claus-Bodo Johannsen aus Berlin wollte über «Bonnhofen Inselimmobilien» ein Haus auf Juist kaufen. Klein und hübsch sollte es sein, in zentraler, aber ruhiger Lage, viel Grün drum herum, eben ein typisches Inselhäuschen. Der Himmel weiß, was Johannsen damit wollte. Und Bonnhofen hatte sich informiert. Es gab ein solches Objekt, das Vereinshaus *Inselhuus* war wie auf den Wunsch seines Klienten zugeschnitten.

«Ich habe weiß Gott andere Sorgen, sehr verehrter Herr Bonnhofen. Wir stehen kurz vor der wahrscheinlich wichtigsten Entscheidung meiner Karriere, wie Sie sicher schon aus den Medien erfahren haben. Denken Sie an die katastrophalen Überschwemmungen in meinem Wahlkreis, an die anstehenden Steuererhöhungen, an diese halbherzige Rentenpolitik. In meinem Job habe ich, weiß Gott, genug zu regeln. Und aus diesem Grund habe ich mir auch einen Makler genommen, der mir wenigstens beim Kauf des passenden Ferienhauses lästige Arbeit abnimmt.»

Bonnhofen malte sich das Gesicht seines Gesprächspartners aus. Ob Claus-Bodo Johannsen wohl auch dieses väterliche Lächeln auf den Lippen trug, wenn er nicht im Dienst war? Er war diesem Mann noch nicht persönlich begegnet. Das würde sich ändern, wenn er das Geschäft erst einmal perfekt gemacht hätte. Und wenn sich erst mal einer von ihnen auf der Insel niedergelassen hatte, dann kämen sicher noch mehr von seiner Sorte. Und dann würde Bonnhofen ganz selbstverständlich bei den ganz Großen ein und aus gehen. Und er würde vielleicht sogar eine Art Vertrauter der wichtigsten Personen im Lande, eventuell sogar ein Freund. Oh ja, ein wirklich verlockender Gedanke, dem Tjark Bonnhofen da nachhing.

«Dr. Johannsen, Sie können sich sicher sein, ich bleibe am Ball. Das Inseltreffen dauert noch bis morgen Abend, es wird sich sicher eine Gelegenheit bieten, die verantwortliche Person auf das *Inselhuus* anzusprechen. Und dann melde ich mich umgehend bei Ihnen. Zwei Tage, höchstens! Versprochen!»

«Gut, ich werde in München zu erreichen sein, da ich seit was weiß ich wie vielen Monaten das erste Mal ein freies Wochenende bei meiner Familie habe. Meine Privatnummer haben Sie ja. Zwei Tage, Bonnhofen, ich nehme sie beim Wort. Montagmorgen rufe ich bei Ihnen an.» Dann beendete Dr. Johannsen das Gespräch. Wie elektrisiert hielt Bonnhofen das Handy noch eine Zeit lang an sein Ohr. Er hatte die Privatnummer von einem der wichtigsten Männer in Deutschland. Und er saß hier auf Juist und telefonierte mit ihm, während die Sonne auf sein Gesicht schien und er aus dem *Hotel Friesenhof* die ersten Heimatlieder erschallen hörte.

Er war sozusagen «undercover» mitgekommen, getarnt als Norderneyer «Döntje-Singer», der er eigentlich schon seit Jahren nicht mehr war. Keine Zeit für plattdeutsche Schlager, keine Zeit. Doch in diesen Tagen machte er wieder mit wie früher, weil es der beste Weg war, um unbemerkt die Kontakte zu knüpfen, die ihm zum Geschäft seines Lebens verhelfen sollten.

Drinnen sangen sie «Die Sieben zum Verlieben», ein Schunkellied, das als inoffizielle Nationalhymne der ostfriesischen Inseln gehandelt wurde. Bonnhofen war nicht nach Einhaken zumute. Außerdem hatte er genau beobachtet, wer bereits zum Frühstück eingetroffen war, da er schließlich der Erste heute Morgen gewesen war. Und die zweite Vorsitzende des Juister Heimatvereins war nicht dabei gewesen. Vielleicht bevorzugte sie ein ruhiges Frühstück in der eigenen Stube, wer weiß? Soweit er informiert war, war sie allein erziehende Mutter und hatte ein kleines Gästehaus an den Hacken. Dann wollte sie sich sicher den Stress ersparen, zwischen noch nicht ganz nüchternen Insulanern zu sitzen, die zum Frühstück schon wieder die ersten Bierchen an den Lippen hatten.

Es war sicher keine schlechte Idee, sie zu besuchen. Tjark Bonnhofen wusste, dass er nicht unattraktiv war und seine gewinnende, jungenhafte Art es ihm sowohl im Geschäfts- als auch im Privatleben einfach machten, Sympathien zu gewinnen. Er wusste, dass sie in der Dellertstraße im selben Haus wie Kai Minnert direkt an den Dünen wohnte. Vielleicht bekam er bei ihr eine gepflegte Tasse Tee?

Bonnhofen erhob sich von der kleinen Mauer und drehte den lauten Stimmen, die aus der offenen Tür des inzwischen sicher schon voll besetzten Hotelsaals erschallten, den Rücken zu. Er musste noch einen überzeugenden Vorwand erfinden, damit sie ihm die Tür öffnete, wo sie sich doch noch nie begegnet waren. Aber man hatte ihm erzählt, dass Seike Hikken eine schöne Frau war.

Samstag, 20. März, 9.31 Uhr

Vor dem weißen Laken standen sechs Männer breitbeinig über ihren Herrenfahrrädern und schienen den Eindruck erwecken zu wollen, sie hätten sich ganz zufällig hier vor Kai Minnerts Laden getroffen. Ihr Tonfall war unangemessen laut, ihre Worte unangemessen geschmacklos.

Vor ihnen stand der Juister Zollbeamte Rüdiger Glaser. Er war Axel Sanders nach einem Telefonanruf sofort zu Hilfe geeilt und hatte mit dem weißen Bettlaken aus der Ferienwohnung seiner Frau das Schaufenster einigermaßen diskret verhängt. Glaser stand davor wie ein Zinnsoldat. Pflichtbewusst und unbestechlich, die palavernden Insulaner hätten sicher zu gern einen Blick auf den Tatort geworfen, doch das Gesicht des Zöllners war von so makelloser Autorität, keiner wagte einen Schritt in Richtung Schaufenster.

Axel Sanders mochte seinen Kollegen vom Zoll. Immerhin verrichtete er schon sechs Jahre auf Juist seinen Dienst, eine beachtliche Zeit, fand Sanders. Glaser kontrollierte Schiffe aus Holland und klärte die Inseljugend über die Gefahren der weichen und harten Drogen auf. Ein feiner Kerl, vielleicht ein wenig zu misstrauisch, aber dafür kreuzehrlich und kein Trinker.

«Wissen Sie schon, wer es war, Kommissar Sanders?», bollerte der dicke Kapitän Feiken über die Straße. «Mir fallen auf Anhieb drei bis vier Leute ein, die es gewesen sein könnten!»

«Holahola!», machte Wencke Tydmers und verzog in ironischer Anerkennung den Mund. «Kollege, dann hätten Sie mich und die Spurensicherung ja gar nicht kommen lassen brauchen, wenn Sie über solch eifrige Freizeitdetektive verfügen.» Sie ging in ihrem Rock und den wirklich geschmackvollen Schuhen ohne jedes Zögern mitten durch die Männergruppe, schaute nicht links und nicht rechts, reichte Rüdiger Glaser die Hand und plauderte kurz mit ihm.

Ja, so kannte er sie. Mehr als drei Jahre waren sie in Aurich Kollegen gewesen. Sie hatte ihn ausgestochen, als es um die Leitung der Mordkommission ging. Sie oder diese dämliche Frauenquote, Axel Sanders wusste es nicht so genau. Was immer der Grund für ihre Beförderung gewesen war, er hatte schwer daran zu beißen gehabt. Ihre legere Art und die chaotischen Methoden, die sie bei der Verbrechensbekämpfung anzuwenden pflegte und die er nie auch nur im Ansatz nachvollziehen konnte, konnten es wohl nicht gewesen sein. Und trotzdem musste er zugeben, dass sie umwerfend attraktiv war, verflixt noch mal.

«Würden Sie freundlicherweise mal mit anfassen», brummte einer der Techniker von der Spurensicherung und wies mit einem Kopfnicken auf die verschiedenen Metallkoffer.

Erst da fiel Axel Sanders auf, dass er seiner Ex-Chefin hinterhergestarrt hatte wie ein Idiot.

«Nee, aber jetzt mal im Ernst: Ich will ja niemanden verpfeifen, aber Sie sollten unbedingt jede Spur verfolgen, und ...»

Der dicke Kapitän Feiken hatte wieder Luft geholt. Aufgeblasen wie immer, schließlich war er auch kein richtiger Kapitän, war nie zur See gefahren, sondern verkaufte lediglich Modellsegelboote an Touristen. Sanders stellte sich vor ihn hin und versuchte, interessiert zu gucken. «Na, dann schießen Sie mal los.»

Feiken rappelte seine ausufernde Gestalt zu ganzer Höhe auf und überragte Sanders um einen halben Kopf. «Haben Sie schon mal mit Astrid Kreuzfeldt gesprochen? *Villa Waterkant*? Deichstraße, in der Nähe vom Bootshaus?» Er drehte beifallheischend seinen imposanten roten Kopf wie eine Eule um scheinbare 260 Grad. Seine Kumpels nickten mit betroffenen Mienen.

«Ich habe bislang mit noch gar niemandem gesprochen, sondern erst einmal den Tatort gesichert, aber trotzdem vielen Dank für Ihren Hinweis. Wie wäre es, wenn wir unser Gespräch in meinem Büro weiter vertiefen würden, und zwar unter vier Augen? Sagen wir in einer Stunde, Kapitän Feiken?»

«Aber selbstverständlich! Ist ja meine Pflicht.» Kapitän Feiken fuhr mit zum Gruß erhobenem Arm davon, er trat heftig in die Pedale, auf Juist fuhren seltsamerweise immer alle im dritten Gang, so als ginge sie der Gegenwind nichts an und als seien die leichteren Gänge unter ihrem Niveau.

Axel Sanders konnte glühende Neidfunken in den Augen der anderen ausmachen. «Und Sie, meine Herren, würde ich auch gern im Präsidium, ähm, Verzeihung, in der Polizeistation sehen. Kommen Sie bitte ebenfalls gegen halb elf und nehmen Sie sich ein wenig Zeit mit, es könnte länger dauern!»

«Jau!», grölten die Männer sichtlich zufrieden und stoben auseinander, als hätten sie das Ziel ihrer kleinen Unterredung auf der Wilhelmstraße erreicht. Axel Sanders zweifelte, ob die Zeugenaussagen wirklich etwas taugen würden, er hatte so seine Erfahrungen mit dem Inselgerede gemacht. Doch wenigstens hatte er die Menschenansammlung vor dem Tatort aufgelöst und konnte nun seinen Job tun, ohne dabei ständig beobachtet zu werden.

«Ich staune über Ihren saloppen Tatendrang, Kollege Sanders», bemerkte Wencke Tydmers, die im Türrahmen des Geschäftes stand und das Schloss auf eventuelle Einbruchsspuren, Fingerabdrücke, Auffälligkeiten untersuchte. «Es war kein Einbruch, wenn Sie mich fragen. Wenn es überhaupt ein Gewaltverbrechen war. Der arme Kerl sieht aus, als habe er sich in seinem Schaufenster schlafen gelegt und sei dabei mehr aus Versehen erstickt.» Sie ging mit ihm ins Ladeninnere. «Die Ladentür war verschlossen, sagten Sie?»

«Genau! Wir gehen davon aus, dass Minnerts Schlüssel im Schloss steckten oder irgendwo zugänglich lagen und der Täter beziehungsweise die Täterin beim Fortgehen abgeschlossen hat.»

«Gesetzt den Fall, wir finden den Schlüssel nicht bei Minnert in der Hosentasche», ergänzte Glaser, der hinter ihnen in den Laden getreten war. «Da es sich nämlich um ein Sicherheitsschloss handelt und man beim Eisenfachhandel ohne Zertifikat keine Duplikate der Originalschlüssel erhält, wissen wir, dass es nur zwei Exemplare gab, den von Minnert und den von seinem Lebensgefährten, mit dem wir heute die Tür aufgeschlossen haben.»

Die Männer von der Spurensuche machten Fotos. Sie mussten sich dabei ziemlich verrenken, um mit der Kamera in die Enge des Schaufensters vorzudringen, ohne etwas zu berühren.

Wencke Tydmers schaute sich um. «Jede Menge Plunder, ein paar Kuriositäten, wenig Platz und viel Gedöns. War Kai Minnert so chaotisch wie sein Laden?»

Axel Sanders zuckte die Schultern. Rüdiger Glaser holte hörbar Luft. «Er war sicher gleichzeitig eine der beliebtesten und verhasstesten Personen auf der Insel. Es würde mich nicht wundern, wenn Sie noch heute Vormittag eine ganze Reihe möglicher Mordmotive vorgetragen bekämen.»

Glaser war kein Mann, der unnötiges Zeug erzählte. Wenn er den Mund auftat, so hatte er etwas zu sagen, so weit kannte Sanders ihn. «Meinen Sie also, es war gar kein Versehen, sondern vorsätzlicher Mord?», fragte er.

Glaser nickte ohne den Hauch eines Zögerns.

«Ich stelle mich also lieber gleich auf einen längeren Inselaufenthalt ein», sagte Wencke und strich mit ihrer zierlichen Hand über eine alte Tuba, die voller Dellen und matt in der Ecke neben dem Schaufenster stand.

Axel Sanders konnte nicht umhin, sich über diesen Satz zu freuen. Trotzdem verkniff er sich einen dementsprechenden Gesichtsausdruck. «Es tut mir Leid, Frau Tydmers. Sie haben sicher genug um die Ohren in Aurich, und nun halten wir Sie hier auf Juist fest. Doch sicher verstehen Sie ...»

«Ach, ist schon in Ordnung», unterbrach sie ihn. «Genau genommen kommt mir die Sache sehr gelegen. Die in Hannover sollen ruhig einmal mitbekommen, was wir hier an der Küste zu tun haben, dann streichen sie mir meine Abteilung vielleicht nicht zu einem kläglichen Haufen zusammen. Wir haben nämlich gerade Besuch von Mister Spar-dich-reich und der sitzt jetzt in meinem Büro und kann sich das heillose Durcheinander einer unterbesetzten Polizeidienststelle live und in Farbe anschauen. Geschieht ihm recht.»

Zwei silberne Teestövchen rollten aus dem Schaufenster und kullerten scheppernd über den ausgetretenen Teppichboden. Die Männer hievten die Leiche aus ihrer engen Ruhestätte. Ein Brett mit Seemannsknoten rutschte hervor und verkeilte sich, als sie den schweren Körper um die Ecke zogen. Sanders berührte nicht gern tote Menschen, doch damit Kai Minnerts sterbliche Hülle nicht allzu unsanft auf dem Boden landete, griff er beherzt unter den massigen Oberkörper. Schließlich hatten sie den inzwischen steifen, seltsam verkrümmten Männerkörper befreit. Die Mütze des Toten rutschte nun vollends vom Kopf und gab das ruhige, rotnasige, etwas verlebt aussehende, schlafende Gesicht frei. Fast rutschte Axel Sanders ein geschmackloser Spruch über die Lippen, so etwas in der Art von «Guten Morgen, nun ist es aber wirklich höchste Zeit zum Aufstehen, Kai Minnert». Zum Glück nur fast. Er dachte kurz an die vielen Biere, mit denen er gestern Abend noch genau diesem Mann hier zugeprostet hatte. Restalkohol macht ohne Zweifel unangemessen forsch und verwirrt, Restalkohol und die Anwesenheit einer Frau wie Wencke Tydmers.

Samstag, 20. März, 10.03 Uhr

Kai ist tot. Kai ist tot. Kai ist tot.

Astrid trank ihre Tasse Tee, so wie sie es jeden Morgen nach zehn Uhr tat, wenn die erste Etappe der Hausarbeit erledigt war. Gerrit würde nicht kommen. Seine Tasse stand unberührt der ihren gegenüber.

Merkwürdig, dass er tot war. Gerade noch hatte sie auf der Treppe mit der Borkumerin über den ewig lustigen Kai Minnert gesprochen, und nun wusste sie, er war zu diesem Zeitpunkt schon nicht mehr am Leben gewesen. Seike hatte sie eben angerufen und es ihr erzählt. Sie wohnte im selben Haus wie Kai Minnert, doch er war angeblich nicht zu Hause, sondern im Laden gefunden worden. Seike wusste die Neuigkeit von einem Norderneyer Immobilienmakler, der sie seltsamerweise schon vor zehn in ihrem Haus besucht hatte.

Im Schaufenster soll er gelegen haben. Tot. Merkwürdig.

Astrid Kreuzfeldt war nicht sensationslüstern, nicht neugierig. Doch sie hätte gern gewusst, wie das aussah, ein regungsloser Mann, in dem das Leben sonst wie bei keinem anderen zu Hause gewesen war. Tot zu sein passte nicht zu Kai, auch wenn dies natürlich ein absurder Gedanke war.

Es war Seike Hikken hoch anzurechnen, dass sie ihr sofort Bescheid gegeben hatte. Vielleicht war Seike die einzige Freundin, die sich nicht diesem ewig neidischen Du-hast-es-so-gut-Gequake der anderen anschloss. Seike wusste, was der Tod von Kai für Astrid bedeuten konnte.

«Mama, der Kevin sagt, die hätten einen Toten gefunden!» Michel kam durch die Wintergartentür herein, seine Wangen leuchteten rot und gesund, wie Wangen leuchten mussten, wenn man schon seit zwei Stunden an der frischen Märzluft spielte. «Kann ich 'ne Tasse Tee?» Ohne abzuwarten stieg Michel auf den Hocker und kletterte von dort auf die Küchenablage, um sich eine Tasse vom Regal zu fingern. Astrid kam manchmal gar nicht hinterher, so schnell und unaufhaltsam bewegte sich ihr Junge. Seine feinen blonden Haare schwebten elektrisiert um den Kopf herum, als er sich die Mütze vom Schopf zog. Sechs Jahre war er, ging schon zur zweiten Klasse, weil er gleich eine Stufe höher gesetzt wurde, als er beim Einschulungstest die Fibel des achtjährigen Nachbarmädchens mitbrachte und daraus fehlerfrei vorlas. Michel sah aus wie Astrids Bruder. Astrids Magen zog sich zusammen, als sie an Henner dachte und an die Zeit, als er noch so ein süßer kleiner Junge gewesen war, der sich ständig am Leben verschluckte, weil er nicht genug auf einmal bekommen konnte. Mein Gott, der arme Henner. Er musste sich elend fühlen. Hoffentlich hatte er jemanden an seiner Seite, der ihn auffing, wenn die Nachricht von Kais Tod ihm den Boden unter den Füßen wegzog. Vielleicht sollte sie zu ihm gehen? Um Himmels willen, der arme Henner.

Vielleicht wäre es auch besser, gleich zur Polizei zu gehen und die wichtigen Dinge zu Protokoll zu geben, bevor sie danach gefragt werden würde. Es war nur eine Frage der Zeit, dass ihr Name in diesem Zusammenhang auftauchte, warum also nicht gleich das Rad aus dem Schuppen holen und die paar Meter bis zur Dienststelle fahren?

«Mama, hast du nicht gehört? 'ne Leiche haben sie gefunden, stell dir das mal vor.» Michels kleine, runde Brille beschlug vom Dampf, der aus dem Becher stieg, und er schaute aufgeregt und unwissend, während er mit spitzen Lippen den heißen Tee schlürfte.

«Ich weiß es schon, mein Schatz», sagte Astrid sanft.

Michel stellte mit einem unvorsichtigen Ruck die Tasse auf den Tisch und eine große hellbraune Pfütze breitete sich auf der weißen Tischdecke aus. «'tschuldigung, Mama!», murmelte er pflichtbewusst. «Aber wenn du es schon weißt, das mit dem Toten, dann weißt du doch auch, wer es ist. Das konnte mir Kevin nämlich nicht sagen.»

«Es ist Onkel Kai», sagte Astrid langsam, und sie sprach diesen Namen das erste Mal so aus, als gehöre er wirklich zur Familie.

Samstag, 20. März, 10.18 Uhr

Seike Hikken war wirklich eine Prachtfrau. Tjark Bonnhofen schaute ihr hinterher, wie sie den Teepott in die Küche trug und die friesenblonden Haare dabei sanft über die Stelle kitzelten, an der ihr Rücken in einen wunderbar vollen Hintern überging.

«Nein danke, für mich nicht», antwortete er mit trockenem Mund. «Ich möchte Sie nicht länger aufhalten. Es war schon unverschämt, Ihnen den Vormittag mit schlechten Nachrichten zu verderben.»

Er hörte ihr sanftes Lachen aus dem Nachbarzimmer. «Ich habe gern Gesellschaft, mit der ich mich in zusammenhängenden Sätzen unterhalten kann. Als allein erziehende Mutter kann es passieren, dass der Tag zu Ende geht und man nur pädagogisch bedenkliche Brabbeleien von sich gegeben hat.»

Bonnhofen äugte zu dem kleinen Jungen hinüber, der mit ziemlich speckigen Ärmchen nach dem CD-Ständer griff. «Nanana, junger Mann, ich bin mir sicher, du solltest das besser nicht tun», sagte Bonnhofen und ging schnell zu dem Kind, welches im Begriff war, die Plastikhüllen gleich reihenweise herauszureißen. Sanft löste er die butterverschmierten Patschehändchen von der verbotenen Beute, wischte die winzigen Fingerabdrücke mit der Serviette ab und schob die CD zurück an ihren Platz. Der Junge schaute ihn entgeistert an und die weichen Bäckchen hingen schlaff vor Verwunderung an seinem Mondgesicht. Bonnhofen hatte auch Kinder, drei Stück sogar. Er konnte sich nicht daran erinnern, ihnen jemals die Finger gesäubert zu haben. Seit der Scheidung war nun ja sowieso ein anderer Mann dafür zuständig, obwohl sein Nachwuchs für solche Lümmeleien inzwischen viel zu alt war.

«Siehst du, Paul, nun haben wir alles wieder an seinem richtigen Platz!», sagte er mit einer albernen Stimme, die sicher eine Terz höher klang als seine gewöhnliche Tonlage. Doch vielleicht beobachtete Seike Hikken ihn die ganze Zeit von der Küche her, und da musste er eben alle Register ziehen. Sie sollte ihn mögen, darauf kam es an.

Tjark Bonnhofen wunderte sich, wie schwer dieses Riesenbaby war, als er es sanft vom Boden hob und auf den Arm nahm.

«Ich kann mir nicht vorstellen, dass es keinen Spaß machen soll, sich um diesen süßen Paul hier zu kümmern.»

Er schaute zur Küche. Mist. Sie stand gar nicht wie vermutet im Türrahmen, sondern mit dem Rücken zu ihm an der Spüle. Vielleicht war diese Butterwischerei also doch für die Katz gewesen.

Eines war wirklich merkwürdig: Er hatte ihr gleich zu Anfang des Gesprächs von Kai Minnerts Tod berichtet. Ganz schonend hatte er es ihr beibringen wollen, schließlich waren die beiden Nachbarn und Vereinskollegen gewesen. Doch sie hatte sich nichts anmerken lassen. Seit einer halben Stunde saß er nun an ihrem Tisch und wartete auf eine Reaktion ihrerseits. Fehlanzeige. Sie kümmerte sich um ihren Sohn, um den Tee, um ihren Gast, doch der Mord an Minnert schien sie nicht weiter zu kümmern. Sie hatte ihn nur erschrocken angeschaut und gesagt, wie schrecklich unfassbar das sei, und dann kurz mit einer Freundin telefoniert, aber das war es auch schon gewesen.

«Ich finde es schön, dass Sie seinen Namen behalten», sagte sie, ohne sich umzublicken. «Den meisten Männern entflieht der Paul im selben Moment, in dem ich ihn vorgestellt habe. Meinem Bekannten zum Beispiel, er ist Polizist hier und ein wirklich netter Mann. Aber obwohl er seit einem halben Jahr beinahe jedes Wochenende zum Frühstück vorbeikommt, meint er immer noch, mein Sohn hieße Piet oder Peer oder wie auch immer.»

Bonnhofen lachte entrüstet und behielt lieber für sich, dass sein jüngster Sohn ebenfalls Paul hieß und er sich deswegen glücklicherweise die vier Buchstaben merken konnte. Pluspunkt, dachte er.

«Um nun aber noch mal auf den eigentlichen Zweck Ihres Besuches zurückzukommen: Das *Inselhuus* steht nicht zum Verkauf. Obwohl bislang Kai Minnert diese Dinge geregelt hat und ich nicht alle Details kenne, weiß ich, dass dieses Gebäude mit Hilfe von Spendengeldern weitgehend abbezahlt ist und somit für den Heimatverein kein Bedarf besteht, es zu veräußern.» Sie kam aus der Küche, trocknete sich ihre Hände an einem Geschirrtuch ab und bedachte ihn eines skeptischen Blickes, als sie ihm das Kind vom Schoß nahm. «Warum fragen Sie eigentlich danach, Herr Bonnhofen?» Ihre weißen Zähne bissen in eine Gurke, sauer eingelegt mit Senfkörnern und Dill, sie hatte eine ganze Schale davon vor sich stehen und fütterte unaufhörlich ihren Sohn und sich selbst damit.

Bonnhofen räusperte sich und das eher verlegene Trockenheitsgefühl im Hals mutierte zu einem kratzenden Hustenreiz. «Ich frage, weil ...» Erneutes Husten. Ohne den Blick von ihm zu wenden, schenkte ihm Seike Hikken Mineralwasser in die leere Tasse. Er schluckte hastig, atmete ein paar Mal durch, dann hatte er seine Stimme wieder im Griff. «Ich will ehrlich zu Ihnen sein, denn ich denke, Sie sind eine ganz kompetente Frau. Ich bin ein Liebhaber von historischen Friesenhäuschen und sicher auch ein Kenner auf diesem Gebiet. Und wenn ich sehe, mit welchen Mitteln Sie dieses kleine Idyll am Januspark so schön hergerichtet haben, dann läuft mir das Herz über vor Glück, ganz theatralisch gesagt jetzt. Ich möchte dieses Haus erwerben, um mit meinen finanziellen Möglichkeiten alles zu tun, damit Sie das Gebäude in diesem Zustand erhalten können. Sie wissen ja selbst, was die Denkmalpflege alles verlangt und ... und da dachte ich ...», so ein Mist aber auch, ihm blieb die Luft weg. Dieser verfluchte Husten. Sie klopfte erstaunlich fest auf seinen Rücken, als hätte er sich verschluckt. Er beschloss, es war besser, für einen Moment zu schweigen.

Und erst da bemerkte er, dass sie lachte. Nicht leise und weiblich, wie er es von ihr erwartet hätte, sondern bollerig und laut wie ein Bauarbeiter. Er schaute sie an und die Tränen seiner Hustenattacke mussten ihn ganz jämmerlich wirken lassen.

«Warum lachen Sie?», japste er.

«Meine Güte, Bonnhofen, wie können Sie in einem Satz behaupten, Sie hielten mich für eine kompetente Frau, und mir nur einen Moment später solch einen hanebüchenen Unsinn auftischen, dass Sie selbst daran ersticken.» Nun klopfte sie auf ihre Schenkel statt auf seinen Rücken, und die endlosen Haare tanzten auf ihren zuckenden Schultern. «Sie wollen ein Samariter des Denkmalschutzes sein? Ich lache mich kaputt.» Und dies tat sie wirklich. «Wenn es denn tatsächlich so wäre, dann trügen Sie nicht diesen Pullover mit dem Krokodil auf der Brust und ganz bestimmt keine echte Breitling-Uhr an Ihrem Handgelenk.»

Bonnhofen hasste Situationen wie diese. Er fühlte sich ausgezogen, bloßgestellt bis auf die Knochen, und er wurde wütend. Frauen sollten ihn nicht auslachen, sie sollten sich nicht darüber lustig machen, wenn er nicht so war, wie er vorgab zu sein. Das krähende Lachen erinnerte ihn an seine geschiedene Frau, die ihn noch im Gerichtssaal verhöhnt und ihm nicht nur die Kinder, sondern auch noch einen beträchtlichen Teil seines Vermögens abgeluchst hatte. Sein Erfolg, seine Zukunft, seine greifbar nahen Träume vom ganz großen Ding, sie alle wurden nun verlacht von einer Frau, von dieser Schlampe mit dem verschmierten Rotzlöffel auf dem Arm. Hastig nahm er einen Schluck Wasser, behielt die kühle Flüssigkeit einen Moment im Mund und ließ sie dann langsam den rauen Hals hinunterrinnen. Er fühlte, dass sich der Hustenreiz legte und auch die ausbrechende Wut gezähmt wurde. Er holte tief Luft.

«Sie sind erstaunlich, Seike Hikken. Wirklich erstaunlich. Ich mache Ihnen hier und heute ein ziemlich großzügiges Angebot und Sie lachen mich aus. Können Sie sich das wirklich erlauben?»

Wieder knabberte sie an einer Gurke. «Ich bitte Sie, Herr Bonnhofen, nun seien Sie mal nicht beleidigt. Selbstverständlich werde ich Ihr Anliegen dem Verein vortragen, vielleicht sehen die anderen Mitglieder es ja zu Ihren Gunsten, wer weiß? Ich kenne die Finanzlage nicht so genau, da meine Aufgaben im Heimatverein woanders liegen. Ich habe keine Ahnung, wer nun nach Kai Minnert die Verantwortung für das *Inselhuus* übernehmen will. Ich vermute mal: Keiner! Und dann sehen Ihre Chancen schon ganz anders aus, auch ohne Ihre übertriebenen Flunkereien.» Seike Hikken erhob sich und gab ihm somit unmissverständlich zu verstehen, dass seine Zeit gekommen war.

«Zwei Tage, hören Sie, zwei Tage kann ich Ihnen und Ihrem Verein geben. Dann müssen Sie mir zu- oder absagen. Ich bin ein erfolgreicher Geschäftsmann und habe kein Interesse an einem zeitraubenden Hin und Her.»

Sie lächelte ihn immer noch an, anscheinend schien sie ihm seine Unehrlichkeit nicht nachzutragen. «So gefällt mir das Gespräch schon viel besser, Herr Bonnhofen. Sie geben mir zwei Tage Zeit, Sie sagen mir die Summe von 1,2 Millionen Euro und Sie machen keine Faxen mehr, indem Sie über Denkmalschutz reden. Ich bin mir ziemlich sicher, dass Sie nicht vorhaben, das *Inselhuus* weiterhin der Juister Dorfgemeinschaft zur Verfügung zu stellen, ist es nicht so?»

Jetzt musste er ehrlich sein, sonst war alles verloren. Er nickte schulterzuckend.

«Keine Ausstellungen von einheimischen Künstlern, kein Museumszimmer, kein Plattdeutschunterricht für die Juister Kinder. So wird es doch aussehen, nicht wahr?»

«Liebe Frau Hikken, ich sage Ihnen nicht alles, nur: Zwei Tage, 1,2 Millionen. So sieht mein Angebot aus, der Rest wird sich zeigen, denke ich. Es gibt doch für alles Verträge. Hier haben Sie meine Karte, ich bin über mein Handy jederzeit erreichbar und hoffe, Sie laden mich zu Ihrer Unterredung mit den Vereinsmitgliedern ein.»

Er griff nach dem Mantel, den er über die Stuhllehne gelegt hatte. Auf der Sitzfläche darunter lag ein kleines Päckchen. Es war allem Anschein nach hektisch geöffnet worden, ein weißer, bedruckter Zettel lag daneben. «*Femtest – Sicher in nur fünf Minuten*». Ein Schwangerschaftstest. Bingo!

«Und wie geht es Ihnen so finanziell? Sie sind allein stehend, haben ein Kind ... oder vielleicht sogar bald zwei?» Er machte eine wirkungsvolle Pause. «Könnten Sie nicht ein paar Euro zusätzlich gebrauchen?»

Sie starrte ihn entsetzt an. Hatte er es zu weit getrieben? Aber zurück konnte er nicht mehr. «Ich denke nur an die Unmengen von sauren Gurken, die Sie eben verputzt haben, also nehme ich an, der Test hier war positiv. Und da Sie allein leben, nehme ich an, dass der Kindsvater nicht unbedingt Ihr Ehemann ist.» Er zögerte nicht wirklich lange. «Also sagen wir ... fünftausend Euro, in kleinen Scheinen direkt auf Ihre zarte Hand. Und auch dieses Angebot gilt nur zwei Tage, hören Sie?»

Er trat zur Tür und drückte die Klinke herunter. Bonnhofen war sich nicht sicher, ob es besser war, mit einer dummen oder einer klugen Frau zu verhandeln. Er hatte sich diese kurze Stippvisite bei Seike Hikken anders vorgestellt. Einfacher.

Er drehte sich um, lief auf die Straße, konnte gerade noch einem Pferdehaufen ausweichen und schritt hastig in Richtung Kurplatz. Ein Bier wollte er trinken. Und mit den anderen feiern und schunkeln. Es war wichtig, die anderen Juister für sich zu gewinnen, und zwar am besten noch heute. Unter Männern konnte er immer noch die besten Geschäfte abschließen.

Doch ärgerlicherweise übernahm diese Frau den Posten der kommissarischen ersten Vorsitzenden mit einer geradezu gelassenen Selbstverständlichkeit, keine Spur von Unsicherheit oder Überforderung, womit Bonnhofen eigentlich fest gerechnet hatte. Damit und mit Trauer, mit Bestürzung, mit einer lähmenden Betroffenheit über den gewaltsamen Tod von Kai Minnert. Doch fast nichts dergleichen hatte sich bei Seike Hikken gezeigt, als er ihr gleich zu Anfang des Gesprächs von diesem merkwürdigen Todesfall erzählte. Sie hatte den Kopf geschüttelt und eine gute Freundin angerufen, um ihr die Neuigkeit zu erzählen. Bis auf die erste Überraschung hatte sie nicht einen Moment die Fassung verloren. Dabei war Minnert doch ihr direkter Nachbar gewesen. Ihr Verhalten erschien Bonnhofen wirklich seltsam. Seltsam und verdächtig.

Samstag, 20. März, 10.20 Uhr

Wir brauchen das Ergebnis der Obduktion wohl kaum abzuwarten, um hier auf Todesfall mit Fremdeinwirkung zu kommen.» Wencke machte sich auf dem Bürostuhl lang und hatte ihre malträtierten Füße unauffällig in eine Papierablage geschoben. Nie wieder Pumps, schwor sie sich grimmig. «Dass Kai Minnert selbst den Riegel von außen vorgeschoben hat, um die Schaufensterrückwand zu verschließen, steht wohl nicht zur Debatte. Und egal, ob er sich nun freiwillig in den Verschlag gezwängt hat oder nicht, es muss in jedem Fall jemand da gewesen sein, der oder die ihn dort eingesperrt hat. Und diesen Jemand müssen wir finden.»

Sie war mit Sanders allein im kleinen, grau gestrichenen Polizeirevier. Viel Platz war hier nicht. Sanders, der sich für einen kurzen Moment entschuldigt hatte und dann in seinem vertrauten Schlips-und-Kragen-Outfit und mit geordneter Frisur wieder auftauchte, schob die zugezogene Jalousie ein wenig zur Seite. So konnte Wencke sehen, was sie in den nächsten Stunden erwartete: Vor dem Haus standen bereits sieben Menschen. Und dabei war es gerade mal zwanzig nach zehn.

«Die sehen alle in keiner Weise betroffen oder niedergeschlagen aus», bemerkte Wencke. «Gibt es denn hier niemanden, dem der Tod von Kai Minnert zu schaffen macht?»

«Sein Lebensgefährte Henner Wortreich ist mit Sicherheit noch nicht vernehmungsfähig. Wir haben ihn gleich an die Männer vom Roten Kreuz weitergereicht, so fertig war er vorhin am Tatort.»

«Sanders, könnten Sie bitte mal auf der Krankenstation nachfragen, wie es ihm geht? Sobald er wieder einigermaßen beieinander ist, würde ich den armen Witwer gern besuchen. Ich werde auch ganz vorsichtig sein, richten Sie das bitte aus.»

Sanders griff prompt zum Telefon. Das klappt ja wunderbar, dachte Wencke, früher hatte er ihr etliche Warums um die Ohren gehauen, sobald sie ihm eine Anweisung gegeben hatte, heute ließ sich mit ihm arbeiten. Reibungslos und trotz Krawatte. Schade, dass Sanders nicht mehr zum Team gehörte, kam es Wencke in den Sinn.

«Geben Sie ihm noch eine Stunde, soll ich ausrichten», sagte Sanders, während er das altmodische Kabeltelefon wieder an seinen Platz auf dem Schreibtisch stellte.

«Na, dann mal los», sagte Wencke ohne den nötigen Elan und Axel Sanders öffnete die Tür.

«Kapitän Feiken!», begrüßte er den riesigen Kerl, der beim Hereinkommen artig die Kappe vom Schädel nahm und ihr einen verlegenen Blick schenkte. Wencke erkannte den Schaulustigen mit der großen Klappe.

«Jau, dann will ich mal», sagte er seltsam schüchtern und ließ sich auf den mickrigen Stuhl vor dem Schreibtisch nieder, was dieser ihm knarzend übel nahm. «Um ehrlich zu sein, so viel weiß ich auch nicht, zumindest nicht wirklich, nur vom … Hörensagen heißt das?»

«Ja, Hörensagen heißt das!», antwortete Wencke. Da sie zu ahnen begann, dass ihren Ohren an diesem Vormittag noch etliche Sätze dieser Art zugemutet werden würden, verschlechterte sich ihre Laune schlagartig. Blasen an den Füßen und Menschen, die auf einmal nichts mehr wussten, wenn ihre Worte zu Protokoll genommen wurden.

Sanders saß mit geradem Rücken am PC und gähnte.

«Naja, der Kai, er war eben schwul, vom anderen Ufer, ein warmer Bruder sozusagen.»

«Herr Feiken, ich wäre Ihnen dankbar, wenn Sie nicht aus lauter Verlegenheit sämtliche Synonyme für Homosexualität aufzählen würden», fuhr Wencke hoch. «Oder haben Sie etwa ein Problem damit? Oder sonst irgendwer?»

«Quatsch. Hab ich nicht. Ist mir doch egal, wie die leben!» Fast trotzig umfassten seine gewaltigen Pranken die dünnen Stuhllehnen. «Der Kai hat das ja auch ganz still und heimlich gemacht. Also, es wusste zwar jeder hier auf Juist, aber er hat es eben nicht zur Schau gestellt. War nicht tuntig oder fummelig oder so. Und dann war das schon okay!»

Wencke schaute den schwitzenden Mann durchdringend an. «Aber trotzdem ist es das Erste, was Ihnen über Kai Minnert in den Sinn kommt. War er nicht auch der erste Vorsitzende des Heimatvereins, ein Ladenbesitzer, ein ehemaliges Ratsmitglied? Minnert scheint zu Lebzeiten ein Hans Dampf in allen Gassen gewesen zu sein, und Sie sprechen ausgerechnet zuerst von seinen intimen Neigungen, obwohl er diskret damit umgegangen ist. Schon interessant, finden Sie nicht?»

Kapitän Feiken machte ein eingeschnapptes Gesicht. «Junge Deern, nun warten Sie doch erst mal ab, was ich Ihnen noch zu sagen habe. Nicht so wild mit den jungen Pferden!» Und dann schickte der Dicke ein rauchiges Männerlachen in Axel Sanders' Richtung. Dieser reagierte nicht, saß nur stocksteif da und tippte mit makellosem Zehn-Finger-System auf die Tastatur.

«Ist doch wegen der Astrid Kreuzfeldt. Und das habe ich dem Herrn Polizeibeamten auch schon am Tatort gesagt. Die soll er mal fragen. Die hat nämlich ein Problem damit, dass der Minnert auf Männer stand. Und zwar ein richtiges!»

«Herr Feiken, ich mache Sie darauf aufmerksam, wir nehmen Ihre Aussage zu Protokoll und überprüfen Ihre Angaben in jedem Fall, vertraulich, versteht sich.» Wencke lehnte sich vor, so weit sie konnte. «Wenn sie also den Namen einer Astrid Kreuzfeldt ins Spiel bringen und dieser Frau ein mögliches Mordmotiv nachsagen können, dann müssen wir dieser Sache nachgehen. Verstehen Sie das?»

«Hmm, ja. Es ist ja aber nun mal so. Als ich hörte, dass Kai ermordet wurde …»

«Moment, wir gehen derzeitig noch nicht ausschließlich von einem Gewaltverbrechen aus», unterbrach Wencke.

«… ja gut, aber wenn er ermordet wurde, dann kommt mir eben als Erste die Astrid in den Sinn. Die wollte nämlich mal was von Kai, ist schon verdammt lange her, und inzwischen ist sie ja auch verheiratet und hat einen Sohn, aber vor etwa fünfzehn Jahren, da war sie schwer verknallt in Minnert. Und das weiß ich ganz sicher!»

Wencke stieß gereizt die Luft heraus. «Fünfzehn Jahre ist das her? Eine halbe Ewigkeit. Es ist ziemlich weit hergeholt, Ihr angebliches Mordmotiv, meinen Sie nicht?»

Wieder wandte sich der Zeuge an Axel. «Ist Ihre reizende Kollegin immer so ungeduldig?»

Axel Sanders drehte sich zu ihm um und nickte. «Ja, das ist sie. Und das macht auch einen beachtlichen Teil ihres Erfolges aus. Hauptkommissarin Tydmers ist nämlich meine Vorgesetzte und die Leiterin der Auricher Mordkommission. Wenn Sie mich fragen, hätten Sie hier auf Juist keine bessere Ermittlerin in diesem Mordfall kriegen können.» Sanders zwinkerte ihr kurz zu und Wenckes Herz hüpfte vor freudiger Verwunderung. «Und jetzt beantworten Sie bitte alle ihre Fragen und denken daran, dass vor der Tür noch etliche andere Zeugen ihre Aussage machen wollen.»

Punkt! Das saß! Wenckes Mund hatte sich vor Erstaunen geöffnet und Kapitän Feiken musste sie bei einem ziemlich dämlichen Gesichtsausdruck erwischt haben, als er sich wieder zu ihr drehte.

«Also, die Astrid Kreuzfeldt war mal mit dem Minnert so gut wie verlobt, und darüber haben wir uns alle mächtig gewundert, schließlich war uns allen klar, dass Kai normalerweise in anderen Gewässern fischte. Die Astrid hat sich über unser Getratsche ganz schön aufgeregt, bis sie dann selber dem ganzen Spuk auf die Schliche gekommen ist und ihren Schatz in flagranti erwischt hat, und zwar mit ihrem eigenen Bruder.» Feiken gönnte sich eine kurze, vergeblich nach Beifall heischende Kunstpause. «Dann wurde ihr klar, dass Minnert ihr nur so nahe gekommen war, weil sie die Schwester von Henner war, und das hat ihr, wenn Sie mich fragen, heftig zugesetzt. Sie hat von einem Tag auf den anderen die Insel verlassen und kam erst wieder zurück, als sie schon mit Gerrit verheiratet war und nach dem Tod der Eltern das Haus übernehmen sollte.»

Wencke ließ die Geschichte noch ein wenig in ihrem Hirn herumspazieren, dann musste sie zugeben, dieser unangenehme Zeitgenosse hatte ihr doch ein beachtenswertes Mordmotiv präsentiert, auch wenn die lange Zeit, die seit dem Vorfall zwischen Astrid Kreuzfeldt und dem Mordopfer verstrichen war, dagegen stand. Wencke wusste jedoch, dass es auch Wunden gab, die nur scheinbar heilten, auch wenn sie auf den ersten Blick kaum noch auszumachen waren, aber unter den Narben brannte und brodelte es immer noch. Wunden, die sich von neuem entzündeten, wenn sie nur berührt wurden. «Gab es Ihrer Meinung nach einen Vorfall in letzter Zeit, der mit dieser Geschichte in Verbindung gebracht werden könnte?», hakte sie deswegen nach.

Doch Feiken winkte ab. «Soweit ich weiß, hat sie seit dieser Sache keinen Kontakt zu ihrem Bruder, zu Minnert sowieso nicht. Nur ihr Mann und der Junge, der Michel, treffen sich ab und zu mit Henner Wortreich, doch die gute Astrid ist scheinbar stur und nachtragend wie eine Elefantenkuh, ne? Sagt man doch, Elefanten könnten niemals vergessen, wenn ihnen jemand wehgetan hat.»

Wieder bekam er keinen Applaus für seine Ausführungen. Ein wenig enttäuscht schauten seine wasserblauen, in Speckfalten gebetteten Augen von Wencke zu Sanders. «Kann ich jetzt gehen? Das war es eigentlich, was ich Ihnen sagen wollte. Ich hoffe ja, dass sich die Spur als falsch erweist, schon wegen Michel Kreuzfeldt wäre es schrecklich, wenn die eigene Mutter ...»

«Vielen Dank, Herr Feiken», unterbrach Wencke die Spekulationen. «Ich bitte Sie, die Sache vorerst für sich zu behalten, auch wenn es sich um allgemein bekanntes Dorfgespräch handelt. Jedes Wort gegen einen Unschuldigen ist ein Wort zu viel und kann nicht zurückgenommen werden!»

Er erhob sich und der Stuhl seufzte erleichtert auf. «Wird gemacht!» Dann verschwand der schwere Mann aus dem winzigen Büro. Auf einmal erschien der Raum riesig und hell.

«Kannten Sie die Geschichte schon?», fragte Wencke.

«Nein, diese kannte ich nicht, aber wenn sie schon fünfzehn Jahre alt ist, dann ist sie vielleicht auch schon länger nicht mehr erzählt worden. Für eine unterschriebene Zeugenaussage reicht ein solches Gerücht sowieso nicht, wir sollten den Zettel hier», Sanders druckte gerade kopfschüttelnd das Protokoll aus, «den sollten wir so schnell wie möglich ganz weit hinten abheften.»

Wencke lachte. «Der Zöllner hat uns ja vorgewarnt, dass wir einen ganzen Haufen solcher Geschichten erzählt bekommen werden. Ich bin ja mal gespannt auf die Akte, die wir hier in den nächsten Tagen zusammenstellen werden. *Kurioses von der Insel* könnte auf dem Buchrücken stehen.»

Auch Sanders schien wieder vergnügter zu sein. Er rieb sich zwar die Schläfen, als versuche er, eine Migräne in Schach zu halten, doch er war trotz allem besserer Laune, als er es jemals in ihrer gemeinsamen Zeit in Aurich gewesen war. «Na, dann will ich mal den nächsten Münchhausen hereinlassen», feixte er und ging zur Tür.

«Halt, bevor ich es vergesse, Sanders …» Er hielt inne, als erwarte er eine Standpauke, und Wencke musste schon wieder lachen. «Ich wollte mich nur bei Ihnen bedanken. Sie wissen schon, die Sache mit der besten Ermittlerin für diesen Mordfall und so. Das war nett!»

«Das war fair», sagte Sanders nur, dann trat schon der nächste Insulaner in das kleine Zimmer.

Samstag, 20. März, 11.00 Uhr

Ihre Finger glitten über das samtige, fast schwarze Holz und die filigranen Windungen der Perlmuttarbeit. Ohne scharfe Kanten war die zauberhafte weiß schimmernde Figur in die kaum auszumachende Maserung des Holzes gebettet. Das winzige Mädchen hatte riesige Augen und ihr elfenhafter Körper, der von rauen Blättern umschlungen war, stieg aus einer bauchigen Hagebutte auf. Vielleicht war es kitschig, wenn man das Motiv für sich sah, inmitten der rankenden Ornamente jedoch konnte man sich dem verspielten Charme nicht entziehen.

«Es ist ein wunderschönes Instrument», sagte Astrid leise und ließ ihre Finger über die elfenbeinfarbenen Tasten des Akkordeons gleiten. «Wunderschön!»

Sie war froh, dass sie etwas hatte, auf das sie ihren Blick heften konnte und das ihre Hände beschäftigte. Die Befangenheit zwischen ihnen schien unüberwindbar, seitdem er ihr die Tür geöffnet und sie wortlos in das fremde Zimmer geführt hatte. Es war schwer, nach so langer Zeit die richtigen Worte zu finden, wenn man sich über Jahre noch nicht einmal bei einem zufälligen Treffen auf der Straße zu einem «Hallo» überwinden konnte.

«Es ist gut, dass du gekommen bist!», flüsterte Henner endlich. Er sah miserabel aus, die blauen Augen stachen aus seinem fleckigen Gesicht hervor, waren wie überschwemmt, wie entzündet. So viel Schmerz hatte sie nicht erwartet.

Schüchtern fasste Astrid nach der Hand ihres Bruders.

«Die Polizei kommt gleich, verdammt, das wird schwer. Kannst du dabei bleiben, wenn sie mich verhören? Ich wäre froh, wenn ich das nicht allein durchstehen muss.»

«Sie werden dich nicht verhören, Henner, das hört sich ja schrecklich an. Sie haben sicher nur ein paar Fragen, und wenn sie mich lassen, dann bleibe ich selbstverständlich bei dir.»

Sie hatte ihn lange nicht mehr richtig angeschaut. Seine blonden Haare waren dünner geworden, sein schmales Gesicht zeigte feine Fältchen. Man konnte sehen, dass er bald vierzig wurde. Er lag auf dem Sofa, seine langen Beine hingen über der samtbezogenen Lehne und sein Kopf war auf geblümte Kissen gestützt. Schön hatten sie es hier, dachte Astrid, auch wenn das Ganze ein wenig unordentlich, fast chaotisch war. Zeitschriften stapelten sich auf dem Boden und zerbröselte Schokolade lag auf dem Glastisch. Das war zwar nicht sehr schlimm, doch sie würde hier ganz gern mal ein wenig aufräumen. Natürlich hatte sie das nicht ernsthaft vor, sie war schließlich gerade das erste Mal in der Wohnung, die Henner und Kai vor rund zehn Jahren bezogen hatten.

«Eine solche Wohnung findet man auf ganz Juist kein zweites Mal», sagte sie mehr zu sich selbst.

Er lächelte traurig. Sie wusste, dass die geschmackvolle Einrichtung seine Handschrift trug. Henner hatte schon als Kind ständig Pläne geschmiedet, wie man die *Villa Waterkant* umbauen könnte. Astrid hatte lange nicht mehr daran gedacht.

«Es tut mir Leid, dass ich euch nie besucht habe, es tut mir wirklich Leid. Ausgerechnet jetzt, wo es zu spät ist, sitze ich hier in eurem Wohnzimmer und ...»

«Hör bitte auf, Astrid», unterbrach ihr Bruder, und seine Stimme war dünn. «Ich habe dich und deinen Groll immer verstanden. Lass es gut sein. Lass es endlich gut sein.»

Astrid nickte und stand von ihrem Sessel auf. Das Parkett knarzte, als sie zum Fenster ging. Der Blick von hier ging direkt auf die Dünen, auf weißen Sand und das scharfe Gras, welches sich langsam in den verschiedensten Grün- und Grautönen wiegte. Von der hellen Frühjahrssonne bestrahlt, sah es beinahe wie das künstliche Bühnenbild in einem Theaterstück aus. Es war zu schön, der Himmel dahinter war zu blau, alles war zu idyllisch.

«Kannst du mir einen Gefallen tun?», fragte Henner vom Sofa her.

Sie drehte sich um und nickte.

«Das Akkordeon, kannst du es wegbringen? Jetzt? Zu dir nach Hause oder so?»

Astrid konnte ihre Verwunderung über diese hektisch vorgetragene Bitte nicht verbergen.

«Nun schau mich nicht so an. Es ist eine ganz einfache Bitte. Dieses Instrument, wie soll ich es dir erklären? Es wäre jedenfalls besser, wenn es vorerst nicht in diesem Haus zu finden ist.»

«Warum? Was ist damit?»

«Es gibt zu viele, die sich dafür interessieren.»

Unzufrieden über die knappe Antwort überlegte Astrid, ob sie ihrem Bruder das merkwürdige Ansinnen abschlagen sollte. Ein augenscheinlich wertvolles Instrument vor der Polizei zu verstecken, und darum ging es Henner wahrscheinlich, erschien ihr suspekt.

Er musste ihr Zögern bemerkt haben, denn er setzte sich nun aufrecht hin und hielt ihr die ausgestreckten Arme entgegen. An seiner rechten Hand steckte ein Ring. Es sieht aus, als sei er verheiratet, dachte Astrid.

«Komm her, Astrid.» Langsam ging sie zu ihrem Bruder, bis er sie berühren konnte. Mit einem kräftigen Ruck zog er sie zu sich heran, beinahe hätte sie das Gleichgewicht verloren. Er umklammerte ihre Beine und sein Gesicht presste sich an ihre Oberschenkel. Sie konnte die Wärme seines Atems spüren. Er hatte wieder mit dem Weinen begonnen. Schon als kleiner Junge hatte er es so gemacht, wenn er seinen Willen nicht bekam. «Bitte, bring das Ding weg. Du hast ja keine Ahnung, es ist jetzt schon schrecklich genug. Doch wenn sie das *Hagebutten-Mädchen* finden, dann wird es unerträglich.»

Nein, diese Tour zog nicht mehr. «Hör auf damit. Henner, wir sind inzwischen erwachsen, es ist viel zu viel geschehen, ich lasse mich auf dein Gejammer nicht mehr ein.»

«Bring es weg!», flehte er weiter. «Du musst mir helfen, Astrid, bitte nur dieses eine Mal!» Das Klingeln an der Tür war kaum zu hören, doch er zuckte zusammen und sein Heulen verstummte im selben Augenblick. «Sie sind da, Astrid. Bitte, nimm das Akkordeon mit und verstecke es irgendwo, in der Küche oder im Schlafzimmer, ganz egal. Um Himmels willen, beeil dich! Ich werde dir alles erklären, versprochen, sobald die Polizei weg ist, werde ich dir alles über das *Hagebutten-Mädchen* erzählen!»

Auch nach all den Jahren war sie nicht in der Lage, seinem Flehen zu widerstehen.

Vielleicht hätte ich ihn doch nicht besuchen dürfen, dachte Astrid. Vielleicht hätte ich einfach zu Hause bleiben sollen, wo ich doch gar nichts mit der ganzen Sache zu tun habe. Stattdessen hat er mich nun wieder so weit und ich stecke tief drin in irgendetwas, von dem ich keine Ahnung habe, um was genau es sich handelt.

Aber er war schließlich ihr Bruder, und er lag ihr am Herzen, auch nach fünfzehn stummen Jahren. Es klingelte wieder.

Sie nahm das Instrument, das so schwer und breit war, dass sie damit kaum um die Ecke kam. Und doch zwängte sie sich voran, und während Henner mit schleppenden Schritten zur Tür ging, versteckte sie das seltsame Ding unter dem riesigen Bett, in dem Kai und Henner gelegen hatten.

Die Erinnerung an damals tat immer noch weh. Sie konnte sich nicht dagegen wehren, dass sie beim Anblick des Bettes eiskalt erwischt wurde. Es war fünfzehn Jahre her und es würde nie aufhören.

Als sie wieder in das Wohnzimmer zurückkam, standen dort die Leute von der Polizei. Der schlanke, attraktive Vertretungspolizist, den Astrid schon ein paar Male in diesem Winter auf der Straße getroffen hatte, und eine ihr unbekannte junge Frau, rothaarig, klein, gut gekleidet. Sie kam auf Astrid zu und wirkte nicht unsympathisch. Lächelnd streckte sie Astrid die Hand entgegen. «Wencke Tydmers, Mordkommission Aurich, und Sie sind Frau Kreuzfeldt?»

Und da wurde Astrid klar, dass man ihren Namen bereits mit ins Spiel gebracht, dass irgendein Juister schon die alte Geschichte im Polizeirevier aufgewärmt hatte. Zum Glück schien sich die Kommissarin ansonsten nur für ihren verstörten Bruder zu interessieren: Wo er gestern Abend gewesen sei, wie sich sein Verhältnis zu Kai Minnert gestaltet hätte. Ob er sich vorstellen könne, was vorgefallen sein musste.

Henner antwortete brav und harmlos mit kurzen Sätzen: «Ich war spazieren.» – «Wir haben uns sehr geliebt.» – «Ich habe keine Ahnung, wie das passieren konnte.»

Astrid wartete, dass er das Akkordeon erwähnte oder dass diese Kommissarin Tydmers ihn nach dem Instrument fragte, schließlich machte sie einen wirklich cleveren Eindruck. Sie wanderte mit ihren Augen in der Wohnung umher und man merkte ihr an, dass sie Henners Worten ganz genau lauschte. Aber sie kommentierte sie nicht und erwähnte das Schifferklavier mit keiner Silbe.

Spätestens ab diesem Moment wusste Astrid ganz sicher, dass Henner hinter seiner heulenden, trauernden Fassade irgendein Geheimnis verbarg. Und dass sie dieses Geheimnis soeben in seinem Schlafzimmer versteckt hatte.

Samstag, 20. März, 14.33 Uhr

Danz up de deel, danz up de deel, immer noch einmal, quer so übern Saal ...»

Die Trachten der Juister Volkstanzgruppe waren aus schlichtem, schwerem Leinenstoff genäht. Einige Frauen trugen Röcke und taillierte Jacken in Brombeerblau, die anderen waren in dunklem Hagebuttenrot gekleidet. Um die Schultern schmiegten sich naturfarbene Tücher mit kunstvollen Stickereien und auf den Köpfen saßen samtene Häubchen eng am Haar. Hübsch waren sie, die *Hupfdohlen*. Die Männer in ihren weißen Hemden und dunklen Westen machten beim Tanz ernste Gesichter, konzentrierten sich auf die Schritte und dass ihnen die breitkrempigen Hüte nicht vom Kopf fielen. Die Mädchen lachten und johlten, wenn sie in die Höhe gehoben und im Kreis gedreht wurden. Eine fröhliche Akkordeonspielerin hatte sich schon längst von den Noten verabschiedet und spielte, selbst schunkelnd und den Takt mit den Füßen vorgebend, die Lieder frei nach Schnauze.

Natürlich tanzte in Wirklichkeit niemand. Als die Nachricht vom Tode des ersten Vorsitzenden offiziell die Runde gemacht hatte, entschloss sich das Organisationsteam des Inseltreffs, alle Veranstaltungen abzublasen. Ein Typ, den auf Juist alle nur Onkel nannten und der irgendetwas mit Computern zu tun hatte, hatte stattdessen eine Großleinwand organisiert, auf der sich alle bis zur Schiffsabfahrt um 16.30 Uhr die Videoaufnahmen vom letzten Abend anschauen konnten. Der große Saal im *Hotel Friesenhof* war brechend voll. Alle Insulaner saßen und standen in der stickigen Luft und viele trugen mit ihren hemmungslos glimmenden Zigaretten noch zur Sauerstoffarmut bei. Die Stimmung war hundsmiserabel.

Die Langeooger Akkordeongruppe versuchte sich in der Bierstube nebenan an *Wie mit grimmgen Unverstand*, einem traditionsreichen Kirchenlied, das von Seefahrern und Insulanern immer dann gesungen wird, wenn etwas zu Ende gegangen ist. Silvester, Beerdigungen, tragische Abschiede wurden immer im Stehen, aus voller Brust und mit Tränen in den Augen sogar der Hartgesottenen begangen.

«*Einst in meiner letzten Not lass mich nicht versinken, sollt ich von dem bittern Tod Well' um Welle trinken. Reiche mir dann liebentbrannt, Herr, Herr, deine Glaubenshand, Christ kyrie, komm zu uns auf die See.*» Die Nachbarinsulaner bemühten sich wirklich, doch das Lied klang schräg und zusammengebastelt wie ein Gassenhauer.

Tjark Bonnhofen saß am Norderneyer Tisch vor seinem vierten Bier und starrte auf die Leinwand, wo inzwischen der Auftritt der Wangerooger Theatergruppe zu bewundern war. So ein Mist, dachte er. Dieser Mord hatte alles durcheinander gebracht. Es ergab sich einfach keine Gelegenheit, mit einem Vorstandsmitglied des Heimatvereins ein paar freundschaftliche Schnäpse zu trinken. Er hatte es ja schon versucht, hatte dem Schatzmeister auf die Schulter geklopft und «Kopf hoch!» gesagt. Mit dem Schriftführer hatte er ein paar würdige Zeilen für die Todesanzeige im *Ostfriesischen Kurier* erdacht, doch sein eigenes Anliegen hatte er nicht vorbringen können. Vierzig Stunden noch, dann ruft Johannsen wieder an und fragt nach dem *Inselhuus*, und er wird ihm wahrscheinlich sagen müssen, dass er den Auftrag nicht erledigen konnte.

In zwei Stunden fuhr die Fähre und mit ihr die Norderneyer Döntje-Singer, zu denen er ja schließlich offiziell gehörte und die ihm so etwas wie eine Aufenthaltsberechtigung in diesen Kreisen hier gaben. Eigentlich müsste er also ebenfalls abfahren, wenn er nicht aufdecken wollte, was für ein eigennütziges Kameradenschwein er doch war, das sich im Grunde nichts aus geselligen Runden machte, sondern nur ein saugutes Geschäft abschließen wollte.

«Noch'n Bier», brummte er dem jungen Kellner zu.

«Sehr gern», sagte dieser und schien ihn mit seinem freundlichen Tonfall foppen zu wollen. «Und zahlen!», befahl Bonnhofen in noch verstimmterer Laune. Merkwürdig war es nur, Kai Minnert auf der Leinwand zu sehen, wie er quicklebendig das Mikro vor den grinsenden Mund hielt und den Witz von den drei Insulanern erzählte, die sich im Himmel bei Petrus trafen. Die Pointe war gut, gelungen vorgetragen, die Kamera schwenkte über das grölende Publikum und Kai Minnert begann zufrieden mit dem nächsten Kalauer. Er hatte eine grüne Medaille um den Hals hängen, weil er ja schließlich gestern Abend zum Grünkohlkönig ernannt worden war. Minnert hatte fünf Portionen verdrückt, mit Kartoffeln und Pinkelwurst und Griebenschmalz. So lebendig war er gewesen, dass man sich beim besten Willen nicht vorstellen konnte, dass er nun mausetot war und sein Mageninhalt in einem Labor untersucht wurde.

Igitt, Tjark Bonnhofen schob seine makabren Gedankengänge beiseite und kramte nach seiner Geldbörse. Die Fahrkarte, die er ins Scheinfach gesteckt hatte, fiel heraus, segelte unter den Tisch, und als er sich danach bückte, kam ihm eine Idee, wie er die Rückfahrt vielleicht doch noch verzögern konnte. Um ein paar Stunden, vielleicht auch um einen ganzen Tag, ganz egal, jede Stunde zählte, wenn er sein Ziel erreichen wollte. Die Schiffe zwischen Norddeich und Juist gingen nur bei Hochwasser, wenn er also die nächste Abfahrt hinauszögern könnte, würde das Wasser irgendwann für die Fähre nicht mehr hoch genug sein, dann hätte er also bis zur nächsten Flut eine Menge Zeit gewonnen. Wertvolle Zeit in ungezwungener Bierlaune, in geselligem Beisammensein mit den maßgeblichen Leuten. Dieses Inseltreffen schuf einfach die besten Voraussetzungen für Geschäftsgespräche, bei denen es um viel Geld und einige Heimlichkeiten ging.

Die allgemeine Bestürzung über Minnerts Tod hatte ihm zwar schon genug Ärger eingehandelt, aber es konnte auch von Vorteil sein, dass er nun auf ewig schwieg. Sicher, es war schäbig, einem Verstorbenen falsche Worte in den Mund zu legen. Aber manchmal musste man schäbig sein auf dem Weg nach oben.

Samstag, 20. März, 14.34 Uhr

Ein junges Mädchen, zu zart für die harte Arbeit, die ihr im Elternhaus aufgezwungen wurde, flüchtete sich bei Niedrigwasser auf eine Insel im Wattenmeer. Sie hatte nichts in ihren Taschen bis auf eine Hand voll Hagebutten, die sie an der Kirche, in der sie getauft worden war, gepflückt hatte. Die Insulaner waren schon immer ein Volk für sich, das sich schwer tat mit Fremden. Deshalb beäugten sie das Kind vom Festland misstrauisch. Die Männer fühlten sich angezogen von dem elfenhaften Wesen mit seiner aufkeimenden Weiblichkeit in dem ach so feingliedrigen Mädchenkörper. Die

Frauen jedoch, gebeugt und verhärmt vom harten Inselleben, hassten die Unbekannte, neideten ihr die seidige Haut und jagten sie davon. Den Männern sagten sie, das Mädchen habe im Meer ihr Grab gesucht. Doch in Wahrheit wussten sie, dass es am Ostende der Insel lebte, sich von Beeren, Fisch und Möweneiern ernährte und nicht wagte, je wieder zu den Menschen zurückzukehren. Jahre später überschwemmte eine gierige Sturmflut die Insel, nahm Häuser und Tiere, Kirchen und Kinder mit sich, und die Insulaner waren gezwungen, ein neues Dorf zu errichten. Hungernd schauten sie sich auf ihrem geschundenen Eiland um und fanden nur die Bisswunden des Meeres. Sie wollten schon umkehren, ihre Sachen zusammenpacken und die geliebte Insel dem siegreichen Meer überlassen, da sahen sie ein Dünental, welches so friedlich und unbeschadet vor ihnen lag, als wäre die Zerstörung des Eilandes nur ein böser Traum gewesen. Eine fremde, kräftige Rose hatte ihre dicken Wurzeln im sandigen Boden verankert, hatte mit mächtigen, dornigen Ästen dem Wind ein Durchkommen verwehrt. Verwundert näherten sich die Inselbewohner, stachen sich die Finger blutig, als sie das unbekannte Gewächs berührten, und schließlich sangen sie und jubelten, da ihre Insel von diesem Rosenstrauch gerettet worden war. Die prallen, roten Hagebuttenfrüchte schmeckten süß und gaben Kraft, sodass sie aus den Backsteinen ihres alten Dorfes bald ein neues bauen konnten. Es lag von nun an sicher und geschützt im Rosental, und die Hagebuttensträucher breiteten sich auf ihrer Insel aus und gaben ihr Halt, sodass die Nordsee stumpfe Zähne bekam und von dem kleinen Eiland abließ. Das Hagebutten-Mädchen aber hatte man nie wieder gesehen. Man munkelt, es wäre bei schweren Sturmfluten auf den Dünen der Insel zu sehen, von wo es traurig und einsam auf das Inseldorf hinabschaut.»

Astrid schwieg. Sie trank nur stumm einen Schluck Tee, den sie für ihren Bruder zubereitet hatte, nachdem die Kommissarin und der Polizist gegangen waren.

«Eine schöne und grausame Legende, findest du nicht?», fragte Henner, der sich nach seinem erneuten Zusammenbruch endlich wieder beruhigt hatte. Die Kommissarin hatte ihn ausgefragt, über Kai und den letzten Abend und ihre Beziehung und so weiter, nur zwanzig Minuten lang, doch ihm waren bei all den Fragen immer wieder die Tränen gekommen.

«Kommen dir die Motive bekannt vor? Sturmfluten und Einzelkämpfer und mystische Erscheinungen in windigen Nächten?» Henner stand auf und ging zum Bücherregal, wo er nicht lang suchen musste, bis er ein kunstvoll gebundenes Buch in den Händen hielt. «*Der Schimmelreiter*, von Theodor Storm. Eine der ganz großen Novellen von der deutschen Nordseeküste. Sie erzählt auch von einem Einzelkämpfer, Hauke Haien, dem Deichgraf, der die abergläubischen Dorfbewohner von seinem neuen Deich überzeugen will. Er kommt schließlich in den Wellen um und sucht von dort an als geisterhafter Reiter die Küste heim. Klingt doch ziemlich ähnlich, meinst du nicht?»

Astrid nickte wieder nur stumm und nahm das teure Buch aus seinen Händen. Seine Finger zitterten leicht, doch die Geschichte schien ihn ein bisschen abzulenken. Sie meinte sogar ein wenig Leben in ihm aufflackern zu sehen. Die Geschichte musste ihn auf irgendeine Weise begeistern, auch wenn das Lächeln nur schmal und kaum wahrnehmbar seine Lippen umspielte.

«Aus diesem Grund glaubt man, dass die Legende vom Hagebutten-Mädchen ebenfalls von Theodor Storm stammt und er sie vor dem *Schimmelreiter*, also zirka 1886, geschrieben hat. Ein interessanter Gedanke, oder?»

«Und was hat es jetzt mit diesem Akkordeon auf sich?», fragte Astrid, nachdem sie durch ein Räuspern endlich ihre Stimme wiedergefunden hatte.

«Ach, es ist ein ziemlich altes Instrument, Kai schätzte es auf 1885 bis 1890. Soweit ich weiß, ist es eines der ersten Pianoakkordeons, also ein Handzuginstrument mit Klaviertasten an der einen Seite. Vor vier Wochen hat er es vom Langeooger Akkordeonverein zur Restaurierung zugeschickt bekommen. Tja, und die haben es von einem Insulaner vererbt bekommen, der ursprünglich aus Hademarschen in Holstein stammt, übrigens der Ort, an dem Theodor Storm 1888 verstorben ist. Und jetzt kannst du doch eins und eins zusammenzählen.»

«Gut, du meinst also, dieses Akkordeon war vielleicht einmal im Besitz Storms oder zumindest soll es ein Beleg dafür sein, dass diese Hagebutten-Mädchengeschichte aus seiner Feder stammt.» Astrid wusste, dass sich ihr Bruder zumindest vor fünfzehn Jahren niemals für solche Dinge begeistert hatte, und sie bezweifelte, dass die Beziehung mit dem auf diesem Gebiet gebildeten Kai Minnert etwas an seinem Desinteresse geändert haben mochte. «Nun mal Klartext, wie viel ist es wert?»

Er lächelte traurig. «Was du auch immer gleich denkst, Astrid. Vielleicht acht- bis zehntausend Euro, falls sich ein Liebhaber dafür findet. Der Klang ist nämlich nicht so berauschend, nur das Material: Ebenholz mit vergoldeten Metallverschlägen, Elfenbeinplättchen auf den Tasten, dann die Schnitzerei … alles vom Feinsten! Sollte sich herausstellen, dass es wirklich dem großen Novellisten des neunzehnten Jahrhunderts gehört hat, dann könnte vielleicht noch ein Tausender mehr dabei herausspringen.»

Astrid stellte das Buch zurück ins Regal. «Viel Geld für einen Akkordeonverein!»

Henner kam langsam auf sie zu. «Sag mal, was geht in deinem Kopf vor? Irgendwie habe ich den Eindruck, du bereust es schon, zu mir gekommen zu sein.»

Bereute sie es? Astrid musste einen Moment darüber nachdenken, zu viel war in den letzten Stunden geschehen. «Nein, ich bereue nur, nicht schon viel eher einmal vorbeigekommen zu sein. Die Sache von damals war es nicht wert, dass ich so gar nicht an deinem und Kais Leben teilgenommen habe.»

Henner schob ihre Teetasse zur Seite und setzte sich direkt vor sie auf den Glastisch, das Kinn auf die Hände gestützt, die blauen Augen direkt auf sie gerichtet. «Dein Sohn hat sich ja regelmäßig hier blicken lassen und ich denke, Kai und ich haben zwei ganz anständige Onkels abgegeben. Gerrit war auch mit dabei, ich mag ihn, er ist ein feiner Kerl. Ich habe dich also nie aus den Augen verloren, Astrid, ich habe irgendwie immer an deinem Leben teilgenommen, wenn auch unsichtbar.» Nun fassten seine Hände nach ihren Armen, die sie steif und eisern vor ihrer Brust verschränkt hatte. Henner löste gefühlvoll den Knoten und hielt ihre Finger sanft fest, begutachtete ihren Handrücken, den schlichten Ring, die ersten Spuren der vielen Arbeit. «Trotzdem bin ich wirklich unendlich glücklich, dass du heute zu mir gekommen bist. Ich glaube, sonst wäre ich durchgedreht.»

Er weinte nicht. Er zog sich nur langsam von ihr zurück, verkroch sich hinter einem unnahbaren Schweigen. Da Astrid wusste, dass es besser war, ihn nun allein zu lassen, entzog sie ihm die Hand, erhob sich und räumte leise und langsam das Geschirr vom Tisch. Als sie gespült und sich die Jacke angezogen hatte, blickte sie noch einmal in die Stube, wo er noch immer auf dem Glastisch saß, die Hände nach vorn ausgestreckt, so als säßen sie sich noch gegenüber.

Er merkt gar nicht, ob ich da bin oder nicht, zumindest in diesem Augenblick, dachte Astrid.

Sie wollte wiederkommen, morgen vielleicht, doch auf jeden Fall würde sie wiederkommen und ihn nach diesem Akkordeon fragen. Und warum es versteckt werden musste. Jetzt war nicht die Zeit dazu, also hüllte sie das schwere Ding in eine Decke und trug es zu sich nach Hause.

Samstag, 20. März, 14.35 Uhr

Wencke schloss ihre Augen und genoss den kurzen Augenblick, den sie, abgesehen von Sanders, allein im Zimmer war. Seit vier Stunden ging es hier zu wie im Taubenschlag und abgesehen von der knappen halben Stunde, die sie beim sichtlich verstörten Henner Wortreich und seiner rührend besorgten Schwester verbracht hatte, waren es nur Gesichter und graue Wände gewesen, die sie zu sehen bekommen hatte. Die ganze Zeit hindurch hatte sie die Sonne durch die Gardinen scheinen sehen, und jetzt erinnerte sie sich wehmütig an die Bank unter der Silberpappel, auf der sie bei ihrem letzten Fall auf Juist mit dem Koch vom *Hotel Dünenschloss* gesessen hatte.

Sie öffnete die Augen wieder. Ja, das war es, was sie wollte. Ein wenig frische Luft, ein wenig Stille, ein wenig Nikotin in ihrer Lunge.

«Entschuldigen Sie mich, Sanders, ich gehe mal kurz hinaus.»

Mit knurrendem Magen ging sie die wenigen Schritte bis zu dem einladenden Plätzchen. Die Pappel zeigte sich noch ohne Blätter, doch aus den weißgrauen Ästen wuchsen schon die ersten pastellfarbenen Ansätze heraus. Sie waren nicht genug für einen Schatten, und als sie sich setzte, bekam sie die Sonne direkt ins Gesicht. Das war nicht schlimm, im Gegenteil, sie konnte ja die Augen schließen und die Wärme der Strahlen genießen.

Seit heute Morgen hatte sie nichts zwischen den Zähnen gehabt außer einem sauren Apfel, den sie sich vorsorglich in die Handtasche gesteckt hatte. Wencke kannte diese Tage. Man redete und hörte zu, man dachte nach und wurde von Neuigkeiten überrumpelt, und man vergaß dabei sich selbst. Essen, Trinken und sogar der Gang zur Toilette wurden hinausgezögert und als unwichtig abgestempelt, wenn es darum ging, die richtige Spur zu finden.

Vielleicht waren dies die besten Tage für Wencke. Unter Strom zu stehen war für sie ein gutes Gefühl. Heute jedoch nicht. Heute war es anders. Ach, seit ein paar Wochen war es anders. Verdammt, konnte dieses Perpetuum Mobile im Kopf nicht einmal zum Stillstand kommen? Job ... Zukunft ... Familie ... Partner ... Kinder ... Job ... Zukunft ... Ein Gedanke schubste den nächsten an und dieser setzte wieder eine Idee in Bewegung, bis dann zum Schluss da dieses Fragezeichen stand. Sie wusste einfach nicht, an welchem Punkt sie anfangen sollte, wenn sie ihr Leben in eine andere Richtung lenken wollte. Wenn sie dann an Sanders dachte, der immer genau zu wissen schien, wohin er gehen wollte, dann wünschte sie sich tatsächlich, ein bisschen mehr wie er zu sein. Ein bisschen weniger chaotisch, ein bisschen weniger gefühlsduselig. Vor einem halben Jahr hatte sie ihn nicht ausstehen können deswegen, nun beneidete sie ihn insgeheim ein wenig.

Plötzlich stand er neben ihr, sie war hinter ihren geschlossenen Augen so in Gedanken verheddert gewesen, dass sie ihn gar nicht hatte kommen hören.

«Ich habe uns Knäckebrote geschmiert. Viel gibt mein

Kühlschrank heute Morgen nicht her, leider. Mögen Sie lieber Salami oder Käse?»

«Salami, bitte!», entfuhr es Wencke dankbar. Nichts hätte in diesem Moment besser schmecken können. Für dieses Angebot drückte sie sogar die halb aufgerauchte Zigarette aus. Zwei Becher Kaffee hatte Sanders ebenfalls dabei, die er nun beinahe verlegen vor ihre Füße auf den Boden stellte. Er schien zu zögern, da er wahrscheinlich spürte, dass sie eigentlich ein paar Minuten allein hatte sein wollen. Seine Unentschlossenheit war wirklich charmant. Sie nahm ihre Zigarettenschachtel von der Bank und nickte ihm zu, woraufhin er sich neben sie setzte. Kurz schielte Wencke zu ihm herüber. Die Sonne schien in sein Gesicht und er hatte die Augen geschlossen, genau wie sie vorhin. Sicherlich ging es ihm ähnlich, dass er auch nicht zufrieden mit dem Verlauf des Tages war und sich fragte, was man anders machen könnte. Warum war ihr noch nie seine kleine Narbe über dem rechten Ohr aufgefallen? Und dass seine Augenbrauen aussahen wie gezupft? Nun, vielleicht zupfte er sie wirklich, passen würde es zu ihm, eigentlich war er ja ein unausstehlicher Typ. Was hatte sie gerade eben noch für einen Unsinn gedacht? Sie wollte wie Sanders sein? Schwachsinn! Er war doch ein neunmalkluger Pedant, ein neidischer Besserwisser, ein ehrgeiziger Egomane. Sie dachte an diese Diagramme, die er zu Auricher Zeiten immer angefertigt hatte. Es waren irgendwelche starren, systematischen Balkendiagramme auf Millimeterpapier, die rein rechnerisch die Verdächtigen in einem Fall überführen sollten. Und er hatte diese unverständlichen Zeichnungen immer hervorgekramt, wenn sie gerade mit ihrem Latein am Ende gewesen war. Wenn Wencke den Fall als verfahren und unlösbar empfunden hatte, dann hatte er ihr jedes Mal diese in Klarsichtfolien aufbewahrten Blätter unter die Nase gehalten und von strategischen Vorgehensweisen gepredigt. Und nicht ein einziges Mal hatte er dem Team auf diese Weise irgendwie weitergeholfen. Seine Diagramme waren nichts als Schmierpapier, und doch hatte er sie stets eingesetzt wie eine Waffe, hatte damit auf die Kollegen gezielt und den Eindruck erweckt, er sei der Einzige, der den Fall im Griff hatte. Und dafür hatte sie ihn immer schon gehasst. Na ja, vielleicht nicht gerade gehasst, aber … doch: Sie hatte ihn dafür gehasst!

Was schade war, denn er sah gut aus, so im Sonnenlicht, mit notdürftig zurückgekämmten, immer noch widerspenstigen dunklen Haaren und Knäckebrotkrümeln auf der Unterlippe.

«Das war ein bisschen viel auf einmal, meinen Sie nicht?», sagte sie schließlich, nachdem der erste Schluck Kaffee ihr wieder Lust aufs Reden gemacht hatte. «Wie viele verschiedene Mordmotive haben unsere Zeugen heute zu Protokoll gegeben?»

«Fünf bis sechs», sagte Sanders, plötzlich grinsend. «Verletzte Eitelkeit, Neid, Homosexuellenhass, Habgier, alles war dabei. Sogar die Juister Krimiautorin ist verdächtig, weil sie angeblich schon mal einen Roman mit ähnlichem Tathergang beschrieben hat. Es ist grandios, nicht wahr?»

Wencke nickte müde. «Die Sache mit dieser Astrid Kreuzfeldt scheint mir von allem noch am wahrscheinlichsten. Haben Sie den harten Zug um ihren Mund bemerkt? Scheint nicht oft zu lachen, die Arme. Auf mich machte sie einen etwas verbissenen Eindruck. Obwohl ich sie nicht unsympathisch fand, eher unsicher und still, keine rasende Mörderin jedenfalls. Trotzdem war die Geschichte von Kapitän Feiken die einzige, in die ich ein wenig Ermittlungsarbeit investieren würde. Manchmal stecken hinter alten Erlebnissen ja auch ganz akute Konflikte. Wer weiß denn schon, wie viel

Einfluss diese Vergangenheit noch auf das heutige Leben dieser Frau hat?»

Sanders trank seinen Kaffee und schwieg. Anscheinend hatte auch er keine heiße Spur entdeckt und war genauso ratlos wie sie. Das war noch nie passiert. In Aurich hatten sie sich stets gegenseitig grandiose Erkenntnisse um die Ohren gehauen und um den richtigen Riecher gewetteifert. Und nun saßen sie hier wie zwei Hohlköpfe.

In Wenckes Jackentasche piepte das Handy.

«Die Gerichtsmedizin!», sagten beide wie aus einem Mund, und Wencke musste ein Lachen unterdrücken, als sie das Gespräch annahm.

«Kollegin Tydmers, hallo aus Oldenburg, Rieger am Apparat. Wir haben unter Vorbehalt die ersten Angaben über Ihre Juister Leiche parat.»

«Das haben wir uns schon fast gedacht», sagte Wencke und schickte Sanders ein Zwinkern hinüber.

«Der Mann ist an einer Kohlendioxidvergiftung gestorben. Ich nehme mal an, er ist am Tatort zu Tode gekommen, es war doch ein kleines Schaufenster, wenn ich richtig informiert bin. Spuren von Gewaltanwendung konnten wir keine finden, jedoch eine beachtliche Menge Alkohol im Blut und einen enorm gefüllten Magen, was den Tod ein wenig beschleunigt haben könnte. Grünkohl mit Kartoffeln und fettem Fleisch, eine ganze Menge Bier, ein wenig Sekt und eine sonderbare Art von Schnaps, wahrscheinlich selbst gebrannt, wenn Sie es genau wissen wollen.»

«Können Sie mir nähere Auskünfte über den Todeszeitpunkt geben?»

«Der Todeszeitpunkt steht ziemlich eindeutig fest, es muss so gegen 6 Uhr morgens gewesen sein. Doch was Sie wahrscheinlich eher interessieren dürfte, ist, wann die Tat passiert sein muss, und darüber kann ich Ihnen nur vage Auskunft erteilen. Wenn die Jungs von der Spurensicherung mit der gewohnten Sorgfalt gemessen haben, dann gehen wir von ca. 1100 Liter Raumluftvolumen aus, und da der Tote ja am Boden gelegen hat und dort die höhere CO_2-Konzentration ist, wird die kleine Kammer so gegen, hmm ... na ja, so gegen zehn bis elf Uhr abends verschlossen worden sein. Wie gesagt, Kollegin Tydmers, alles sehr vage und unter Vorbehalt der weiteren Laborergebnisse. Ich habe Ihnen die Daten ausgedruckt, Sie müssten gleich bei Ihnen aus dem Fax rauschen.»

«Das ist wunderbar, Kollege Rieger», sagte Wencke, obwohl sie die ungenauen Ergebnisse alles andere als wunderbar finden konnte. Noch mehr Nebel, wo man sich klarere Sicht versprochen hatte. Mit einem Dankeschön beendete sie das Telefonat, dann seufzte sie resigniert und erzählte Sanders, dass es so gut wie nichts zu erzählen gab.

«Vor allem kann man überhaupt nicht sagen, ob es sich in diesem Fall um Vorsatz oder Fahrlässigkeit gehandelt hat», resümierte Sanders. «Irgendjemand hat also die Rückwand des Schaufensters verschlossen. Wusste dieser Jemand, dass Kai Minnert auf diese Weise in Lebensgefahr gebracht werden konnte?»

«Sie glauben, es könnte ein dummer Scherz gewesen sein?»

Sanders nickte. «Minnert war genau der Typ, der sich mit besoffenem Kopf ins Schaufenster legt. Die andere Person hat ihn spaßeshalber eingeschlossen, um ihn am Morgen mit aller Peinlichkeit und einem riesigen Katerschädel mitten auf der Wilhelmstraße erwachen zu lassen.» Sanders nahm einen Schluck Kaffee. «Ich bin mir sogar ziemlich sicher, es war genau so.»

Wenckes Augenbrauen zogen sich skeptisch zusammen. «Sie wollen es glauben, nicht wahr? Es ist eine nette, tragische Unfallgeschichte, die keinen Schuldigen übrig lässt und uns eine Menge Arbeit erspart. Sanders, was ist eigentlich los mit Ihnen?»

Er sagte nichts, stattdessen drehte er eingeschnappt den Kopf zur Seite und schaute mit zusammengekniffenen Augen in Richtung Kurplatz.

«Korrigieren Sie mich, Sanders, aber das Einzige, was alle Zeugen und sogar Sie selbst übereinstimmend ausgesagt haben, war, dass Kai Minnert gestern gegen kurz nach neun den Inselabend verlassen hat und zu diesem Zeitpunkt für seine Verhältnisse auffällig nüchtern gewesen ist.»

«Das stimmt», knurrte Sanders.

«Der Gute muss einen triftigen Grund gehabt haben, so früh zu verschwinden, da es sonst nicht seine Art gewesen ist, sich eine feuchtfröhliche Gesellschaft entgehen zu lassen. So weit richtig?»

«Hmm, ja.»

«Nehmen wir mal an, er ist direkt zum Laden gegangen, dann wird er gegen halb zehn dort angekommen sein. Laut Obduktionsbericht ist er breit wie tausend Russen zwischen zehn und elf in sein originelles Schlafgemach gestiegen.»

«So ist es wohl gewesen.»

«Sanders, hallo, sind Sie noch da?», fragte Wencke und berührte ihren lethargischen Kollegen fest an der Schulter. «Wo bleibt Ihr sonst so messerscharfer Verstand?»

Doch Sanders reagierte noch immer nicht.

«Kai Minnert muss sich in ungefähr einer Stunde so richtig einen gekippt haben. Aus welchem Grund? Bitte, Sanders, aus welchem Grund verlässt ein Partykönig gut gelaunt und zurechnungsfähig das Fest des Jahres und betrinkt sich still und heimlich in seinem Kämmerlein?»

Endlich wandte Sanders sich wieder zu ihr. Er sah müde aus, grau und schlapp wie durchnässte Pappe, doch es schien wieder in ihm zu arbeiten. Na also, dachte Wencke.

«Er musste einen noch besseren Grund zum Feiern gehabt haben», sagte Sanders endlich und schien sich am Sieg über seine Begriffsstutzigkeit zu erfreuen. «Und er wird diesen Grund nicht alleine begossen haben!»

Wencke gab ihm feierlich die Hand. «Genau das denke ich auch, Kollege Sanders. Und wenn wir herausfinden, mit wem er sich getroffen hat und aus welchem Grund, dann sind wir ein ganzes Stück weiter.» Sie griff nach den beiden leeren Bechern und erhob sich von der Bank. Es konnte weitergehen, ja, da war wieder ein Gedanke, der formbar war, der sich einfügte in ein starres Gerüst aus Fakten und Vermutungen.

Wenn es einen Grund zum Feiern gab, dann hatte ihnen bislang keiner der Zeugen davon erzählt. Und doch musste es einen Menschen geben, der davon wusste. Vielleicht war dieser Grund zum Feiern auch ein Grund zum Morden gewesen?

Es war wieder so weit, das Blut rauschte durch Wenckes Gehirn und neue Gedanken machten sie schnell und agil und ein wenig atemlos. Sie war wieder in ihrem Element.

Wen sollte sie fragen? Noch ein Besuch bei Henner Wortreich? Oder einem Geschäftspartner von Minnert? Immerhin hatte er mit Antiquitäten zu tun, da kannte er sicher eine Menge Leute, die seine Leidenschaft teilten und für die schon ein alter Teepott Grund genug für ein ausgiebiges Saufgelage gewesen wäre. Und dann eine Pointe, ein Witz zum Abschluss, eine unbedachte Wette oder sonst etwas, das Minnert veranlasst hat, in sein Schaufenster zu kriechen. Ja, so musste es gewesen sein. Wencke wartete vor der Polizeistation auf Sanders, der den Schlüssel in der Hand hielt und ebenfalls von der frischen Luft und den frischeren Ideen neuen Schwung bekommen zu haben schien.

Vielleicht finden wir ja eine Spur, ein Motiv, einen Zeugen, manchmal braucht man doch auch einfach mal Glück, dachte Wencke. Vielleicht, vielleicht. Bislang hatte alles eher schleppend begonnen: wenig erfolgversprechende Aussagen, unklare Tatzeit, schwammige Motive. Es wäre gut, wenn sie diesen Fall schnell und gründlich zu Ende brachte. Eine makellos saubere Ermittlungsarbeit wäre gut für den Ruf ihrer gesamten Abteilung und für die Herren aus Hannover mit ihren Sparmaßnahmen. Und, daran ging kein Weg vorbei, auch für sie selbst wäre es gut. Ein bisschen Selbstbestätigung, Lobeshymnen und Schulterklopfen waren genau das, was sie zurzeit brauchte.

Samstag, 20. März, 14.59 Uhr

An manchen Tagen bekam Astrid ihren Mann gar nicht zu sehen. Es war, als lebten sie in Parallelwelten. Nur der hastig ausgespülte Kaffeebecher auf der Küchenablage und der starke Geruch seines teuren Rasierwassers im Bad waren Indizien dafür, dass sie tatsächlich zur selben Zeit am selben Ort existierten.

Aus diesem Grund traf seine Gegenwart in ihrem Schlafzimmer sie mit voller Wucht. Gerrit lag schlafend in ihrem gemeinsamen Ehebett. Er umarmte die Decke, unter die er seit Jahren nicht mehr gekrochen war. Er war nackt. Seine gebräunte, immer noch jungenhaft weiche Haut hob sich vom hellen Blau der Bettwäsche ab und Astrid hätte bei diesem Anblick beinahe das Akkordeon fallen lassen, das sie hier im Schlafzimmer hatte verstecken wollen. An einem vermeintlich sicheren Ort. Was wollte er hier?

Auf dem Nachttisch stand ein bauchiges Glas, in dem noch ein Rest Rotwein ruhte. Die leere Flasche des guten Dornfelder stand daneben auf dem Bettvorleger. Dabei trank Gerrit nicht. Normalerweise. Nur wenn er überfordert war, gestresst zum Beispiel, dann schüttete er eine übertriebene Menge Alkohol in sich hinein, legte sich hin und schlief. Als seine Mutter vor fünf Jahren bei einem Autounfall ums Leben kam, da hatte dieses Verhalten eine ganze Woche angehalten. Saufen und schlafen. Und vor zwei Jahren, da war es genauso gewesen, sieben Tage lang Lethargie, nur hatte sie damals den Grund für seine Frustration nicht gekannt.

Kai war tot. Astrid befürchtete, dass Gerrit für diesen Schlag länger als sieben Tage benötigte.

Eine der vielen unausgesprochenen Sachen zwischen Astrid und ihrem Mann war das Verhältnis zwischen den Männern. Astrid hatte sich nie getraut, direkt danach zu fragen. Wenn er ihn nun mag, hatte sie immer gedacht. Wenn er ihn nun mehr mag als mich? Warum zieht er sich um, wenn er mit Michel zu Kai und Henner geht? Warum wird er verlegen und schweigt, wenn er dann wieder nach Hause kommt? Und warum, warum nur will er nichts mehr von mir wissen?

Astrid wollte ihn nicht wecken. Leise schlich sie mit dem Instrument zum Kleiderschrank, öffnete die Tür und wuchtete das schwere Akkordeon in eines der Wäschefächer, schob es bis zur Rückwand und legte einen Stapel Schürzen davor. Hier würde er nie nachschauen. Selbst wenn er ab heute wieder beschließen sollte, ins Ehebett zurückzukehren, würde er nicht in ihren Sachen kramen. Und lang sollte dieses mächtige Ungetüm von Instrument auch nicht in ihrem Haus verweilen. Lieber nicht. Astrid kannte ihren Bruder und sie wusste, dass diese Geschichte irgendwie nicht ganz sauber war. Das Ding in ihrem Schrank war eine Ausnahme, die nicht länger als eine Woche anhalten würde, ganz sicher nicht ...

«Astrid», murmelte Gerrit und sie zuckte zusammen. Sie drehte sich um und sah ihn mit schläfrigem Blick in ihrem Bett sitzen, seine rotblonden Haare waren zerzaust und das Kissen hatte rote Streifen auf seinem Gesicht hinterlassen. Ihr Mann hatte beide Arme nach ihr ausgestreckt wie ein kleiner Junge, der getröstet werden wollte. Hatte er gesehen, wie sie das Instrument verschwinden ließ?

«Astrid, ich bin so allein!», jammerte er. «Nimm mich in den Arm. Bitte! Tröste mich!»

Ich halte das nicht aus, dachte Astrid. Noch ein Mann mit Tränen in den Augen. Noch ein Mann, den ich liebe, den ich trotz allem, was geschehen ist, noch immer liebe.

Sie ging zum Bett, setzte sich auf die Kante, nahm seine schlaffen Arme und legte sie um ihren Körper. Oh, mein Gott, wie warm er war und wie gut er roch, trotz des Alkohols, der seinen Atem sauer durchsetzte. Sie strich mit ihrer Nase durch sein Haar, so wie man es bei Neugeborenen macht, weil man den Menschenduft an dieser Stelle so intensiv einatmen kann. Dann legte sie ihre Wangen auf seine Ohren, hauchte in seinen Nacken und schließlich presste sie ihre Lippen auf seinen Mund und küsste ihn. Auf einmal spürte sie Leben in seinen Händen. Er griff nach ihr, fasste in ihr Haar und umspannte ihren Rücken mit seinen kräftigen Armen. Sie holte tief Luft. Endlich war er wieder bei ihr.

Sie ließ sich auf ihn fallen und krallte sich am Laken unter ihm fest. Er war ihr Mann. Sie wollte sich fallen lassen. Doch es fühlte sich anders an, als sie dachte. Sie hatte sich so lange nach Gerrits Nähe gesehnt und nun war es widerlich. Und es ging ganz schnell. Wie eine flüchtige Umarmung. Ihre Gedanken waren ganz woanders, sie sah mehr seine Bewegungen unter ihr, als dass sie sie spürte. Es war, als richte sie nur eine Kamera auf ihn, um ihn beim Sex zu filmen. Sie selbst war gar nicht dabei. Sie war unbeteiligt und meilenweit von seinem Körper entfernt. Die ganze Zeit fragte sie sich, ob es das nun sei. Ob sie diese Art von Zuwendung wirklich vermisst hatte. Bis er fertig war, dachte sie die ganze Zeit darüber nach, was ihr alles viel mehr Vergnügen bereiten würde als dieser schnelle, emotionslose Akt. Und ihr fielen eine Menge Dinge ein, die ihr mehr Befriedigung verschafften: Im Garten sitzen und lesen, mit Michel ein Eis essen gehen, strahlend weiße, duftende Bettwäsche bei Sonnenschein an die Leine hängen. Gerrit hielt dabei die Augen geschlossen und sie wollte sich lieber nicht den Kopf darüber zerbrechen, an wen er wohl gerade dachte. Dann war es vorbei, und Astrid konnte an seinen regelmäßigen Atemzügen erkennen, dass er sofort eingeschlafen war oder zumindest den Eindruck erwecken wollte. Sein Schnaufen verstärkte den schalen Nachgeschmack, den der unerwartete Kontakt mit ihrem Mann hinterlassen hatte.

Ausgerechnet heute, ausgerechnet an Kais Todestag und in nicht mehr ganz zurechnungsfähigem Zustand war es passiert. Alles sprach dafür, dass sie Gerrit für ein paar Minuten nur als Trostpflaster gedient hatte.

Es tat weh.

Aber es war auch gut, schließlich war er endlich wieder in ihrem Bett gelandet. Nun jedoch wollte sie ihn nie wieder bei sich haben. Konnte sie ihn rausschmeißen? Einfach vor die Tür setzen?

Astrid richtete sich im Bett auf, fuhr sich mit den Fingern durchs Haar und löste die Spange in ihrer zerwühlten Frisur.

Damals, als Henner und Kai ihr zum ersten Mal die Illusionen von einem perfekten Leben aus dem Kopf getrieben hatten, hatte sie nicht auch am Ende auf sich selbst vertraut und schließlich doch einen Neuanfang zustande gebracht?

Sollten ihre Freundinnen doch aus allen Wolken fallen, sich die Augen reiben und die Mäuler zerreißen!

Der Junge, na ja, das war schlimm, aber was nutzte Michel eine nach außen intakte Familie, wenn die Mutter innerlich vor die Hunde ging? Sie hatte ihm zuliebe eine Scheinwelt aufgebaut und dabei war das wirkliche Leben wie auf einem Teller an ihr vorbeigetragen worden, ohne dass sie ein Sahnestück davon abbekommen hatte.

Das Haus gehörte ihr, den Jungen würde Gerrit sicher auch nicht von ihr losreißen und ein leeres Bett, in dem man niemanden mehr erwartete, war nicht ganz so groß. Wahrscheinlich war Gerrit sogar froh, wenn er endlich sein Leben so führen konnte, wie er es wollte: ohne einen Sohn an den Hacken, ohne Verantwortung, ohne seine Neigungen immer verstecken zu müssen. Einige Menschen mochten es vielleicht wirklich als etwas Natürliches tolerieren, Astrid würde dies niemals können. Sie war sich bewusst, dass ihre Abneigung gegen Homosexualität extrem war, dass dieser Ekel etwas mit dem Erlebnis von damals zu tun hatte, als sie die beiden im Bett erwischt hatte. Sie würde dieses Bild von Kai und ihrem Bruder niemals loswerden. In einer großen Stadt war es vielleicht einfacher für Gerrit, dieses so genannte Coming Out zu haben. Und es war dann nicht mehr ihr Problem. Nicht mehr ihre Blamage. Endlich nicht mehr.

Der neue Gedanke erfüllte sie mit einem so aufregenden Kribbeln, dass ihr sogar die Flasche Champagner aus dem Keller in den Sinn kam. Mit wem konnte sie über ihre Pläne sprechen? Ob Scike zu Hause war? Ihre beste Freundin würde sie sicher verstehen und sie vielleicht sogar zu ihrem Entschluss beglückwünschen.

Astrid schlängelte sich aus dem Bett. Im großen Spiegel an der Tür konnte sie sich betrachten: ihren flachen Bauch, dem man nicht ansah, dass er bereits ein Kind ausgetragen hatte. Die kleinen, festen Brüste und die schulterlangen, vollen Locken ließen sie zehn Jahre jünger aussehen. In diesem Moment fühlte sie sich auch wirklich nicht älter als dreißig. Ihr Leben war, weiß Gott, noch nicht zu Ende.

Sie legte sich den weichen Bademantel über die Schultern. Eigentlich wollte sie sofort ans Telefon, sofort ihre Freundin benachrichtigen, dass sie einen Entschluss gefasst hatte. Doch der fremd gewordene Geruch ihres Mannes klebte unangenehm auf ihrer Haut und sie sehnte sich nach einer warmen, besser heißen, ausgiebigen Dusche.

Samstag, 20. März, 15.24 Uhr

Und tatsächlich: Auf einmal stand er da. Der Zeuge.

Als Wencke und er vorhin in das winzige Polizeibüro zurückgekehrt waren, da hatte Wencke noch gesagt: «Sanders, jetzt müsste die Tür aufgehen und die Person erscheinen, die uns weiterhilft!»

Und kaum hatten sie den Rest Kaffee aus der Kanne in die Becher geschüttet, da hatte es tatsächlich geklopft und ein fremder Mann hatte den Raum betreten. Er war knapp fünfzig vielleicht, gut gekleidet, groß und stattlich, sogar mit Hut und Mantel. Er sah aus, wie man sich weitläufig einen wichtigen Informanten vorzustellen hatte. Entschieden setzte er sich auf den Stuhl vor dem Schreibtisch, auf dem zuvor die ganzen Nieten gesessen hatten. Nach einem Räuspern begann er mit seiner Aussage.

Und dieser Tjark Bonnhofen, Immobilienmakler aus Norderney und Mitglied der «Döntje-Singer», erwies sich schon nach seinen ersten Sätzen als nützlicher Zeuge. Er war sachlich, er war allem Anschein nach unvoreingenommen und er hatte am gestrigen Abend mit Kai Minnert gesprochen, kurz bevor dieser die Veranstaltung verlassen hatte.

Es war für Sanders eine Wohltat, nach all dem Geschwafel des Vormittags diese umfangreiche Zeugenaussage zu Protokoll zu nehmen.

«Ich lese Ihnen nun vor, was ich von unserem Gespräch aufgeschrieben habe. Wenn Sie mit dem Inhalt einverstanden sind, bitte ich Sie, die Aussage zu unterschreiben», sagte Axel Sanders und zog das frisch bedruckte Blatt hervor.

«Ich, Tjark Bonnhofen, geboren am 27. 11. 1955 in Leer, wohnhaft auf Norderney, von Beruf Immobilienmakler, gebe hiermit zu Protokoll, dass ich am Abend des 19. März so gegen 21.15 Uhr auf dem so genannten Bunten Abend des Inseltreffens im *Haus des Kurgastes* ein Gespräch mit Kai Minnert geführt habe, in dem es um die Veräußerung des *Inselhuus* ging. Minnert hat mir in seiner Funktion als erster Vorsitzender des Heimatvereins die vorläufige Zusage zum Verkauf gegeben, jedoch wollte er im Laufe des Abends die Meinung der weiteren Vorstandsmitglieder einholen. Im sich daraus ergebenden Gespräch hat Minnert eindeutige Äußerungen getätigt, die darauf schließen lassen, dass er sich bedroht fühlte. Sinngemäß fielen Sätze wie ‹dieses Inseltreffen wird mir noch das Genick brechen› und ‹unter diesen fröhlichen Leuten hier ist jemand, der es auf mich abgesehen hat›. Ich gehe davon aus, dass es sich bei diesen Bemerkungen nicht um übertriebene oder scherzhaft gemeinte Floskeln gehandelt hat. Worum es bei dieser Bedrohung ging, hat Minnert im Unklaren gelassen, jedoch hatte ich den Eindruck, dass es um Antiquitäten gehen könnte, da sich unsere Unterhaltung aus diesem Thema heraus entwickelt hat. Minnert hat eine Andeutung in diese Richtung gemacht, an deren genauen Wortlaut ich mich aber nicht erinnern kann. Ich selbst habe keine genaue Kenntnis von diesen Antiquitäten, habe weder seinen Laden besucht noch Interesse an irgendwelchen Objekten gehabt. Mir ging es lediglich um das *Inselhuus*. Kai Minnert wirkte mir gegenüber nervös, er verstand es jedoch, seine Gefühle vor der großen Öffentlichkeit zu verbergen. Kurz nach unserem Gespräch hat Minnert das Fest verlassen. Meines Erachtens nach war er zu diesem Zeitpunkt (ca. 21.30 Uhr) nicht betrunken. Ich selbst habe das Fest kurz nach Mitternacht verlassen. Juist, den 20. März, 15.30 Uhr. Unterschrift und Punkt!»

Bonnhofen nahm das Protokoll an sich, überflog es noch einmal kurz und unterschrieb dann mit ernster Miene auf der unteren Blattseite.

Axel Sanders streckte zufrieden seine Beine aus und verschwendete einen kurzen Gedanken an ein Nickerchen in seinem Zimmer. Schöne, runde Sache, diese Zeugenaussage. Und so ganz nebenbei hatte Bonnhofen unwissentlich einen Mann verdächtig gemacht, und zwar Henner Wortreich, ganz klar. Dieser müsste eigentlich ebenfalls von der Sache mit der Bedrohung gewusst haben, zumindest ansatzweise, allerdings hatte er bei seiner Vernehmung nichts dergleichen erwähnt. So etwas fiel auf. Sanders machte sich gelassen eine Notiz.

Er lächelte in Wenckes Richtung und erschrak, weil sie mit hektischen Bewegungen am Schiffsfahrplan herumfingerte und zum Telefonhörer griff. «Die Nummer von der Reederei?», fragte sie knapp.

«9 10 10», sagte Sanders, der sich die Ziffern noch von heute Morgen gemerkt hatte. «Aber warum?»

«Warum? Sanders, denken Sie doch mal nach!»

Er stutzte, weil sich bei ihm durch die Aussage eine Menge geklärt hatte und die Hektik der Unwissenheit mit der Unterschrift Bonnhofens von ihm gefallen war. Bei Wencke Tydmers hingegen schienen die Worte einen plötzlichen Tatendrang ausgelöst zu haben, den er im ersten Moment gar nicht fassen konnte. Also zog er fast entschuldigend die Schultern nach oben.

«Herr Bonnhofen, Sie sagten doch eben, dass das Inseltreffen abgeblasen und der größte Teil der Teilnehmer auf dem Weg zum Hafen ist.»

«Die Fähre geht um 16.30 Uhr. Soweit ich es mitbekommen habe, fahren alle Vereine einen Tag früher ab.»

Nun dämmerte auch Sanders, was Wencke Tydmers im Schilde führte. «Wenn Sie vorhaben, die Fähren zum Festland zu kontrollieren, dann müssten Sie am besten gleich den Fahrdienstleiter informieren. Ich kenne die Reederei, bei Entscheidungen sind die immer sehr genau, und bis Sie da die richtige Person an der Strippe haben ...»

«Und wer ist dieser ominöse Fahrdienstleiter?»

«Henner Wortreich.»

Wencke Tydmers stieß hörbar einen Seufzer aus. «Ausgerechnet. Nun gut, dann rufe ich direkt bei ihm zu Hause an. Vielleicht ist es ja auch von Vorteil, er wird sicher daran interessiert sein, dass der Täter oder die Täterin nicht so mir nichts, dir nichts von der Insel verschwinden kann.» Sie blätterte kurz in den Papieren der immer dicker werdenden Akte, bis sie die Privatnummer gefunden hatte. Ohne zu zögern wählte sie.

«Aber nach welchen Gesichtspunkten sollen wir die Abfahrt denn kontrollieren?», fragte Sanders noch immer ein wenig ratlos, während Wencke Tydmers dem Freizeichen lauschte.

«Es wird nicht kontrolliert, Sanders!»

«Nicht kontrolliert? Aber was dann?»

«Ganz einfach: Wir kappen die Verbindungen zum Festland, weder Schiff noch Flugzeug werden Juist verlassen, und zwar so lange, bis wir die Person haben, von der Minnert sich bedrängt fühlte.»

«Und was ist mit der richterlichen Befugnis?», fiel es Sanders ein.

Wencke lachte kurz und trocken. «Sie wissen doch selbst genau, wie lange das dauern kann. An einem Samstag! Sanders! Wenn ich darauf warte, die ganze Sache genehmigt zu kriegen, dann ist das Schiff schon in Norddeich angekommen und die betreffende Person auf und davon.»

«Aber ...»

«Wissen Sie was? Ich übernehme vorerst die Sache am Hafen und Sie kümmern sich um diese Verfügung. Wenn es dann Ärger geben sollte, dann sind Sie fein raus aus der Sache und ich krieg den Rüffel. Nehm ich gern auf meine Kappe. Okay?»

Sanders schwieg. Er starrte seine ehemalige Vorgesetzte an, bewunderte ihre rot gefärbten Wangen und den eifrigen Blick ihrer grünen Augen. Diese Frau ging immer einen Schritt weiter, als er überhaupt zu denken wagte. Er spürte ein Prickeln im Bauch, welches ihm als eindeutiges Indiz für übersteigerte Emotionen bekannt war, und er versuchte es zu ignorieren.

Tjark Bonnhofen rückte auf dem Stuhl hin und her.

Wencke Tydmers schien den Hörer gerade wieder einhängen zu wollen, da verstummte das monotone Freizeichen. «Oh, Herr Wortreich, gut, dass Sie da sind. Hier ist noch mal Tydmers von der Kripo.» Wencke lächelte, wenn sie telefonierte. «Ja, richtig, Sie hatten uns Ihre Hilfe zugesagt. Und die könnten wir jetzt gut gebrauchen. Es geht um die Fähre.» Ihre Stimme klang hell und vertrauenerweckend, Sanders hätte ihr keinen Wunsch abschlagen können. «Wir haben Grund zur Annahme, dass Ihr Lebensgefährte auf irgendeine Weise unter Druck gesetzt wurde, und wir vermuten, dass es mit wertvollen Antiquitäten oder Ähnlichem zu tun hat. Wir sollten in jedem Fall verhindern ...», sie nickte und lächelte immer noch. «Ja genau, ich sehe, Sie verstehen mich. Ist das möglich? ... Ja? ... Gut, ich erwarte Ihren Rückruf in zehn Minuten. Ich werde mich schon einmal für alle Fälle in Richtung Hafen aufmachen. Vielen Dank, Herr Wortreich.»

Und dann legte sie beschwingt den Hörer auf, grinste ihr sagenhaft breites Grinsen und atmete tief durch. «Ja! Wir machen die Schotten dicht. Und ich bin mir ziemlich sicher, dass wir den Täter auf diese Art und Weise ganz gehörig unter Druck setzen.»

Mit einem Ruck stand sie auf und warf sich beinahe in derselben Bewegung die Jacke über, schaltete die Anrufweiterleitung auf das Handy, klemmte sich eine Zigarette in den Mundwinkel und zog den Rocksaum nach unten.

Auch Bonnhofen stand auf, er sah irgendwie zufrieden aus, und das wunderte Sanders. «Sind Sie nicht auch betroffen von der spontanen Entscheidung, die Verbindungen zur Außenwelt einzustellen? Sie wollten doch sicher auch zurück nach Norderney, jetzt, wo das Fest gelaufen ist.»

Bonnhofen seufzte und murmelte ein «Tja, da kann man wohl nichts machen». Doch Sanders nahm ihm diese Geste der Resignation nicht ganz ab. Irgendwie schien der Kerl sich zu freuen. Na ja, vielleicht hat er ja auch einen Grund dazu. Immobilienverkäufe, hatte er nicht etwas vom *Inselhuus* erzählt?

«Werden Sie den Aufenthalt noch für Ihre Geschäfte nutzen?»

«Mal schauen», sagte Bonnhofen etwas zu beiläufig. «Ich habe bereits mit Minnerts Vertreterin über mein Anliegen gesprochen. Eine verdammt hübsche Frau, diese Seike Hikken.»

Aha, daher wehte der Wind. Sanders nickte kameradschaftlich. Es stimmte, Seike Hikken war eine verdammt hübsche Frau. Doch selbst nackt und bei Kerzenschein war sie nicht im entferntesten so attraktiv wie Wencke Tydmers, wenn sie telefonierte.

Bonnhofen ging zur Tür. «Verdammt hübsch, aber auch eine verdammt harte Nuss. Aber mit Schwangeren soll man sich ja bekanntlich sowieso nicht einlassen.»

Ein Stoß in den Magen hinderte Sanders daran, ebenfalls aufzustehen. «Wer ist schwanger?»

«Ach, geht das bei Ihnen auf Juist nicht so schnell rum wie auf Norderney? Wenn bei uns eine attraktive Frau wie Seike Hikken ledig und in anderen Umständen ist, dann kriegen unsere Weiber die Mäuler gar nicht mehr zu, so ausgiebig müssen sie diese Neuigkeit betratschen.»

«Hm», murmelte Sanders nur. Und er begann zu rechnen. Um Himmels willen, wie lang war Silvester jetzt her?

Samstag, 20. März, 16.22 Uhr

Gerrit schlief noch immer. Astrid betrachtete ihn nur kurz und widerwillig, als sie aus ihrem Schrank den Hausanzug holte. Bequemer Fleecestoff, sie wollte heute auf keinen Fall mehr vor die Tür gehen. All diese Blicke von den Leuten, die sie in Verbindung brachten mit dem toten Kai Minnert, konnte sie sich sparen. Die Hose mit dem Gummibund, der weite Pullover, die nassen Haare offen auf den Schultern, sie würde zu Hause bleiben und fernsehen.

Doch zuerst ging Astrid in den Flur. Die Borkumer Gäste waren schon heute abgereist, nachdem das Inseltreffen wegen des Mordes vorzeitig abgebrochen worden war, deshalb konnte sie ungeniert im Jogginganzug durch das Haus gehen. Astrid griff das Telefon und wählte die Nummer ihrer Freundin. Endlich habe ich einmal etwas zu erzählen, dachte Astrid. Seike konnte immer nette Geschichten von sich geben, von einem One-Night-Stand mit dem neuen Inselpolizisten zum Beispiel, von dem heftigen Flirts bei der Volkstanzgruppe, von den ganzen aufregenden Leben einer unabhängigen Frau. Nun war *sie* an der Reihe.

«Ja?», meldete sich die Stimme ihrer Freundin.

Astrid holte tief Luft. «Was würdest du dazu sagen, wenn ich mich von Gerrit trenne?»

Seike antwortete nicht, was sehr ungewöhnlich war.

«Fändest du es schlimm? Ich meine, ich habe es dir noch nie so direkt erzählt, dass unsere Ehe eigentlich keine richtige mehr ist. Aber geahnt hast du es doch, oder?»

«Mmh ...», war das Einzige, was Astrid vom anderen Ende der Leitung mitbekam.

Seltsam, dass sie so einsilbig ist, dachte Astrid und begann ein wenig zu frösteln, da ein kühler Windzug durch den Flur wehte. Ob Michel schon vom Spielen heimkam? Die Verandatür muss offen sein, sonst würde es hier nicht so ziehen.

«Meinst du, ich sollte es wegen des Jungen nicht tun? Seike, aber zu ziehst deinen Paul auch alleine groß und hast die Sache ganz gut im Griff.» Astrid ärgerte sich, dass sie jetzt, wo der Plan noch frisch war, bereits anfing, sich für ihr Verhalten zu rechtfertigen. «Seike, sag doch mal was.» Die Flurtür zum Wohnzimmer öffnete sich, doch Astrid konnte gegen das Licht nicht erkennen, wer da zu ihr in die Diele trat. Sie wusste nur, dass es nicht Michel war.

Endlich begann Seike zu reden. «Gut, liebe Astrid, wenn du meine Meinung wirklich hören willst, dann werde ich sie dir erzählen. Es kann aber sein, dass dir meine Worte nicht gerade in den Kram passen.»

Eine kräftige Männerhand legte sich über Astrids Finger und zwang sie, den Telefonhörer sinken zu lassen.

«Astrid? Willst du es jetzt wissen, oder nicht?», hörte sie die Stimme ihrer Freundin.

«Du wirst jetzt das Gespräch beenden, meine Liebe», raunte ihr eine tiefe, vertraute Stimme ins Ohr und Astrid hob den Hörer wieder an.

«Tut mir Leid, ich habe jetzt keine Zeit mehr. Ähm ... die Gäste sind da, verstehst du?»

Und dann legte Henner schnell das Telefon auf, die andere Hand presste er auf ihren Mund, kräftig und fest, sodass sie vor lauter Panik einen kurzen Moment vergaß, durch die Nase zu atmen. Mein Gott, was wollte er von ihr?

Vorhin war doch noch alles in Ordnung gewesen, was war passiert?

Samstag, 20. März, 16.33 Uhr

Nu hörn Se aber ma auf, jung Wicht, verarschen kann ich mich wohl noch selba!»

Wencke hatte große Lust, sich die Ohren zuzuhalten. Seit sie eigenmächtig die *Frisia IX* gekapert und die dort schon gemütlich an den schmalen Tischen verweilenden Passagiere mit ihrer Hiobsbotschaft überfallen hatte, musste sie die lautesten Beschimpfungen über sich ergehen lassen. Und die letzte eben, schnippisch aus dem Munde einer drallen Borkumerin entsprungen, war wirklich noch harmlos im Vergleich zu den plumpen Beleidigungen, die ein Wangerooger Posaunist von sich gegeben hatte. Wencke war keine Freundin von kratzenden, schlecht sitzenden Dienstuniformen, doch in diesem Moment wünschte sie sich ihre alte grüne

Polyesterjacke herbei, die sie damals auf Streife in Worpswede getragen hatte. Vor ihrem Aufstieg zur Mordkommission Aurich. So ein offiziell wirkendes und idiotensicher erkennbares Kleidungsstück war oft ein Schutzschild gegen respektlose Menschen, besonders wenn man klein und, wie ihr Kollege Britzke immer meinte, niedlich aussah wie sie. Da nahm Wencke lieber ein paar zielgerichtete «Bullen»-Rufe in Kauf, als zu reden und zu handeln und zu bitten, ohne dass irgendeine Sau einen ernst nahm.

Gott sei Dank war Sanders nach einer knappen Stunde als Unterstützung aufgetaucht, den notwendigen bürokratischen Wisch stolz vor sich her wedelnd. Sie war froh, dass sie die Sache hier nun nicht mehr allein durchstehen musste. Insulaner waren anscheinend verdammt dickköpfig.

«Sie können von mir aus hier sitzen bleiben, bis wir totale Ebbe haben, das müssen Sie dann mit dem Kapitän aushandeln und nicht mit mir», sagte Wencke also so cool und abgebrüht, wie es ihr nur möglich war, und sah dabei der feisten Borkumerin direkt ins Gesicht. «Fakt ist nur, dass dieses Schiff heute nicht ablegen wird, weil vorerst niemand die Insel verlassen soll, bis wir einige Unklarheiten beseitigt haben. Ob Sie das nun wollen oder nicht, ist mir mit Verlaub gesagt schei…»

Sanders packte sie hastig am Arm und zog sie zu sich herum.

«Wir ermitteln doch im Mordfall Minnert, verehrte Dame», unterbrach er Wencke und schob sich vor, um das Gespräch mit der Dicken an ihrer Stelle zu beenden. «Und ich bin mir sicher, Ihnen liegt auch etwas an der Aufklärung dieser Tat.»

«O ja», sagte die Frau konsterniert. «Ich kannte ihn ja auch, er war so ein Lustiger, wissen Sie, ein netter Mann. Wir hatten ja auch geschäftlich mit ihm zu tun, besser gesagt, mein Gatte. Der Minnert war in Ordnung. Ich hätte so gern mal mit ihm getanzt.» Dann seufzte sie, räumte mit einem Mal einsichtig ihren Kram in die überdimensionale Handtasche und erhob sich von der Bank. «Ist ja auch nicht so schlimm, Herr Kommissar. Wir wohnen ja so schön in der *Villa Waterkant*, und die ganze Arbeit zu Hause, die kann auch ruhig noch einen Tag warten. Läuft ja nich weg, ne? Komm, Schatz, dann bleiben wir eben noch einen Tag auf Juist.»

Ein schmaler, unscheinbarer Mann neben ihr erhob sich. Er war so schattenhaft und still, dass man ihn neben seiner voluminösen Frau gar nicht richtig wahrgenommen hatte. Er nickte Wencke kaum wahrnehmbar zu, so als wollte er sich für das Benehmen seiner Frau entschuldigen, und hinter den Gläsern seiner silbernen Brille meinte Wencke ein unauffälliges Zwinkern gesehen zu haben. Dann warf er sich die fleischfarbene Wetterjacke über und trottete seiner Frau hinterher.

Wencke schaute sich um. Der Salon war leer, nur die Stewardessen lungerten in ihren weißen Blusen in der Ecke am Tresen herum und schienen zu beraten, was sie mit dem unverhofften Inselaufenthalt nun anfangen sollten.

«Schönen Abend noch und danke für Ihre Mithilfe», rief Wencke den beiden Frauen zu, dann ging sie von Bord.

«Und was nun?», fragte Sanders von der Seite, als sie nebeneinander den breiten Steg zum Hafengebäude hinaufgingen. «Jetzt haben wir sie gerade alle auf einem Haufen. Und in relativ nüchternem Zustand. Wir sollten gleich mit den Vernehmungen beginnen.»

«Das sehe ich genau so. Es sind nicht gerade ideale Voraussetzungen, weil nun jeder mitbekommen hat, in welche Richtungen wir ermitteln. Je weniger sich über unseren Verdacht herumspricht, desto unvoreingenommener können wir die betreffenden Insulaner interviewen. Ich habe auch schon eine Idee, mit wem wir uns zuerst unterhalten.»

Auf der Straße, die zum Inseldorf führte, reihten sich zwölf Pferdeplanwagen aneinander. Dick eingemummelte Kutscher gaben beim Einsteigen Hilfestellung und sortierten die Passagiere danach, ob sie ein Instrument dabei hatten oder nicht.

Wencke hielt nach der fleischfarbenen Wetterjacke Ausschau. Wo war der Mann aus Borkum?

«Was ist hier denn los?», fragte Sanders einen der eifrig mit anpackenden Kutscher.

«Ach, was soll's, wir machen jetzt doch weiter mit dem Programm», gab dieser schulterzuckend zur Antwort. «Wenn wir eh alle auf der Insel bleiben müssen, dann können wir ja wohl schlecht die ganze Zeit nur rumhocken. Und jetzt ist nun mal laut festgelegtem Tagesablauf für den späten Samstagnachmittag eine Kutschfahrt zur Bill angesagt, mit anschließendem Erbsensuppenessen in der Domäne. He, halt!» Er griff sich ein junges Mädchen, das mit einem Instrumentenkoffer bepackt in einen der hinteren Planwagen steigen wollte. «Gehst du bitte in die erste Kutsche rein? Wir wollen Musik machen und die Pferde vorn sind Lärm besser gewöhnt. Sie ziehen normalerweise den Pferdebus mit den Kindergartenkindern!» Er grinste breit, doch als er sich der Gegenwart der Polizisten erinnerte, wurde er wieder ernst. «Es ist ja nicht so, wir sind nicht pietätlos, wirklich nicht. Gerade Kai Minnert hätte nicht gewollt, dass wir wegen ihm die ganze Sache hier abblasen!»

«Meinetwegen könnt ihr machen, was ihr wollt, Frank», sagte Sanders in kumpelhaftem Ton und Wencke wurde wieder daran erinnert, dass ihr Kollege ja nun seit sechs Monaten auf Juist lebte und wahrscheinlich fast jeden Insulaner beim Vornamen nannte. «Tatsache ist aber, dass wir Ermittlungsarbeit leisten müssen und es Hinweise auf einen Zusammenhang zwischen unserem Mord und eurem Inseltreffen gibt. Das bleibt aber bitte zwischen uns. Wir brauchen Zeugenaussagen, verstehst du? Und wenn ihr alle am westlichsten Ende der Insel Erbsensuppe esst, dann sitzen meine Kollegin und ich ziemlich nutzlos auf der Polizeidienststelle herum.»

«Meine Güte, dann fahrt doch mit!», sagte dieser Frank und zeigte auf eine kleine, mit gelber Plane überspannte Kutsche, die mit einem etwas trüb dreinblickenden, dicken Pferd davor abseits neben den Fahrradständern stand. «Ich überlasse euch dieses Fuhrwerk, dann kann einer von euch hinten sitzen und sich immer wieder unauffällig jemanden schnappen, den ihr verhören wollt. Wenn die Musikkapelle da vorne spielt, kann sowieso kein Mensch ein Wort verstehen, also ist es hier ebenso diskret wie in eurem Büro.»

Wencke traute ihren Ohren nicht. «Wenn nur einer von uns mit den Zeugen hinten sitzt, wo sitzt dann der andere?»

«Na, auf'm Kutschbock. Ich denke, das wird eher Axel Sanders sein, wenn ich mir Ihren Blick und vor allem diese vornehmen Schuhe so ansehe.»

Wencke spürte, wie sie bis zu den Haarspitzen errötete, was ein sehr ungewohntes Gefühl für sie war. Warum ausgerechnet heute? Warum ausgerechnet, wenn sie mal die bequemen Jeans und die robusten Treter im Schrank gelassen hatte? So ein Mist, die Schuhe waren sauteuer gewesen und niemals als Dienstkleidung absetzbar, obwohl sie diese Pumps doch wirklich nur ihrer Dienststelle zuliebe gekauft hatte. Und damit sollte sie jetzt Kutsche fahren, und zwar bis ans andere Ende der Insel? Die Insel war verdammt lang und trotz der kräftigen Frühlingssonne war es wirklich noch nicht warm genug für einen kurzen Rock und Hunger hatte sie auch und überhaupt: Wie um Himmels willen sollte

Wencke bei dem Ganzen eine einigermaßen respektable Figur abgeben?

«Und wohin genau geht die Fahrt eigentlich?», fragte sie mürrisch.

Sanders reichte ihr die Aktentasche, in der er die bisherigen Protokolle und den anderen wichtigen Kram sorgsam verstaut hatte. «Die Billspitze am westlichen Inselende ist einer der schönsten Orte auf Juist. Es gibt dort neben einem traumhaften Naturschutzgebiet auch eine urige Gaststätte, die *Domäne Bill*. Ich bin mir sicher, es wird Ihnen dort gefallen.»

«Ich hab auch etwas Warmes für Ihre entzückenden Beine, gnädige Frau», sagte der Kutscher und dankbar nahm Wencke aus seiner Hand eine dunkel karierte Decke entgegen.

«Ich verabschiede mich dann mal, viel Erfolg beim Ermitteln.» Dann wandte sich der Kutscher an Sanders. «Ach, Axel, wenn der Gaul bockt, du findest mich im Notfall auf der vordersten Kutsche, alles klar?»

«Kein Problem!» Sanders nahm die Zügel in die Hand, stieg auf den Kutschbock, blickte durch das Plastikfenster der Plane nach hinten und grinste zu ihr hinüber. «Auf Juist wird eben alles mit Kutschen gemacht: Müllabfuhr, Warentransport, Taxiunternehmen. Da werden auch wir mit einem nur ein PS starken Dienstwagen zurechtkommen.» Und dann rief er tatsächlich: «Hüa!»

Hüa! Es war unglaublich, dass er sich nicht im Geringsten an der Aussicht zu stören schien, mit groben Lederriemen in den früher so sorgsam manikürten Händen auf den Hintern eines Kaltblüters starren zu müssen. Und ihr selbst schauderte es vor der Kutschfahrt. Konnte es sein, dass sie unbemerkt die Rollen getauscht hatten? Dass sie pingelig und spießig wurde, während er lässig alle Umstände als gegeben hinnahm und dabei lächelte, und zwar verdammt charmant lächelte? Früher war es doch ganz anders gewesen.

Sie rollten mit der Kutsche zum Konvoi, wo sie als Hinterste stehen blieben.

In diesem Moment setzte die Blaskapelle im ersten Pferdewagen mit vollem Tamtam ein. Alle sangen aus voller Kehle «An der Nordseeküste». Kurz rollten die Pferde schreckhaft mit den Augen und warfen die Köpfe nach hinten, doch sofort hatten sich die Tiere wieder beruhigt und standen abermals gelangweilt auf dem Straßenpflaster.

«Wen soll ich denn nun in unser mobiles Präsidium lotsen?», rief Sanders ihr zu.

«Wie bitte?»

«Sie sagten, Sie hätten schon eine Idee, wen man als ersten Zeugen vernehmen könnte.»

«Ach ja», fiel es Wencke wieder ein, sie sah sich um und da entdeckte sie den Mann der dicken Borkumerin, den mit der fleischfarbenen Jacke. Er saß stumm an der Tür des vorletzten Planwagens. Vorhin, auf dem Schiff, da hatte sie den Eindruck gehabt, dass ihm etwas auf den Lippen gelegen hatte. Dass er sich ein kurzes Gespräch mit ihr gewünscht hätte, eines ohne die Zwischenbemerkungen seiner drallen Gattin. Und er war Antiquitätenhändler. «Bleiben Sie ruhig auf Ihrem neuen Arbeitsplatz, Sanders, ich bin gleich wieder da.»

Samstag, 20. März, 16.34 Uhr

Sag mal, spinnst du? Wie kommst du dazu, der Polizei von dem Akkordeon zu erzählen? Ich dachte, ich könnte dir vertrauen!»

Astrids Beine waren weich wie rote Grütze, auch wenn ihr Bruder sie inzwischen losgelassen hatte und sie am Küchentisch saßen. Er war wütend, unglaublich wütend, und sie konnte sich keinen Reim darauf machen, weshalb.

«Warum meinst du denn, habe ich dir das Instrument mitgegeben? Damit du bei der Kommissarin antanzt und sie mit der Nase auf Kais Antiquitätengeschäfte stößt?»

«Ich war nicht bei der Polizei! Wirklich, ich habe diese Kommissarin nur einmal getroffen, und das war in deiner Wohnung, als sie dich vernommen haben. Und da hattest du mich gebeten, zu bleiben. Wie kommst du darauf, dass ich dich verraten habe, ich weiß ja noch nicht einmal, was es mit diesem Akkordeon auf sich hat!»

«Diese Tydmers hat aber sämtliche Verbindungen zum Festland einstellen lassen, weil ihr irgendjemand erzählt hatte, Kai sei wegen einer geschäftlichen Sache unter Druck gesetzt worden. Sie hat vor einer guten Stunde bei mir angerufen und mich gebeten, die Fähre nicht fahren zu lassen, damit sie alle Verdächtigen auf der Insel festhalten kann. Und sie hat von Antiquitäten gesprochen, Astrid. Von wertvollen Antiquitäten oder so etwas in der Art, das waren ihre Worte. Wie sollte sie sonst darauf kommen, Astrid, ich finde, es klingt verdammt danach, dass du geplaudert hast. Und jetzt hänge ich ganz dick drin! Sicher finden die beiden es merkwürdig, dass ich ihnen nichts von diesen Dingen erzählt habe, und zack stehe ich auf der Verdächtigtenliste!»

«Ich habe damit nichts zu tun. Ich habe meinen Mund gehalten, obwohl mir nicht ganz wohl ist bei der Sache. Ich habe das Ding zu meinem Haus geschleppt, ohne dass es einem Menschen aufgefallen wäre. Bin extra Umwege gelaufen, ganz hinten am Deich entlang. Der Einzige, der eventuell etwas von dem Akkordeon mitbekommen haben könnte, ist

Gerrit, aber der ist, glaube ich, viel zu betrunken, um zu verstehen ...»

«Ach, Gerrit, der hat doch ganz andere Sorgen», unterbrach Henner.

Astrid sah ihn erstaunt an. Es war das erste Mal, dass sie ausgesprochen wurde, diese Verdächtigung, die sie schon seit so langer Zeit heimlich quälte. Gerrit und Henner waren vertraut miteinander, ihr Bruder kannte sich mit den Problemen ihres Mannes aus, vielleicht tröstete er ihn sogar ab und zu ...

Astrid dachte an die Umarmung in ihrem Bett und sie konnte nichts dagegen tun, dass ihr übel wurde.

«Und du hast nichts bei der Polizei ausgeplaudert?»

«Warum sollte ich das tun?»

«Himmelherrgott, weiß ich doch nicht! Du bist ja nicht blöd und machst dir deine Gedanken, was es mit diesem Akkordeon auf sich hat und was die Sache mit Kais Tod zu tun haben könnte.» Er blickte ihr direkt in die Augen. «Und außerdem steht die Sache von damals noch immer zwischen uns, und du hasst mich und Kai, weil wir schwul sind. Da kannst du mich noch so lieb anlächeln, Astrid, ich ahne doch, was in dir vorgeht. Frag mich doch endlich nach diesem Akkordeon, Astrid, frag mich doch endlich!»

Doch sie tat es nicht. Die Übelkeit stieg weiter in ihrem Hals hoch und machte ihr das Reden unmöglich. Es war so widerlich. Meine Güte, er hatte ja Recht, sie hasste ihn noch immer, ihn und Kai und alle anderen, von denen sie hintergangen wurde. Warum auch nicht? Hatte sie nicht allen Grund dazu?

Sodbrennen. Ihr Körper rebellierte gegen Henners Worte und am liebsten wäre sie aufgestanden und hätte schon wieder geduscht, hätte sich erneut stundenlang eingeseift und mit heißem Wasser abgewaschen. Stattdessen erhob sie sich, drehte den Hahn über der Spüle auf und beugte sich herunter, um zu trinken. Wenn sie nur diesen galligen Geschmack aus dem Mund bekommen würde.

«Jetzt sagst du wieder nichts. Du bist eine feige Kuh, Astrid. Warst du schon immer. Bist immer davongelaufen, wenn es unangenehm wurde, und hast ...»

«Jetzt halt endlich die Klappe», schrie sie. Das Leitungswasser lief ihr am Kinn herunter und tropfte ihr in den Ausschnitt. «Wenn du es wirklich wissen willst: Ich habe nicht bei der Polizei angerufen. Ich war wirklich so dumm und habe dieses Akkordeon brav und heimlich zu mir nach Hause geschleppt, wie du es gesagt hast. Und das, obwohl ich mir ziemlich sicher bin, dass es etwas mit dem Mord zu tun hat. Ehrlich gesagt glaube ich auch, dass du den Mörder kennst.» Sie lehnte am Spültisch und wischte sich mit dem Ärmel über den Mund. «Wenn du es nicht sogar selbst warst.»

Mit einem Ruck stand er auf und ging um den Tisch herum. Einen kurzen Moment lang dachte Astrid, er wollte sie schlagen. Instinktiv zuckte sie zusammen. Doch er blieb vor ihr stehen und griff sie hart an den Schultern.

«Verdammt, du weißt genau, wie ich ihn geliebt habe. Von Anfang an. Wie verrückt habe ich ihn geliebt.»

Sie stieß ihn von sich. Henner war überrumpelt von ihrer plötzlichen Aggression. Er taumelte ein wenig und prallte gegen das Küchenregal. Die Töpfe und Gläser klirrten gegeneinander, er musste sich an der Arbeitsplatte festhalten, um nicht zu stürzen.

«Hast ihn geliebt, he?» Diesmal war sie es, die auf ihn zuging, ihn packte und zwang, ihr ins Gesicht zu blicken. «Und ihn trotzdem betrogen! Meinst du wirklich, ich ahne dein kleines Geheimnis nicht?» Er wollte wegschauen, doch sie drehte seinen Kopf zurück und fing seinen Blick wieder auf.

«Immer nimmst du mir alles weg, alles! Und lachst dich wahrscheinlich kaputt über mich, weil du meinst, ich sei zu dämlich, alles zu verstehen. Aber meinetwegen, diesmal gebe ich gern nach, ich will ihn nämlich nicht mehr haben, er widert mich an.»

«Wovon redest du?», fragte Henner.

«Von wem? Verarsch mich bitte nicht noch einmal!» Waren dies wirklich ihre Worte? «Nimm Gerrit, nimm ihn und dann lasst mich endlich in Ruhe!»

Plötzlich sah sie Gerrit im Türrahmen stehen. Der Lärm vom Küchenregal musste ihn geweckt haben. Mit weit aufgerissenen Augen starrte er sie an. «Was ist hier los?»

Henner hatte zu lachen begonnen. Astrid konnte nicht verstehen, warum. Er wollte sie lächerlich machen. Das war es wahrscheinlich. Hatte er ja ohnehin schon immer getan. Er und die anderen.

«Gerrit, ich lach mich kaputt! Jetzt verstehe ich! Gerrit soll schwul sein? Ist es das, was du denkst?»

Astrid nickte sprachlos. Er sollte endlich aufhören, sie auszulachen. Das war das Schlimmste. Nicht die Worte, sondern das Prusten dazwischen, das Kichern, es wirkte aufgesetzt und gereizt, er sollte endlich damit aufhören.

«Hast du das gehört, Gerrit? Deine Frau hat eine ausgewachsene Paranoia, sie meint, jeder Mann, den sie liebt, wird schwul!» Und dann hörte er auf, wurde von einer Sekunde auf die andere wieder ernst und starrte sie kopfschüttelnd an. «Du hast so wenig Ahnung, wie es läuft im Leben, Astrid! Alles beziehst du nur auf dich. Doch die Sache mit mir und Kai hat nichts mit dir zu tun. Hatte es nie! Wir sind eben schwul, Astrid. Wir sind es immer gewesen, vielleicht sogar schon von Geburt an, was weiß ich! Aber dein Gerrit ist es nicht. So ein Schwachsinn, wirklich! Gerrit vögelt mit Seike, bist du wirklich nie auf den Gedanken gekommen?»

«Nein!» Astrid schüttelte den Kopf. Sie blieb ganz ruhig, sie zitterte noch nicht einmal. Sie starrte nur auf Gerrit, der noch immer nicht richtig ins Zimmer getreten war. Ihr Mann, mit dem sie seit zehn Jahren verheiratet war, mit dem sie einen Sohn hatte und ein Haus. Man sah ihm an, dass er sich in diesem Moment ans andere Ende der Welt wünschte. Astrid wäre das nicht weit genug gewesen.

In ihrem Kopf schwirrte es. Sie musste würgen, trocken und heftig, hielt sich mit beiden Armen am Spültisch fest und würgte, dass ihr die Luft wegblieb und ihr die Tränen in die Augen stiegen.

Sie blickte auf, verschwommen sah sie Henner und Gerrit, wie sie da standen, ernst und irgendwie ratlos. Standen da und glotzten und dachten nicht daran, sie einmal in den Arm zu nehmen, vielleicht nur einen kurzen Augenblick, egal, was gerade passiert war, immerhin kotzte sie in diesem Moment ihr ganzes Leben auf den Küchenfußboden.

Ja, natürlich! Seike wohnte im selben Haus, ihre Türen lagen nebeneinander, Gerrit hatte denselben Weg gehabt, lieferte Michel bei seinem Onkel ab, und dann ... dann besuchte er ihre beste Freundin, berührte sie, verschwand in ihrem Bett. Ob sie dabei auch an Astrid gedacht haben, an die doppelt Betrogene? Vielleicht haben sie sogar besonders gern an sie gedacht, vielleicht war es ein ganz spezieller Reiz, gleich zweifach Verbotenes zu tun?

Der Brechreiz ließ endlich nach. Sie trank erneut einen Schluck aus dem Wasserhahn und kühlte sich die brennenden Augen. Schließlich trat Gerrit an sie heran und legte die Hand auf ihren Rücken.

Doch sie drehte sich um, stieß seine Berührung von sich. Es war alles so anders und sie wusste nicht, wie sie diesen Satz überleben sollte: *Gerrit vögelt mit Seike, bist du wirklich nie auf den Gedanken gekommen?*

Das war noch schlimmer. Ja, das war es. Es bedeutete, dass niemand mehr übrig blieb. Dass sie ganz allein war. Dass alle, wirklich alle sich über sie totlachten.

Samstag, 20. März, 16.36 Uhr

Seike Hikken hatte noch immer das Telefon zwischen Schulter und Kinn geklemmt, obwohl es schon seit bestimmt einer Minute still am anderen Ende der Leitung war, nachdem Astrid so überstürzt aufgelegt hatte. Doch ihr fehlte einfach die dritte Hand, um den Hörer beiseite zu legen. Ihre beiden gottgegebenen waren voll mit Babyöl und Pauls Hinterlassenschaften. Sie warf die warme, schwere Windel in den Eimer und strich ihrem Sohn sanft die Penatencreme über die rosigen Pobacken. Wie sollte sie das alles schaffen? Meine Güte, wenn das Baby kam, dann war Paul gerade mal zwei Jahre und sieben Monate. Vielleicht musste sie ihn dann immer noch wickeln und tragen und füttern und eine Stunde seine Hand halten, damit er einschlafen konnte. Und dann noch das Baby. Vielleicht entwickelte sich dieser zarte Zellhaufen in ihrer Gebärmutter, von dessen Existenz sie gestern Morgen erfahren hatte, zu einem Schreikind mit höllischen Blähungen und enormer Ausdauer. So wie Paul es gewesen war. Noch mal würde sie diese Tortur nicht durchstehen. Ganz allein. Nein, diesmal würde sie einen Mann an ihrer Seite haben.

War Astrid wirklich so blind? *Du ziehst deinen Paul auch alleine groß und hast die Sache ganz gut im Griff.* Seike seufzte. Ganz gut im Griff.

Gerade Astrid musste doch wissen, dass hinter dem schönen Schein oft ein Haufen Scheiße steckte. Viel besser ging es ihr doch auch nicht. Gut, Astrid war zu perfekt, um darüber zu jammern, aber dass ihr Mann schon seit Jahren auf dem Ausziehsofa schlief, war sicher nicht leicht zu verkraften.

Wenn Seike nicht ganz genau und sozusagen aus erster Hand wüsste, dass die Ehe der Kreuzfeldts noch nicht einmal mehr ein Desaster, sondern nur noch reine Formalität war, dann hätte sie nichts bemerkt von diesem gekonnten Täuschungsmanöver, mit dem Astrid sich selbst und die ganze Insel täuschte.

Und nun wollte Astrid ihren Gerrit in die Wüste schicken. Aha. So mir nichts, dir nichts aus dem Haus jagen. Erlauben konnte sie es sich ja, da der Junge schon aus dem Gröbsten raus war, allein zur Toilette ging und nachts in seinem eigenen Bett schlief. Und das Haus blieb in ihrer Hand, auch wenn sie Gerrit sicher einen Haufen Geld abdrücken musste für den Zugewinn und die Wertsteigerung der *Villa Waterkant* in den zehn Ehejahren. Aber dann war sie ihn los. Und das wollte sie ja schließlich.

Endlich wischte Seike die Hände am Handtuch ab und legte das Telefon zur Seite. Paul brabbelte glücklich und zufrieden vor sich hin. Er war ein Prachtjunge, wirklich. Auch der Kinderarzt war zufrieden mit seiner Entwicklung. Hoffentlich würde das Kind in ihrem Bauch gesund sein, zufrieden und gesund wie ihr kleiner Paul, dann könnte sie auch die Dreimonatskoliken verdauen, Hauptsache gesund.

Hätte Astrid nicht so abrupt aufgelegt, dann hätte sie ihr die Wahrheit erzählt. Hätte von sich und Gerrit berichtet, von der vertrauten Zärtlichkeit bei ihren geheimen Treffen. Aber dazu hatte Astrid mal wieder nicht den Mut gehabt. *Tut mir Leid, ich habe jetzt keine Zeit mehr. Ähm ... die Gäste sind da, verstehst du?*, äffte Seike ihre Freundin in Gedanken nach. Astrid hatte keine Gäste, so viel wusste Seike auch. Sie hatte sich mal wieder ganz zimperlich vor unangenehmen

Worten gedrückt. Mein Gott, wie sie es hasste, dieses verlogene Gerede.

Schon allein dieses Freundschaftsgetue. Von Seikes Seite aus war es keine Freundschaft, war nie eine gewesen und würde nie eine sein. Sie verabscheute Astrids Spießigkeit, ihre blank gewienerten Fliesen und die strahlend weißen Gardinen, ihre pflegeleichte Hochsteckfrisur, mit der sie ihre Locken zu verstecken versuchte, ihre Angewohnheit, Kochrezepte aus der Fernsehzeitung auszuschneiden. Dass sie sich ausgerechnet mit der Frau ihres Geliebten traf, resultierte aus einer absurden Mischung aus Sehnsucht und Masochismus. Sehnsucht nach Gerrit, nach jedem Teil von ihm, nach seiner Nähe, und dem selbst quälenden Drang, diese Sehnsucht ausgerechnet bei seiner Familie zu stillen, wo Hochzeitsfotos auf dem Wohnzimmerschrank standen und seine Hausschuhe im Flur. Nicht nur einmal hatte sie sich vorgenommen, diese Besuche einzustellen, diese Treffen für immer abzusagen. Doch Astrid wollte ständig was von ihr, rief dauernd an, um sie zum Tee einzuladen. *Zum Klönen*, sagte sie dann immer. Astrid Kreuzfeldt war die einzige Frau auf ganz Juist, von der sie überhaupt zum Tee eingeladen wurde. Seike wusste, dass sie bei den anderen Hausmütterchen nur ungern gesehen wurde. Ihr Ruf war schlecht, sie war bei der restlichen weiblichen Inselbevölkerung eine *Persona non grata* als unverheiratete Frau, die sich trotz Kind mitten ins Leben stürzte und ihre Weiblichkeit nicht nur in der Mutterrolle auslebte. Es lagen Welten zwischen Astrid und ihr, und es war eigentlich nett von Astrid, dass sie sich mit ihr abgab. Nett und naiv. Manchmal wartete Gerrit schon bei ihr zu Hause, während sie noch mit Astrid über die Kinder plauderte.

Hätte Astrid das Telefongespräch nicht so kurzerhand abgebrochen, dann wäre es zur Sache gekommen, dann hätte sie ihr auch von der Schwangerschaft erzählt und wie lächerlich Astrids Eheprobleme dagegen aussahen. Während Astrid darüber jammerte, wie groß doch ihr Haus war und wie viel sie immer zu putzen hatte, plagten sie ganz andere Sorgen: Mit zwei Kindern konnte sie auf ihren bisherigen vierzig Quadratmetern beim besten Willen nicht mehr leben und sie musste zum Sommer eines der Gästezimmer für ihren privaten Gebrauch umfunktionieren, was wiederum eine erhebliche Abnahme ihres Einkommens nach sich ziehen würde und, ach, man konnte es drehen und wenden, dieses Baby würde alles auf den Kopf stellen. Viel mehr noch, als Paul es damals getan hatte.

Seike zog sich die Winterjacke über und steckte ihren Jungen in den warmen Overall. Vielleicht verzogen sich ihre Zukunftssorgen, wenn sie unter Leute ging. Die anderen waren sicher schon auf dem Weg zur *Domäne Bill*. Mit Paul auf dem Kindersitz könnte sie die Kutschen sicher einholen und ein wenig frische Luft war ohnehin gut in ihrem Zustand. Sie hoffte nur, dass ihr die Erbsensuppe keine Übelkeit bereiten würde. Nichts gegen den selbst gemachten Eintopf aus der Küche des Billbauern. Er schmeckte würzig und frisch und war wirklich eine Spezialität. Doch der Geruch von Hülsenfrüchten hatte ihr in der ersten Schwangerschaft schon einen wahnsinnigen Brechreiz beschert. Und sie wollte nicht, dass irgendjemandem auffiel, dass etwas anders war als sonst. Wenn dieser unangenehme Bonnhofen nicht sowieso schon das eine oder andere Wort über diesen dämlichen Schwangerschaftstest auf ihrem Küchenstuhl verloren hatte. Es war besser, wenn vorerst niemand etwas von diesem Baby wusste.

Nicht, bevor sich auf Juist alles wieder ein wenig beruhigt hatte. Und wenn er endlich wieder Zeit für sie hatte, wollte sie erst dem Menschen davon berichten, der es eigentlich als Erster erfahren sollte.

Seike trat vor die Tür, schloss hinter sich zu und ging dann zu ihrem Fahrrad. Paul schien schon halb zu schlafen. Wenn er gleich vom holperigen Straßenpflaster durchgerüttelt wurde, dann würden ihm die Augen bleischwer zufallen und sie hätte ein wenig Ruhe, über alles nachzudenken.

Ob er sich freut, dass er Vater wird? Ob er bei ihr bleiben würde?

Ob er wohl heute Nachmittag auch an der Bill war?

Samstag, 20. März, 17.26 Uhr

Der blasse Mann aus Borkum hieß Uwe Redlefsen. Er hatte zwei Antiquitätenläden, einen in Emden und einen auf der Insel, sah selbst ein wenig aus wie eine Antiquität und schien ein enormes Fachwissen über altes Porzellan und Teekannen zu haben. Und er sagte in beinahe jedem Satz «quasi».

Er habe *quasi* jede Woche mindestens einmal mit Minnert telefoniert. Sein Kollege von der Nachbarinsel sei *quasi* der beste Fachmann an der norddeutschen Küste gewesen, wenn es um alte Instrumente ging. Begegnet sei er Minnert aber erst in diesen Tagen hier auf Juist, er sei *quasi* nur aus dem Grund mit seiner Frau mitgereist, dass Minnert von einem ganz besonderen Schmuckstück gesprochen hatte, welches er sich unbedingt einmal anschauen sollte. Und dann hätten sie sich für den heutigen Nachmittag in Minnerts Laden verabredet, *quasi* vor dieser Kutschfahrt hier, damit Redlefsen das wertvolle Akkordeon in Augenschein nehmen konnte. Zum Verkauf hätte es jedoch nicht gestanden, das hätte Minnert ihm *quasi* schon im ersten Satz mitgeteilt.

Wencke saß ihm gegenüber, die Kutsche rumpelte in Richtung Westen und Axel Sanders schien seine Sache als Wagenlenker gut zu machen. Etliche Pferdehintern vor ihnen spielte der Musikverein *Wir lagen vor Madagaskar ...* Wencke musste sich nach vorn beugen, denn Redlefsen sprach leise und sein Stimmchen wurde vom Hufgetrappel, Musikgeblase und Liedgegröle ringsherum übertönt.

«Schien Kai Minnert nervös zu sein? Hatten Sie den Eindruck, dass er sich vor irgendetwas ängstigte? Vielleicht sogar im direkten Bezug auf dieses Instrument, von dem Sie sprachen?»

«Aber nein», antwortete Redlefsen. «Kai Minnert schien sich eher zu freuen, er war aufgeregt wie ein kleiner Junge. Ich bin da ja ein ganz anderer Typ, quasi das Gegenteil von Minnert. Wenn das Akkordeon wirklich so besonders war, wie es aus seinen Andeutungen herauszuhören war, dann würde ich mir quasi dauernd Sorgen machen, ob ich der Verantwortung für einen solchen Schatz gewachsen wäre. Doch Kai Minnert hatte keine Probleme damit. Ich hätte zu gern gewusst, was es mit diesem Instrument auf sich hat.»

«Können Sie mir sagen, um welchen Wert in Euro es sich gehandelt haben könnte?»

Redlefsen neigte den Kopf und schien zu überlegen. «Ach, wissen Sie, für Menschen wie Minnert kann ein solches Instrument quasi unbezahlbar sein. Doch die höchsten Preise, die meines Wissens für Handzuginstrumente gezahlt wurden, belaufen sich auf fünfzehn- bis zwanzigtausend Euro.»

Wencke zog erstaunt die Augenbrauen hoch. Das war viel Geld für eine Ziehharmonika, doch es war nicht genug Geld für ein Mordmotiv. Obwohl, der Sekt im Magen, der Alkoholpegel im Blut des Toten, dies alles hätte gut dazu gepasst, dass Minnert noch jemand anderem sein «Schätzchen» gezeigt und es gebührend gefeiert hatte.

«Haben Sie eine Ahnung, wer noch von dieser Sache wusste?»

«Ich könnte es mir vorstellen, dass Josefine Janssen von Spiekeroog auch davon wusste. Sie ist unsere Expertin für Fliesen und Kacheln aus friesischen Kaminöfen und hatte, soweit ich weiß, auch ein gutes Verhältnis zu Minnert. Wir sind quasi ein Netzwerk von Antiquitätenhändlern auf den ostfriesischen Inseln und tauschen Informationen, Kunden und Ware untereinander aus.»

«Wer sind *wir*?», hakte Wencke nach.

Er hielt seine schmalen Hände hoch und zählte umständlich mit den Fingern. «Kai Minnert, Josefine Janssen, Gerold Dontjeer von Wangerooge, der es mit Büchern und Schriften hat, tja, und meine Wenigkeit.»

Wencke schrieb kurz mit. Es war schwer, bei dem Gewackel der Kutsche eine einigermaßen leserliche Notiz zu machen, doch Redlefsens Aussage klang wichtig genug, um sie niederzuschreiben. «Und wer von Ihnen ist zurzeit auf Juist?»

Redlefsen sah sie erschrocken an. «Sie meinen doch nicht, dass wir quasi ...»

«Nur eine reine Routinefrage», unterbrach sie.

«Na ja, Josefine Janssen ist schon über siebzig, die wird wohl kaum mitgekommen sein. Aber ich habe gestern mit Dontjeer gesprochen. Er ist mit der Wangerooger Theatergruppe da. Wie gesagt, er ist der Fachmann für alles Geschriebene und schreibt meines Wissens nach auch die Stücke für die Laienspieler. Er war aber bisher nie bei den Inseltreffen dabei.»

«Er könnte also auch wegen Minnert hier sein. Haben Sie mit ihm darüber gesprochen?»

Er schüttelte den Kopf. «Obwohl wir zwar quasi einen Interessenverband bilden, sind wir sehr diskret und sprechen nicht von den Geschäften, die wir untereinander tätigen. Ich habe keine Ahnung, ob Dontjeer und Minnert sich getroffen haben. Es wäre aber durchaus denkbar. Schließlich ging es irgendwie um Theodor Storm und diese Dichter und Poeten sind ja nun mal Dontjeers Sache. Doch wie gesagt, ich habe ihn nicht danach gefragt.»

Auf einmal wurde es fast still. Nur ein dumpfes Rumsen dröhnte herüber. Die Kapelle hatte anscheinend zu Ende gespielt, ohne dass der Paukenspieler es mitbekommen hatte. Nun konnte man für einen Moment die Brandung hören. Der Strand musste ganz in der Nähe sein, denn nur ein aufgeregtes, rhythmisches Vogelkonzert lag zwischen ihnen und dem Meeresrauschen.

Wencke notierte fleißig und unterstrich *Theodor Storm* gleich zweimal. Sie wollte diesen Gerold Dontjeer gleich danach fragen. Sobald sie endlich bei diesem Bauernlokal angekommen wären, würde sie sich diesen Mann von Redlefsen zeigen lassen. Sie notierte sich die Fragen, die sich aus den neuen Informationen ergaben: Was hatte es mit diesem Instrument auf sich? Wo steckte das Akkordeon jetzt? Wenn diese Antiquität für den Toten so offensichtlich wichtig gewesen war, warum hatte Minnerts Lebensgefährte nichts davon erzählt?

Wencke schaute nach hinten, sah die unebene, hellgrau gepflasterte Straße unter der Kutsche hervorkriechen, roch frischen Pferdeapfel, Hinterlassenschaften einer der vorderen Kutschen oder vielleicht auch ihrer eigenen. Zu der einen Seite zeigten sich die wild bewachsenen Dünen, zu der anderen lag das Wattenmeer auf der Lauer. Ein paar Pferde grasten dort auf einer graugrünen Wiese, die sich in Form und Farbe kaum von dem dahinter liegenden Schlick unterschied. Wie lang waren sie schon unterwegs? Täuschte sie sich, oder wurde es am östlichen Himmel schon ein wenig dämmrig? Eine große Frau radelte bis auf ein paar Meter an die Kutsche heran. Sie hatte ein schlafendes Kind auf dem vorne angebrachten Kindersitz, dem sie mit ihren auf dem Fahrradlenker liegenden Armen gegen den Wind Schutz bot. Als sie Wenckes Blick auffing, lächelte sie kurz. Die langen blonden Haare wehten aus der Kapuze hervor und streichelten über ihr hübsches Gesicht. «Moin», sagte die Frau, dann trat sie fester in die Pedale und setzte zum Überholen an. Wencke hörte noch, wie sie Sanders mit Namen grüßte, ein «Schön, du bist auch hier» war vom Kutschbock her zu hören, dann wurde wieder alles von der Blasmusik übertönt. *Wenn die bunten Fahnen wehen* wurde angestimmt.

«Ich wusste gar nicht, dass man auf Juist so lange Strecken zurücklegen kann. Wir fahren schon seit bestimmt einer Stunde in eine Richtung und sind noch immer nicht angekommen.» Wencke stellte sich hin und spähte durch das durchsichtige Plastikfenster über Sanders' Schultern hinweg in Fahrtrichtung geradeaus. «Und zu sehen ist auch nichts, zumindest nichts, was nach menschlicher Zivilisation aussieht.» Schön hier, dachte sie noch.

Redlefsen schien froh zu sein, dass sie das Thema gewechselt hatte. Er kicherte kurz. «Wer weiß, vielleicht sind wir inzwischen zu weit gefahren und befinden uns schon am Ostende von Borkum!»

«Ja, quasi ...», lachte Wencke.

Samstag, 20. März, 18.10 Uhr

Wer weiß hier was?, dachte Sanders misstrauisch, als er endlich vom Kutschbock heruntergeklettert und ins warme Lokal geflüchtet war.

Wer sitzt hier auf einer der hellen Holzbänke, grinst und trinkt Bier und denkt in Wahrheit daran, dass Minnert gestern Nacht in seinem Schaufenster erstickt ist, ob aus Versehen oder mit Absicht. Jedenfalls könnte hier gut eine Person sitzen, die ihre Hand dabei im Spiel gehabt haben mochte.

Nein, es fehlten auch zwei Leute. Astrid Kreuzfeldt war nicht da, Henner Wortreich auch nicht. Die trösteten sich wahrscheinlich gerade gegenseitig. Verdächtig waren sie inzwischen beide irgendwie. Astrid Kreuzfeldt wegen der Sache von damals, Henner Wortreich wegen seiner Schweigsamkeit, was die Geschäfte seines Freundes anging. Und die Spur mit den Antiquitäten gab für Sanders weitaus mehr her als diese fünfzehn Jahre alte Beziehungskiste.

Wencke Tydmers brachte die Erbsensuppe. Mit konzentriertem Blick balancierte sie die beiden randvollen Teller an ihren Fensterplatz, von dem aus man über einen niedrigen Deich auf das Wattenmeer und zur Vogelinsel Memmert schauen konnte.

Sie schob den Eintopf direkt vor seine Nase. «Lieber Kollege, wenn Sie wüssten, wie sehr ich Sie bewundere! Kutsche fahren, eine endlose Strecke lang, und das ohne Lehrgang auf der Polizeischule! Alle Achtung! Wollen Sie meine Bockwurst als Belohnung?»

Sie hielt ihm ihre dunkelrosa Suppeneinlage entgegen und lächelte verschmitzt. Sanders wurde mal wieder nicht schlau aus dieser Person, wollte sie ihn in diesem Moment auf die Schippe nehmen oder ihm etwas Gutes tun? Egal, er hatte mächtigen Hunger und nickte, sodass die Wurst augenblicklich in seiner Suppe landete. Sanders löffelte, dann tunkte er das frisch gebackene Graubrot ein und schob es in den Mund. Köstlich! Dabei war es doch nur Erbsensuppe. Simple, ordentlich durchgekochte Erbsensuppe.

Wencke Tydmers aß im Vergleich zu ihm langsam. Er konnte sehen, wie es in ihrem Kopf arbeitete, denn ihre grünen Augen wanderten durch den Raum. «Die Insulaner scheinen sich im Moment wieder etwas abgeregt zu haben. Schauen Sie sich um. Ich sehe niemanden, der noch unglücklich darüber scheint, dass die Abfahrt der Fähre abgesagt ist.»

Sanders nickte nur und nahm den nächsten vollen Löffel in den Mund.

«Mein Gespräch in der Kutsche war aufschlussreich. Redlefsen erzählte mir etwas über ein wertvolles Akkordeon, welches Minnert ihm zeigen wollte. Leider ist es nicht dazu gekommen. Doch ein anderer Kollege aus dem Antiquitätenmilieu, ein gewisser Gerold Dontjeer aus Wangerooge, scheint ebenfalls davon gewusst und großes Interesse gehabt zu haben. Ich werde ihn mir gleich vornehmen, sobald ich den Teller leer gegessen habe.»

«Dann stehen wir also am Ende unseres ersten Tages gar nicht so schlecht da?»

«Ich denke nicht. Wir sind ein ganz gutes Team, Sanders, warum ist uns das in Aurich eigentlich nie aufgefallen?»

Ja, warum eigentlich nicht, dachte Sanders. Und warum ist ihm nie aufgefallen, wie köstlich Erbsensuppe schmeckt? Immer diese elenden Salate in Aurichs Bistros, diese trockenen Weißweine, dieses pappige italienische Weißbrot, warum war ihm der Genuss am Eintopf erst heute und hier auf Juist begegnet? Und, was ihn noch mehr beschäftigte, warum war ihm noch nicht aufgefallen, dass Seike Hikken schwanger war?

Er beobachtete sie. Seike saß neben dem Eingang, ihr kleiner Sohn, Piet oder Peer oder wie auch immer, saß auf einem Kinderstuhl und drehte wie verrückt an irgendeinem Spielzeug, das vor ihm an der Wand hing. Das Klackern und dazu das quietschvergnügte Brabbeln des Jungen waren lauter als alle anderen Insulaner zusammen. Sanders hatte ja nichts gegen Kleinkinder, doch die Geräusche, die sie unentwegt von sich gaben, konnten ihm den letzten Nerv rauben. Sogar im Schlaf murmelte und raschelte der Knirps. Nach der einen Nacht, die er in Seike Hikkens Bett verbracht hatte, war er wie gerädert aufgewacht. Und dabei hatte er in der Silvesternacht nichts getrunken, weil er ja im Dienst gewesen war. Nur ein Gläschen Sekt um Mitternacht. Es hätte auch wirklich schön sein können mit dieser Frau, wenn nicht der kleine Sohnemann alle drei Stunden aufgewacht wäre und ihm das blonde, weiche, gut riechende Haar auf dem anderen Kopfkissen entrissen hätte. Schon da hatte er eingesehen, dass es mit Seike nichts auf Dauer sein könnte. Zum Glück hatte sie nach ihrem One-Night-Stand keine Ansprüche gestellt, wie er es den ganzen Neujahrstag lang befürchtet hatte. Es war freundschaftlich mit ihnen weitergegangen, gemeinsames Frühstück am Wochenende, nach dem Volkstanzgruppenabend ein Bierchen in der Kneipe, zum Abschied zwei Küsschen auf jede Wange, meine Güte, war er erleichtert gewesen. Und nun war sie schwanger. Ausgerechnet schwanger.

Warum war ihm das nicht eher aufgefallen? Wann hatte er sie das letzte Mal eine Zigarette rauchen sehen? Und hatte sie gestern Abend nicht dauernd an einer Cola genippt? Sie war eindeutig schwanger und er hatte ihr vielleicht doch allzu deutlich zu verstehen gegeben, dass sein Familiensinn ziemlich verkümmert war. Seike Hikken war eine stolze Frau, die ihm das Kind bis zu seiner Abreise verheimlichen würde, weil sie ahnte, dass er nichts mit Heiraten und Vaterwerden im Sinn hatte. War er wirklich so ein mieser Typ? Nein, sie täuschte sich. Er war bereit, Verantwortung zu übernehmen. Er war vielleicht sogar bereit, ein Zusammenleben zu riskieren, auch mit diesem anstrengenden Windelmonster könnte er es aufnehmen, wenn ...

«Sanders? Sind Sie noch da?» Erst jetzt hörte er Wencke Tydmers' Stimme zu sich durchdringen, und er fühlte sich wie ertappt.

«Ich war gerade ganz woanders, entschuldigen Sie.»

«Ich glaube, es wird Zeit, dass wir weitermachen. Sie sehen schon den ganzen Tag so aus, als könnten Sie einen frühen Feierabend gebrauchen, und jetzt haben wir schon nach halb sieben.»

«Hmm», brachte er nur hervor.

«Essen Sie in Ruhe auf und gönnen Sie sich noch eine Tasse Kaffee, ich suche inzwischen nach diesem Gerold Dontjeer. Wir setzen uns dann zur Vernehmung in die ruhige Ecke dort hinten bei der Durchreiche. Wenn Sie so weit sind, kommen Sie dazu. In Ordnung?»

Er starrte schon wieder zum Eingang. Peer oder Piet hatte sich soeben den Finger geklemmt und schrie, eng umfangen von den tröstenden Armen seiner Mutter. Aus seinen Augen und seiner Nase tropfte klare Flüssigkeit auf Seikes Schulter.

«Hallo? Sanders? Ob es so in Ordnung ist?»

Er nickte Wencke zu. Nichts war in Ordnung. Aber das lag ja schließlich nicht an ihr.

Samstag, 20. März, 18.53 Uhr

Wer hätte je gedacht, dass diese Insel so lange überleben wird. Dieses schmale, sandige Etwas im Meer, dieses so genannte Töwerland, Zauberland. Viele glaubten, es müsse wirklich mit Zauberei zugehen, dass die Nordsee in all diesen Jahren Juist verschont hatte.

Doch die salzigen Wellen knabbern hin und wieder an den Dünen der Billspitze. Nach heftigen Sturmfluten muss das

*westlichste Ende der Insel immer wieder ein paar Meter sandiges Land einbüßen, und dann findet man die Steine und Brunnen, die daran erinnern, dass noch vor dreihundert Jahren die Inselbewohner hier ihre Häuser gebaut hatten. Es gab eine riesige Kirche, die als Leuchtfeuer diente und bis weit in die Emsmündung auszumachen war. Alles zerstört. Alles unterspült und überflutet von den Jahren und den Gezeiten. Eine Insel ist nun mal kein Ort für die Ewigkeit.
Die Insulaner kannten die Grausamkeit des Meeres. Jeder von ihnen hatte schon schwere Wunden durch die gewaltigen Fluten erlitten, hatte Haus und Hof oder einen geliebten Menschen hergeben müssen. Und doch blieben sie der Insel treu.
Als die Petriflut im Jahre 1651 die Insel in zwei Teile riss, da hätte man schon meinen können, es wäre vorbei mit dem Töwerland. Zwei Kilometer Strand trennten über Jahrhunderte den Osten und den Westen. Einige Unverbesserliche blieben an der Billspitze, bauten ihr neues Kirchlein aus den Steinen des versunkenen Gotteshauses und beteten in ihm, dass die nächste Sturmflut sie am Leben lassen möge. Die anderen, meist die Jüngeren, liefen über den flachen Sand, der nur bei Ebbe trockenen Fußes zu überqueren war, und errichteten neue Häuser in den Dünen des Teiles der Insel, welchen man heute das Loog nennt. Es gab nicht viele Steine, in den ersten Jahren reichten die roten Klinker gerade für eine Hand voll winziger Häuser. Die Insulaner waren nicht gerade fromm und es gibt genügend Geschichten, die von Strandräuberei und ähnlich gottlosen Umtrieben erzählen, doch auf eine Kirche wollte man auch hier im Loog nicht verzichten.
Nur am Weihnachtsabend traf man sich noch in der größeren Billkirche, Ost und West, Bill und Loog, und man betete gemeinsam für das Schicksal der geliebten Insel.*

So auch am Heiligen Abend im Jahre 1717. Alle waren da, Alte und Junge und Kinder, aus vielleicht fünfzig Mündern hörte man das Lied der Insulaner.
«Wie mit grimmgen Unverstand Wellen sich bewegen ...»
Man musste laut singen an diesem Weihnachtsabend, damit man den tosenden Nordwest-Sturm übertönte, der nicht nur die kleine Kirche, sondern die ganze Insel, die gesamte Küste schon seit ein paar Tagen wütend bekämpfte. Und die Kanonenschüsse, die von der Seeseite herüberwehten, die Schreie der Matrosen, die mit ihrem englischen Kriegsschiff auf eine tückische Sandbank gelaufen waren und nun hilflos mit ansehen mussten, wie sich Welle für Welle gegen die Planken warf, wie Risse in den Bootsrumpf brachen und der Mast durch die Gewalt des Orkans zersplitterte.
«Help! HELP!»
«... nirgends Rettung, nirgends Land vor des Sturmwinds Schlägen ...»
«We don't wanna die!»
«... Einer ist's, der in der Nacht, einer ist's, der uns bewacht ...»
Es war zu gefährlich, sie retten zu wollen. Lebensgefährlich! Wenn eine Truppe Männer mit dem alten Kahn ausrücken sollte, der unterhalb der Kirche von der starken Brandung wie eine Nussschale hin- und hergeworfen werden würde, dann würden bestimmt nicht alle überleben. Es gab nicht viele männliche Insulaner, die stark und widerstandsfähig genug für einen solchen Einsatz waren. Und die wenigen brauchte man hier auf Juist. Man konnte sie doch nicht in den sicheren Tod schicken. Heute war Weihnachten.
«Help!»
«... Christ, Kyrie, du wandelst auf der See!»

Amen.

Mein Gott! Es gab doch Regeln, an die sich auch die Nordsee zu halten hatte. Als die Gemeinde jedoch nach dem Segen aus der winzigen Kirche trat, sah sie auf den ersten Blick, dass sich das Meer weder nach dem Niedrigwasser noch nach dem günstigen Mond richtete, sondern unaufhörlich Wasser auf die Insel zuschob, als sei Springflut. Die Loogster machten sich auf den Weg. Zwei Kilometer sind sehr weit, wenn man auf nassem Sand und mit der Angst im Nacken durch die Dunkelheit marschiert.

Keine Kanonenschüsse mehr, keine Hilfeschreie von weit her, die See hatte wieder einmal gesiegt. Das schlechte Gewissen verfolgte die Loogster. Sie fassten ihre kleinen Kinder an den Händen und rannten in die Richtung, in der sie ihre sicheren Häuser vermuteten. Schneller, um Himmels willen, wo kam nur das ganze Wasser her? Es war bitterkalt und der Sturm wehte sie von links nach rechts, ließ ihnen keine Möglichkeit zum Durchatmen, hetzte sie wie Beutetiere über das überflutete Stück Insel.

Doch als dann das Verderben kam, erkannte man es nicht sofort. Die graue Wand hob sich fast gar nicht vom düsteren Himmel über dem Meer ab, sie tarnte sich, pirschte sich heran. Und die Menschen bemerkten sie zu spät. Es blieben nur ein paar Sekunden, um zu begreifen, dass dies nun das Ende war.

Die Welle erhob sich höher als das größte Haus auf Juist. Ohne Vorwarnung stand sie wie eine Mauer vor den Heimkehrenden. Und rollte über sie hinweg. Was sind schon achtundzwanzig Menschen? Sie durchbrach den festen Griff, mit dem der Vater seinen Jüngsten hatte sicher halten wollen, sie trennte das verliebte Paar, das sich noch einen kurzen, endgültigen Blick zuwerfen konnte, bevor jeder für sich ganz einsam und mit voller Gewalt gegen die Dünen der Insel gespült wurde, immer und immer wieder. Und als die Welle die Insel Juist hinter sich gelassen hatte, da stand nichts mehr im kleinen Dorf an der Bill. Die Kirche, die Häuser, das Vieh. Alles, was übrig blieb, waren Leichen und die Umrisse der Grundmauern. Nur das Dorf im Loog, es hatte keinen Schaden genommen. Jeder Stein stand noch auf dem anderen und in den Stuben warteten die Kaminfeuer darauf, dass die Familien endlich heimkamen, um Weihnachten zu feiern.

Wencke klappte das Heft zusammen und gab es dem merkwürdig stillen Mann zurück. Er hatte sie die ganze Zeit beim Lesen beobachtet und sich mehrere klare Schnäpse aus einer mitgebrachten Flasche eingeschenkt.

«Es ist schaurig!», bestätigte sie.

Er fasste sich ans Ohr und knibbelte daran herum. Ein Hörgerät steckte tief in seiner Ohrmuschel. Gerold Dontjeer war fast taub, als Kind schon hatte er Schwierigkeiten gehabt, alles mitzubekommen, und seit er zwanzig war, trug er eine Hörhilfe. So viel hatte er Wencke bereits erzählt, nachdem sie ihn kennen gelernt und die ersten beiden Gläschen selbst gebrannten Hagebuttenschnapses mit ihm getrunken hatte. Ohne die Knöpfe verstünde er kein Wort, und wenn es ihm ringsherum zu laut würde, dann freue er sich über seine Behinderung und stelle die Dinger einfach aus, um seine Ruhe zu haben. Er wäre gern mit sich allein, deswegen liebe er guten Schnaps und Bücher, sagte er vergnügt. Er sei nun fast fünfundfünfzig und habe in seinem Leben sicher schon hundert Liter Selbstgebrannten getrunken und mehr als zweitausend Wälzer gelesen. Sein Beruf als Bibliothekar und Antiquitätenhändler auf Wangerooge sei die Erfüllung seines Lebens. Und das Schreiben von Theaterstücken und kleinen Novellen wie dieser hier, die er, altmodisch und liebevoll mit Schreibmaschine auf ein dünnes Blatt getippt, zu einem Heft zusammengebunden hatte.

«Glauben Sie mir, ich habe die Sache mit meinem Kollegen gar nicht mitgekriegt. Ehrlich gesagt habe ich hier auf Juist die meiste Zeit mein Hörgerät ausgeschaltet, weil mir die schmutzigen Witze auf den Geist gehen. Ich habe mich nur gewundert, warum alle zum Hafen gingen, und als ich nachfragte, sagte man mir, das Fest sei abgebrochen worden. Wieso und warum hat mir keiner erklärt, ich höre ja auch wirklich nicht immer hin, das muss ich zugeben. Und viele meiner Theaterleute haben sich schon daran gewöhnt, mich gar nicht richtig wahrzunehmen, was mir auch ganz lieb ist. Und jetzt erzählen Sie mir, dass Kai Minnert tot in seinem Laden gefunden wurde. Und dass Sie sich gerade für die Zeit interessieren, in der ich mich mit ihm getroffen habe. Das war allerdings in seiner Wohnung und nicht im Laden.» Nervös drehte er das Heft in seinen Händen. «Nun verdächtigen Sie mich vielleicht. Weil ich nichts von unserem Treffen gesagt habe und weil ich mich so für friesische Literatur und Geschichte interessiere.» Dann erst blickte Gerold Dontjeer durch das lange Haar, das ihm wirr ins Gesicht fiel. Die buschigen Augenbrauen zogen sich über der breiten Nase zusammen und die schmalen Lippen zuckten ein wenig. Er sah älter aus als fünfundfünfzig.

«Wir haben keinen konkreten Verdacht», gab Wencke zurück. «Vielleicht ein paar vage Ideen, aber mehr auch nicht. Zudem wurde Minnert erst eine Stunde später im Schaufenster eingesperrt, und da waren Sie doch sicher bereits wieder auf dem Fest, oder nicht?» Natürlich kam dieser Mann hier rein theoretisch als Täter in Frage: Immerhin schien er ein reges Interesse an diesem Akkordeon zu haben und er erwähnte den Namen *Hagebutten-Mädchen*, also schien er sich wirklich damit beschäftigt zu haben. Und das machte ihn erst einmal verdächtig, zumindest theoretisch. Wencke glaubte rein intuitiv nicht ein kleines bisschen daran, dass dieses schnapstrinkende, schusselige Männlein gezielt einen Mord aus Habgier begangen haben könnte.

Trotzdem zuckte Dontjeer zusammen, als er ihre Frage verstanden hatte. «Ein Alibi? Sie wollen also tatsächlich ein Alibi von mir? Ich bin also doch ...» Er leerte das Schnapsglas in seiner Hand in einem Schluck.

«Herr Dontjeer», auch Wencke trank ein Gläschen. Sie wollte ihn auf diese Weise beruhigen und ihm das Gefühl geben, dass sie eher Freunde waren als Kommissarin und Zeuge. «So eine Frage ist reine Routine.»

«Wirklich? Hm, na ja, ich fürchte nur, ich kann Ihnen niemanden nennen, der mich nach meinem Treffen mit Minnert noch gesehen hat. Ich bin nämlich direkt in meine Pension gegangen. Diese ewige Feierei der anderen geht mir, wie gesagt, auf die Nerven, und dann habe ich es mir lieber mit einem Buch gemütlich gemacht. Im Haus *Ferienliebe*, im Ostdorf, Otto-Leege-Straße. Vielleicht hat mich ja doch jemand gesehen ...» Er blickte wieder auf das Manuskript, welches vor ihm auf dem Tisch lag. «Wie gefällt Ihnen die Geschichte mit der Weihnachtsflut? Ich habe ein wenig gemogelt, das erwähnte Lied gab es in Wirklichkeit erst hundert Jahre später, aber es passt so wunderbar in diese Szene. Sagen Sie selbst, es ist doch eine richtige Gänsehautgeschichte!»

Es schien nicht so, dass er das Thema wechseln wollte, eher, als kehre er mit seinen Gedanken wieder in die eigene Welt zurück, in der er sich besser zurechtfand. Fast automatisch füllte er wieder die beiden kleinen Gläser. Der Hagebuttenbrand schmeckte nicht schlecht, ein wenig nach Wodka, vielleicht auch nach Apfelgeist. Wenckes Blut hatte sich schon um einige Grade aufgeheizt, vier bis fünf Schnäpse musste sie inzwischen gekippt haben, Auge in Auge mit Gerold Dontjeer. Okay, sie war im Dienst, doch eine der wichtigsten ungeschriebenen Regeln ihrer eigenen Dienstauffassung lautete: Wenn ein wichtiger Zeuge Starthilfe braucht und diese in Gesellschaft tanken möchte, sozusagen zum Aufbau einer Vertrauensbasis, dann ist maßvoller Alkoholgenuss im Dienst manchmal sogar notwendig.

Und Gerold Dontjeer war ein wichtiger Zeuge. Er hatte sich nach eigener Aussage um halb zehn mit Kai Minnert in dessen Privatwohnung getroffen, weil er sich dieses Akkordeon hatte ansehen wollen. Sein Kollege Redlefsen hätte ganz richtig gesagt, dass es etwas mit Theodor Storm zu tun hatte, weil das Instrument angeblich früher im Besitz des norddeutschen Novellisten gewesen sein sollte. Natürlich hätte diese Vermutung Interesse in ihm hervorgerufen, hatte Dontjeer erzählt. Das *Hagebutten-Mädchen* sei angeblich auf dem Akkordeon abgebildet.

Und dann hatte Dontjeer ihr noch einen Schnaps und dieses Heft gegeben, auf dessen Deckblatt *Inselgeschichten* stand.

«Die Geschichte ist wirklich sehr anschaulich beschrieben, Herr Dontjeer, ich lese nicht viel, aber soweit ich es beurteilen kann, haben Sie schriftstellerisches Talent», rief Wencke laut und deutlich und ganz langsam. Dontjeer nickte erfreut. «Aber was hat das Ganze mit dem Instrument und diesem erwähnten *Hagebutten-Mädchen* zu tun?»

«Inselgeschichten haben alle irgendetwas miteinander zu tun. Und das *Hagebutten-Mädchen* ist eine von ihnen. Haben Sie nie davon gehört?»

Wencke machte eine entschuldigende Geste. «Wie gesagt, ich bin nicht gerade eine Leseratte.»

«Es gibt Leute, die behaupten, Theodor Storm habe vor

seinem Meisterwerk *Der Schimmelreiter* noch eine andere, ähnlich aufgebaute Novelle geschrieben, in der er die Geschichte der ostfriesischen Inseln zum Thema machte. Angeblich soll er sich sogar direkt auf die Juister Weihnachtsflut bezogen haben, obwohl er nie einen Fuß auf diese Insel gesetzt haben soll. Ich selbst glaube diese Theorie nicht, denn es ist bislang nie ein schriftlicher Beweis erbracht worden, dass Storm tatsächlich einmal *Das Hagebutten-Mädchen* geschrieben hat.»

«Ach, und nun gelangt Minnert an ein Instrument aus Storms Nachlass, auf dem diese Romangestalt abgebildet ist, und möchte dieses als Beweis für die Existenz des Buches sehen?»

Wieder schenkte sich Dontjeer ein. Da er ein wenig beleidigt Wenckes seit einigen Minuten unberührtes Glas betrachtete, prostete sie ihm ein weiteres Mal zu, um das Gespräch gerade an dieser entscheidenden Stelle nicht abflauen zu lassen.

«Dafür, dass Sie nach eigener Aussage wenig lesen, sind Sie gar nicht mal so dumm, Frau Kommissarin.» Er grinste und sie überlegte einen Moment, ob seine ganze Schwerhörigkeitsgeschichte nicht vielleicht so etwas wie ein von ihm inszeniertes Theaterstück war, um still und Schnäpse trinkend hinter der Fassade der Unwissenheit all das zu hören, was man nicht mitbekommen sollte. Er wirkte ein wenig verschlagen, nein, *stickum* war das richtige Wort. Ein plattdeutscher Ausdruck, der sich nicht wirklich passend ins Hochdeutsche übersetzen ließ, der aber genau das verschmitzte und sympathisch-hinterhältige Wesen Dontjeers beschrieb.

«Minnert versprach mir am Telefon einen sensationellen Fund, deshalb kam ich mit den anderen nach Juist. Auf dem Fest gestern Abend hat er mir dann von seiner Vermutung erzählt, und obwohl ich dieser ganzen Hagebutten-Mädchen-Sache eher skeptisch gegenüberstehe, wurde ich neugierig.»

Wencke fühlte eine warme Welle den Rücken hinaufkriechen. Der Alkohol. Merkwürdig, sie kannte sich doch mit dem Zeug aus und wusste genau, wie viel sie vertrug. Als sie Dontjeer zunickte, schwamm ihr Blick ein wenig hinterher. «Aha», brachte sie heraus, dann fingerte sie gierig nach den Zigaretten, die sie in ihrer Jackentasche aufbewahrte.

«Wir gingen also in seine Wohnung, aber da war kein Akkordeon. Jedenfalls nicht an der Stelle, wo er es aufbewahrt hatte. Minnert rief nach seinem Mitbewohner, und ich hatte ein bisschen den Eindruck, dass er nervös war. Nervös oder vielleicht auch wütend.»

Wencke kramte das Feuerzeug hervor und erntete einen strafenden Blick vom Wirt, der energisch auf ein Schild wies, das eine Zigarette zeigte, rot durchgestrichen natürlich. Pech! Jetzt eine rauchen …

«Na ja, jedenfalls war sein Freund nicht da und das Instrument auch nicht, und da sagte Minnert, er wolle mal seine Nachbarin fragen, vielleicht wisse die, wo er suchen sollte. Also ging er kurz nach draußen, die Dame wohnt ja im selben Haus nur eine Tür weiter. Ich konnte nicht verstehen, was die beiden beredet haben, doch als er wieder zurückkam, war er noch hibbeliger. Und dann hat er mich ziemlich barsch abgewimmelt, ich solle wieder auf das Fest gehen und er würde mir Bescheid geben, wenn ich mir das Instrument anschauen könne. Richtig kurz angebunden war er, komisch, das war sonst gar nicht seine Art.»

Endlich trat Sanders, wie besprochen, zu ihnen an den Tisch. Wencke warf ihm einen freundlichen Blick zu und animierte ihn mit einer Geste, schleunigst das Schreibzeug hervorzukramen. Jedes Wort, das dieser komische Kauz in den letzten Minuten von sich gegeben hatte, gehörte ins Protokoll. Und sie selbst merkte von Minute zu Minute, dass dieser Hagebuttenschnaps, dieses unberechenbare Teufelszeug, ihr den Schreibarm lahm legen würde.

«Herr Dontjeer, sagen Sie, haben Sie Kai Minnert ebenfalls von Ihrem selbst gebrannten Hagebuttenbrand etwas abgegeben?»

«Ja, aber natürlich. Und er hat ihn genossen. Das Zeug hat immerhin fünfzig Umdrehungen, aber der Minnert konnte eine ganze Menge vertragen. Warum fragen Sie?»

«Nun, wir haben bei der Obduktion einen recht hohen Alkoholspiegel festgestellt, Sekt und eine unbekannte Schnapssorte, jedoch hat Minnert zahlreichen Zeugenaussagen zufolge das Fest relativ nüchtern verlassen.»

«Ja, das mag schon sein, dass wir beide eine ordentliche Portion gezwitschert haben. Apropos, noch ein Schlückchen, junge Deern?»

Wencke nickte, warum nickte sie eigentlich? Schon als er das Gläschen wieder bis knapp unter den Rand füllte, bereute sie ihre Zustimmung. Meine Güte, keinen einzigen Schluck sollte sie eigentlich mehr trinken. Zu spät.

«Sie sagen also, dass Kai Minnert es nach dem Gespräch mit dieser Nachbarin eilig hatte und sich sein Verhalten änderte, dass er mit einem Mal gehetzt wirkte», fasste Wencke zusammen. Sie musste kurz innehalten, sich konzentrieren, konnte es sein, dass ihre Zunge bereits taumelte? «Kennen ... ähm ... kennen Sie den Namen dieser Frau?»

«Ja, er erwähnte ihn. Heike oder Meike, mit Nachnamen Hikken, das weiß ich genau!»

Wencke klopfte mit der flachen Hand auf den Tisch, genau auf das leere Blatt, welches vor Sanders lag. «Schreiben Sie das unbedingt auf, Kollege. Diese Nachbarin ist wichtig, ich spüre das. Wir hatten doch ohnehin vor, sie morgen als Zeugin zu verhören, jetzt setzen wir sie aber ganz oben auf die

Liste. Und Hikken ... Hikken ... habe ich diesen Namen nicht schon einmal gehört?» Wencke kniff die Augen zusammen, als könnte sie so ihre Gedanken besser sortieren. «Hat dieser Bonnhofen nicht diesen Namen erwähnt? So ganz beiläufig, als ich schon fast aus der Tür war und zum Hafen wollte, da hat dieser Bonnhofen gesagt, dass er bei einer Frau Hikken war!» Vielleicht war sie ja doch noch nicht so betrunken? Oder sie war schon zu verquer und empfand ganz naheliegende Gedankenblitze als besonders genial. Konnte auch sein. «Bei dieser Frau finden wir endlich, wonach wir schon die ganze Zeit suchen. Verdammt noch mal, Sanders, nun schreiben Sie schon!»

Gerold Dontjeer schenkte erneut ein. Sanders kratzte sich mit dem Stift durchs Haar.

«Was ist los, Sanders?» Meine Güte, ich lechze nach einem Zug Nikotin, dachte Wencke. «Kennen Sie diese Hikken? Den Vornamen meine ich? Sie war die Nachbarin von ...»

«Seike», sagte Sanders nur, dann griff er pfeilschnell einen der bereitstehenden Schnäpse und schüttete sich den Brand in die Kehle.

Wencke stand schwer von ihrem Holzstuhl auf, die Zigarette bereits zwischen die Lippen gesteckt. «Ich glaube, für mich ist heute Feierabend! Kümmern Sie sich um diese Frau, Sanders?»

«Bleibt mir wohl nichts anderes übrig!», murrte Sanders, und als er sich das zweite Glas schnappen wollte, trafen sich ihre Finger am Tisch. Flüchtig und ganz aus Versehen, doch keiner zog die Hand zurück.

Samstag, 20. März, 21.39 Uhr

Die kleine Lüge im Polizeirevier hatte eine Menge gebracht. Tjark Bonnhofen hatte Zeit gewonnen. Und diese hatte er bereits genutzt. Zum Glück hatte er auf der Kutschfahrt zur Bill den richtigen Platz erwischt, direkt zwischen Bürgermeister und Ratsvorsitzendem und gegenüber dem derzeitigen Kassenwart des Heimatvereins. Es war eine schöne Fahrt gewesen.

«Wir müssen dringend unsere Immobilien verkaufen, kein Geld in den Kassen», hatte der Bürgermeister geklagt. «Und das Grundstück, auf dem das *Inselhuus* steht, gehört der Gemeinde.»

Das ist ja interessant, hatte Bonnhofen im Stillen gedacht.

«Wir werden diese Parzelle noch bis zum Sommer veräußern. Natürlich hat der Heimatverein Vorkaufsrecht. Wir sind jedoch gezwungen, den handelsüblichen Quadratmeterpreis zu verlangen, sonst steigt uns der Landkreis aufs Dach.»

Und wieder hatte Bonnhofen sich die Hände gerieben, natürlich nur im Geiste. Seine klammheimliche Freude hatte er unter einer verständnisvollen Miene versteckt, bevor er sich nach vorn gebeugt hatte. «Wenn der Heimatverein damit finanziell überfordert ist, dann kann ich Ihnen gern ein wenig unter die Arme greifen. Ich habe es bereits Ihrer stellvertretenden Vorsitzenden angeboten. Mir liegen alte Insulanerhäuser sehr am Herzen, deshalb wäre es mir eine Ehre, Sie bei diesem Projekt zu unterstützen.»

Ja, die Männer hatten ihn ernsthaft und dankbar angesehen und dann ein Glas Schnaps mit ihm getrunken. Mit Menschen seines eigenen Geschlechts konnte Bonnhofen schon immer die besseren Geschäfte machen.

In der Gaststätte dann hatte er die Gespräche vertieft. Erste Zahlen waren genannt worden, erste Handschläge getätigt. Er würde das Grundstück im Mai überschrieben bekommen. Die Summe, die er dafür berappen musste, war akzeptabel. Und dann konnte es der Heimatverein nach und nach, Stück für Stück, von ihm abkaufen. Theoretisch. Über seine praktischen Ziele hatte Bonnhofen sich natürlich ausgeschwiegen. Doch er war sich sicher, dass er besser rechnen konnte als die drei wichtigen Herren aus der Kutsche, und unter dem Strich müsste das *Inselhuus* bereits im Spätherbst ihm gehören. Oder besser gesagt: seinem Klienten. Dessen Namen hatte er wohlweislich gar nicht erst ins Gespräch gebracht. Claus-Bodo Johannsen war sicher nicht gerade der beliebteste Politiker Deutschlands. Vor allem hier im roten Norden tat man besser daran, eventuelle Sympathien für ihn und seine Partei zu verschweigen. Obwohl es schon wichtig war, dass es Männer wie Johannsen gab, denen Traditionen und nationale Werte noch etwas bedeuteten. Auch für Juist war es wichtig. Und für seinen Immobilienhandel.

Bonnhofen konnte sich das Grinsen nicht verkneifen, welches seine Lippen in die Breite zog, als er auf der Rückfahrt über sein Glück staunte. Die anderen Jungs wollten später im Dorf noch weiter feiern, während er sich abgeseilt und in die letzte Kutsche gesetzt hatte. Ein bisschen Ruhe würde ihm gut tun. Morgen wollte er den Herren ganz beiläufig zumindest schon mal einen Vorentwurf vorlegen, den er heute Nacht noch am Laptop zurechtschreiben konnte. Und wenn er morgen früh nüchterner und bei klarerem Verstand als seine Geschäftspartner war, dann konnte dies auch nur von Vorteil sein. Montagmorgen würde Dr. Johannsen anrufen, und wenn alles glatt lief, dann konnte er ihm eine hundertprozentige Zusage machen. Zwar musste sein Klient noch bis zum Herbst warten, aber dafür würde er das Objekt noch günstiger, quasi zu einem Schnäppchenpreis bekommen. Und das war doch ein guter Grund, ein paar Monate auszuharren. Das Vorkaufsrecht des Hauses lag mit Vertragsunterschrift dann nämlich bei ihm. Und so ein Heimatverein konnte schnell einmal in die roten Zahlen geraten. Was, wenn die kostspieligen Skulpturen an der Strandstraße über Nacht verschwinden würden? Die waren seines Wissens nach nicht versichert, und dann müsste der Verein zahlen ... Es gab unendlich viele Möglichkeiten, sie zum Verkauf des Hauses zu nötigen.

Bonnhofen lehnte sich zurück und betrachtete die anderen, die mit ihm in der Kutsche saßen oder vielmehr lagen! Ein paar Alkoholopfer waren zweifelsohne dabei. Zu Bonnhofens größtem Vergnügen schien es auch die Kommissarin erwischt zu haben.

Ihr graues Röckchen saß unanständig weit oben, dafür war die Bluse eindeutig zu weit nach unten gerutscht. Soso, Kommissarinnen trugen also schwarze Wäsche. Sie lehnte neben ihrem Kollegen und man sah ihr an, dass sie sich am Riemen reißen wollte, dass sie alle zwei, drei Minuten ihre Augenlider nach oben schob und einen nüchternen Blick aufzusetzen versuchte. Was ihr gründlich misslang. Wenn der Kollege sie nicht festgehalten hätte, wäre sie wahrscheinlich von den roten Kunstledersitzen gerutscht.

«Hat sie ihre Schuhe verloren?», fragte Bonnhofen mit einem Blick auf die nackten Füße der Polizistin. Soweit er sich erinnerte, hatten heute Nachmittag noch ziemlich teuer aussehende Lederpumps die schmalen Zehen bekleidet.

«Ich fürchte, ja!», antwortete der Mann. Es schien ihn zu verwirren, dass die betrunkene Frau ihren roten Kurzhaarschopf in seine Halsbeuge gebettet hatte und sich, so vertraulich angeschmiegt, sichtlich wohl fühlte. Die Müdigkeit hatte nun anscheinend gewonnen: Sie lächelte leicht im Schlaf.

War sie nicht seine Vorgesetzte? Bonnhofen meinte sich zu erinnern, dass sie die Hauptkommissarin war. Wie peinlich.

Er drehte den Kopf weg, beobachtete das seltsame Pärchen jedoch weiterhin unauffällig aus den Augenwinkeln.

Tatsächlich. Der Polizist streichelte der Betrunkenen über den Kopf. In kleinen, kreisenden Bewegungen fuhr er über ihren Scheitel. Und sie grinste. «Nicht aufhören!», nuschelte sie. Wie bei einer Heimlichkeit ertappt, zog der Mann seine Hand zurück, doch die Polizistin griff nach seinem Arm und platzierte die Finger genau auf ihrem Busen. Volltreffer. Und tatsächlich: Er streichelte auch dort. Diesmal in großen, kreisenden Bewegungen.

Bonnhofen lächelte in sich hinein.

Samstag, 20. März, 22.27 Uhr

Und wenn sie mich jetzt verfolgt?, dachte Seike. Sie hatte Angst. Warum war sie nicht mit den anderen in die Kutsche gestiegen? Das Fahrrad in den Gepäckraum und Paul vor dem Bauch. Das hätte gehen können.

Stattdessen fuhr sie nun ganz allein, nur mit einem schreienden Sohn auf dem vorderen Kindersitz, diese endlose Strecke von der Bill ins Dorf. Sie hatte sich noch mit der Wirtin der Domäne festgequatscht. Über Schwangerschaften, klar. Immerhin war diese Frau Mutter von vier Kindern, da kam man schnell ins Gespräch, wenn man sich für dieses Thema interessierte. Und als sie aus der gemütlichen Privatküche herausgetreten war, war im Gastraum keine Menschenseele mehr gewesen. Alle weggefahren. Und sie musste nun in der Dunkelheit nach Hause. Paul war quakig, er gehörte ins Bett, und sie war wackelig auf den Beinen. Weil sie Angst hatte.

Vier Kilometer Niemandsland. Nur eine einsame Straße. Wenn ihr hier jemand auflauerte, dann hätte dieser Jemand ein leichtes Spiel.

Seike fuhr im dritten Gang, sie war schon außer Atem, doch trotzdem traten ihre Füße schnell und eilig in die Pedale, damit sie endlich die ersten Lichter im *Loog* zu sehen bekam.

Wäre sie schnell genug, wenn einer hinter den Holunderbüschen hervorspringen sollte? Oder wenn er sich Verstärkung geordert hatte? Wenn sie zu zweit oder zu dritt auf sie zugeprescht kämen, sie in die Dünen drängten, sie in die Enge treiben würden. Nein, dann wäre sie geliefert. Sie hatte doch Paul dabei.

«Mensch, Paul, bitte hör endlich auf zu heulen, sie soll doch nicht hören, dass wir kommen.»

Es war nicht mehr zu ertragen. Wann hörte sie endlich auf, diese verrückte Angst. Sie wusste, es war wahrscheinlich nur ein übertriebener Verfolgungswahn, den ihr das eigene schlechte Gewissen eingeflößt hatte. Die Moralapostel waren hinter ihr her, weil sie schon seit Jahren ein Verhältnis mit dem Mann ihrer Freundin hatte.

Wahrscheinlich war es lächerlich. Gut, man hatte sie erwischt, und dies war bislang ihre größte Furcht gewesen. Zum Glück war nur Kai es gewesen, der sie ertappt hatte. Vielleicht hatte er ja auch gar nichts erzählt. So makaber es auch war, aber er hatte ja nicht mehr viel Zeit, sein neu erworbenes Wissen an Astrid weiterzugeben. Trotzdem war ihr klar, dass es nun bald herauskommen würde. Das Ding mit Gerrit und ihr. Alle waren so aufgeregt, so nervös und verdreht wegen Kais Tod. Die Gefühle hatten schon den Siedepunkt erreicht. Da würde Astrid nicht mehr lang im Unklaren bleiben. Vielleicht war es sogar schon passiert. Vielleicht wusste sie inzwischen alles. Und was kam dann? Es wird ein schlimmes Ende nehmen, dachte Seike. Oder es wird nichts passieren. Vielleicht überlebte das Geheimnis auch diese Krise. Was war besser zu ertragen? Dass es einen gewaltigen Knall gab, oder dass alles so blieb, wie es war? Beides war schrecklich.

War da eine Gestalt? Ein Schatten, der in den Dünen unter den alten Hammerseebunkern kauerte? Bewegte sich nicht etwas langsam und schleichend, pirschte in Richtung Straße? Himmel, sollte sie anhalten? Oder noch schneller fahren? Seikes Atem ging kurz und stoßend, wie viel Kraft würde ihr noch bleiben für einen Sprint, die letzten zwölfhundert Meter bis zum Loogbauern?

«Mama!», kreischte Paul. Er verriet sie. Es war Unsinn, anzuhalten. Wenn diese Bewegung zwischen den Gräsern tatsächlich eine Person war, vor der sie sich fürchten musste, dann durfte sie auf keinen Fall vom Fahrrad steigen und abwarten. Dann musste sie flüchten. Und zwar sofort.

Das Kind schrie lauter. Der Nachtwind war beißend kalt, die Luft setzte sich eisig auf ihr Gesicht und auch auf Pauls. Kein Wunder, dass er sich nicht beruhigen konnte. «Du musst leise sein, mein Schatz, wir sind ja gleich da!»

Was war da auf der Straße? Lang und zu groß, um ein Kaninchen zu sein. Seike hielt darauf zu. Sie war viel zu schnell. Wäre sie ausgewichen, dann hätte sie mit dem zappelnden Paul am Lenker das Gleichgewicht verlieren können. Einfach geradeaus. Das Ding stob zur Seite, krächzte empört und verschwand im Dickicht, das den kleinen Entwässerungsgraben zur Rechten verdeckte.

«Nur ein Fasan!», sagte sie zu Paul, doch der konnte ihre Worte wahrscheinlich gar nicht verstehen, weil er immer noch brüllte.

Sie schaute wieder zu den Dünen. Sie war weg. Die Gestalt. War es Astrid gewesen? Oder bildete sie sich diese Schreckensbilder nur ein? Seike hatte den schemenhaften Umriss aus den Augen verloren. War der Schatten bereits unten an der Straße? Sie hatte sich doch nicht getäuscht, da war etwas gewesen. Da hatte sich etwas auf einen Angriff vorbereitet. Und sie verschont.

Gott sei Dank, sie hörte das Rauschen des Klärwerks. Hier konnte sich niemand verstecken. Mannshohe Zäune trennten die Straße von der wilden Landschaft dahinter. Hier war sie in Sicherheit.

Endlich konnte sie langsamer fahren. Ihre Lungen schmerzten vom hektischen Luftholen. Der Schweiß auf ihrer Haut begann zu jucken. Und Paul hörte endlich, endlich auf zu schreien.

Es war noch nicht alles gut. Es würde viel Zeit brauchen, um irgendwann einmal wieder richtig gut zu sein. Seitdem Kai Minnert vor fünfundzwanzig Stunden an ihre Haustür geklopft hatte, war alles, was bislang gut gewesen war, aus den Fugen geraten. Hätte sie doch nie die Tür geöffnet. Dann wäre nichts herausgekommen und sie hätte keinen Grund gehabt, wie eine Wahnsinnige in der Nacht auf ihrem Fahrrad vor bedrohlichen Schatten zu fliehen.

Dann hätte sie den Zeitpunkt bestimmen können, wann Astrid die Wahrheit erfuhr. Denn eigentlich gab es keinen ungünstigeren Moment als jetzt.

Sonntag, 21. März, 8.12 Uhr

Sie wachte davon auf, dass ihre Backe ganz nass war von der Spucke, die ihr beim Schlafen aus dem Mundwinkel ins Kissen getropft war.

Und sie erschreckte sich beinahe zu Tode!

Wie um alles in der Welt war sie in Sanders' Bett gelandet?

Langsam wandte sich Wenckes Bewusstsein der unteren Hälfte ihres Körpers zu und sie erkannte mit Schrecken, dass sie nackt war. Die schwarze, seidenglatte Bettdecke lag kühl über ihr und, verdammt, auch über Sanders. Sie beide auf *einer* Matratze, ihre Füße stießen am anderen Ende des Bettes vertraut gegeneinander und sie hörte seinen langsamen Atem direkt neben sich. Was war passiert? Und, viel gravierender, wie viel war passiert?

Hatten sie ...

Nein, eine unsichtbare Schranke versperrte ihr den Weg, den sie sich im Dunkel der Vergangenheit ertasten wollte. Bloß nicht darüber nachdenken!

Sie drehte sich zu ihm. Er schlief ja gar nicht mehr. Axel Sanders lag mit halb offenen Augen neben ihr und wich noch nicht einmal ihrem Blick aus. Der hat Nerven, dachte Wencke.

Schnell zog sie ihre Füße zurück und setzte sich auf, die Bettdecke schützend an sich gerissen, sodass Sanders keinen Zipfel mehr davon abbekam. Verstohlen lugte sie zu ihm hinüber. Er trug eine Unterhose, zum Glück. Eine hellblaue, unspektakuläre Unterhose aus gerippter Baumwolle. Wencke war sich eigentlich relativ sicher, dass sie dieses Kleidungsstück noch nie zuvor gesehen, geschweige denn über zwei Männerbeine gestreift hatte. Erleichtert fand sie ihre Stimme wieder.

«Wo ist denn Ihr Badezimmer?»

Er stützte seinen Kopf auf die Hand und musterte sie eingehend. Schämen sollte er sich. Sie waren immerhin Kollegen. «Zweite Tür links, Handtücher liegen im Schrank unter dem Waschbecken.»

Wencke wickelte die Bettdecke eng um ihren Körper, griff nach der kleinen, gestern so hastig gepackten Reisetasche, die wie selbstverständlich am Fußende stand, so als gehöre sie dorthin, wer hatte sie dort abgestellt? Wencke erhob sich verwirrt. Mit kleinen Schritten trippelte sie davon und war sich nur zu bewusst, dass er hinter ihr herstarrte.

Im Badezimmer lagen ihre Klamotten von gestern auf dem Boden. Kreuz und quer, direkt neben der Toilette. Von den Schuhen fehlte jede Spur. Das war schon ziemlich schlimm. Doch noch härter traf es sie, dass Sanders' Bundfaltenhose und das Hemd vom Vortag feinsäuberlich auf einem Kleiderbügel hingen. Er musste also noch bei klarem Verstand gewesen sein, als sie wann und wie auch immer gestern Nacht hier angekommen waren.

Und sie war allem Anschein nach nicht mehr ganz zurechnungsfähig gewesen.

Leckerer Hagebuttenbrand, von wegen! Teufelszeug!

Sie stellte sich vorsichtig unter die Dusche und fand Sanders' Körpergel. Es war edel, hellblau, genau wie seine Unterhose, und es roch kühl und männlich. Die Körperhärchen stellten sich auf, so eisig zog der Schaum über ihre Haut. «Refreshing Sportshower» stand auf der Tube. Wencke stellte sich kurz vor, wie der auf den ersten flüchtigen Blick recht athletisch aussehende Körper ihres Kollegen von diesem Zeug hier eingeseift und von eiskaltem Wasser abgeduscht wurde. Es gab sicher abstoßendere Gedanken als diesen.

War es wirklich so schlimm, dass sie es getan hatten? *Wenn* sie es getan hatten.

Immerhin war ihr gestern im Laufe des Tages und im nüchternen Zustand schon mehrmals aufgefallen, dass Axel Sanders vielleicht doch nicht so ein Spießer und Widerling war, wie sie es bislang immer von ihm gedacht hatte. Und eines war sicher: Sanders war kein Weichei, so wie ihr letzter Freund Ansgar, der noch nicht einmal sauer gewesen war, als sie ihn letztes Jahr wenige Stunden vor dem Abflug in den gemeinsamen Urlaub hatte hängen lassen. Und bei Sanders musste sie auch auf keine bösen Überraschungen gefasst sein, so wie bei Fokke, ihrer Kurzzeitaffäre beim vorletzten Juistaufenthalt, der inzwischen lebenslänglich im Gefängnis Fuhlsbüttel abzusitzen hatte. Sanders war eigentlich ein feiner Kerl.

Zuverlässig und vernünftig, ordentlich und verantwortungsbewusst, ein idealer Partner und sicherlich auch irgendwann einmal ein prima Vater ...

Halt! Stopp! Ach, daher wehte der Wind ... Wencke schämte sich in Grund und Boden, obwohl diese heimlichen Gedanken ja niemand mitbekommen hatte. Ging es ihr doch tatsächlich wieder um diese Familienplanungskiste?

Jetzt aber mal halblang, dachte sie und stellte die Dusche auf eiskalt. Du bist jetzt doch nicht total durchgeknallt und lachst dir aus lauter Hormonverwirrtheit einen Typen an, den du vor nicht mal einem Jahr am liebsten auf den Mond geschickt hättest! So nicht!

Axel Sanders der Vater deiner Kinder? So viel kaltes Wasser gab es gar nicht, als dass sie die Peinlichkeit dieses Gedankens hätte abspülen können.

Er war doch eigentlich ein Kotzbrocken. War er doch immer gewesen. Wencke ermahnte sich selbst: Schon die schwarze Satinwäsche in seinem Bett! Und dieses fürchterliche Duschzeug! Und der ganze andere Duftkram, der auf der Ablage über dem Waschbecken stand: *Conditioner für reifes Männerhaar – bringt Volumen und deckt die ersten grauen Strähnchen diskret ab.* Brrr!

Wencke stellte die Dusche ab und griff nach dem Handtuch. Es war verräterisch flauschig. Axel Sanders schien Weichspüler zu benutzen. Noch ein Minuspunkt. Es gab auf der ganzen Welt wohl niemanden, der schlechter zu ihr passen würde als dieser Mann.

Sie kramte in ihrer Tasche. Wie wunderbar, sie hatte ihre Jeans nicht vergessen und dazu den knallroten Pullover mit der Pistole auf der Brust mitgenommen, ihr Lieblingsstück. Es war ein scherzhaftes Geschenk ihrer Auricher Kollegen zum dreißigsten Geburtstag gewesen. Alles andere als seriös in ihrem Job, zudem war die Farbe schon ein wenig herausgewaschen, weil sie diesen Pulli meistens gleich wieder aus dem Wäschehaufen fischte, wenn er gerade aus dem Trockner kam. Schnell stieg sie in die Klamotten, in denen sie sich endlich wieder richtig wohl fühlte, wie Wencke Tydmers. Hätte sie gestern nicht dieses dämliche Kostüm angehabt, dann wäre das alles wahrscheinlich nicht passiert. Nur deswegen war Sanders so auf sie abgefahren, schon bei der Ankunft hatte er sie ganz komisch angestarrt.

Die Finger mussten als Bürste reichen. Ein Blick in den Spiegel verriet ihr, dass sie aussah wie immer, und das war auch gut so. Wo waren bloß die Schuhe?

Es klopfte.

«Ich habe Frühstück gemacht. Haben Sie schon Appetit?»

Gott sei Dank, er blieb beim *Sie*. Er hätte auch sagen können: «Hallo, mein Schatz, unser Frühstück steht neben dem Bett, kommst du noch mal unter die Decke gekrochen?» Hätte er das gesagt, wäre sie wahrscheinlich niemals wieder aus diesem Badezimmer herausgekommen.

Doch nun traute sie sich und drehte entschlossen den Schlüssel herum. Er saß mit dem Rücken zu ihr in der kleinen Küche auf einem Klappstuhl und rührte in seinem Kaffee.

«Ähm. Tja, Sanders, haben Sie eine Ahnung, wo meine Schuhe geblieben sind?»

Sonntag, 21. März, 8.20 Uhr

Warum nur musste es wieder so höllisch wehtun? Warum bildete die Seele keine Hornhaut? Noch schlimmer war die Wut. Sie machte ihren Körper zu einem Vulkan, der beim nächsten Atemzug zu explodieren drohte.

«Mama, was ist eigentlich los mit dir?», fragte Michel und biss in seinen fingerdick mit Nutella beschmierten Mohnstuten.

Astrid sagte nichts. Sie versuchte nur, nicht zu heulen. Dieser Versuch kostete sie alle Kraft und da waren keine Reserven mehr übrig, um ihrem Sohn zu erklären, dass ihr ganzes Leben ruiniert war.

«Schlaf erst mal 'ne Nacht drüber», hatte Henner gestern gesagt. Doch diese Zeit allein im Bett, wo es noch nach Gerrit roch, hatte es noch schlimmer gemacht. Nur noch das Frühstück hinter sich bringen, dem Kind zuliebe, und dann würde sie es nicht länger aushalten.

Sie wollte zu Seike. Sie wollte nichts verdrängen, nichts beschönigen, sondern zu der Frau gehen, die sie bislang für ihre beste Freundin gehalten hatte, und dann wollte sie Seike diese ganzen Fragen an den Kopf knallen, die ihr in der letzten Nacht den Schlaf geraubt hatten und auf die sie allein nie eine Antwort finden würde.

Warum hatten sie das getan?

«Ich will keinen Tee mehr», sagte Michel und schob die Tasse mit seinen kleinen Händen zur Mitte des Küchentisches. «Kann ich zu Kevin? Wir wollen Fußball spielen! Bitte!» Er setzte seine großen Augen ein und sein schüchternes Grinsen. Normalerweise wusste Michel, dass er auf Granit biss, wenn er am Sonntag im Dreck spielen wollte. Umso erstaunter schien er zu sein, als seine Mutter zustimmend nickte. «Super, Mami!»

«Nimm einen Schlüssel mit, Michel. Ich werde wahrscheinlich nicht zu Hause sein, wenn du zurückkommst.»

Michel blieb sitzen, als wäre die Erde in diesem Moment stehen geblieben. Es gab Dinge, die in seinem Leben so gut wie nie vorkamen, das wusste Astrid. Sie war eigentlich immer daheim. Immer erreichbar. Ihr wurde mit Schrecken bewusst, dass die Änderungen, die sich nach dem gestrigen Abend zwangsläufig ergeben würden, sein kurzes, heiles Leben aus den Angeln heben würden. Astrids Kehle war trocken vor Verzweiflung, doch sie schaffte es zu lächeln. Sollte er seine heile Welt so lange wie möglich behalten. In diesem Moment wusste sie selbst ja noch nicht einmal, wohin es von nun an ging.

«Ich bin bei Seike Hikken, die Telefonnummer steht an der Pinnwand. Sag Papa, er soll sich heute ums Mittagessen kümmern. Ich habe keine Ahnung, wann ich wieder nach Hause komme.» Sie lächelte immer noch, um ihn nicht zu beunruhigen.

Michel hüpfte unbekümmert zur Garderobe, steckte seine kleinen Füße in die ausgetretenen Sportschuhe, ohne die Schnürsenkel zu öffnen, warf sich die Jacke hastig über und verschwand mit einem «Tschüs, bis heute Abend!» aus der Tür.

Heute Abend, dachte Astrid. Was wird heute Abend sein?

Sonntag, 21. März, 9.12 Uhr

Es gibt Nächte, die können ein Leben verändern.

Und Axel Sanders hatte das Gefühl, die letzte sei genau so eine Nacht gewesen.

Er hatte schon viele Abenteuer zwischen Laken und Bettdecke erlebt, viele kleine, zärtliche Ringkämpfe ausgefochten, doch nichts hatte ihn je dermaßen aus dem Konzept gebracht wie der nackte Körper, der sich bis vor einer guten Stunde so weich an den seinen geschmiegt hatte.

Jetzt liefen sie nebeneinander den neu gepflasterten Teil der Dellertstraße entlang, als wären sie sich noch nie begegnet. Sie siezten sich noch sturer als in all den Jahren zuvor.

Sanders war kurz davor zu verzweifeln. Natürlich war es peinlich, natürlich. Doch es gab keinen wirklichen Grund, sich zu schämen. Dazu war es viel zu schön gewesen.

Das Einzige, was ihn daran hinderte, den Arm um die immer noch leicht verwirrte Frau zu seiner Linken zu legen, war der Gedanke an Seike Hikken und das Kind, das er ihr allem Anschein nach gemacht hatte. Und ausgerechnet zu ihr waren sie soeben unterwegs.

Nachdem sie in Minnerts Laden mehr als eine halbe Stunde vergeblich nach dem besagten Akkordeon gesucht hatten, versprachen sie sich Aufklärung von Henner Wortreich und – ausgerechnet von Seike.

«Haben Sie gestern Abend noch mit ihr gesprochen?», wollte Wencke mit rau belegter Stimme wissen. Sie wandte sich kurz zu ihm und die schon wieder eifrig strahlende Märzsonne ließ die Pupillen ihrer hellgrünen Augen zu klitzekleinen Punkten werden.

Er konnte nicht den Blick von ihr wenden und wäre beinahe über eine lose Grassode am Bordsteinrand gestolpert. «Ich bin nicht dazu gekommen, wenn ich ehrlich sein soll. Nachdem wir das handschriftliche Protokoll mit diesem Gerold Dontjeer fertig und diese hundsgemeinen Schnäpse getrunken hatten, konnte ich Seike Hikken nicht mehr entdecken. Ihr Fahrrad stand zwar noch vor der Tür, doch sie und ihr Kind waren nicht mehr im Gastraum. Und dann ...», er zögerte. «Dann hatte ich auch alle Hände voll zu tun, um Sie heil in die Kutsche zu bekommen.»

«Hm, ach so, ja», sagte sie hastig, schaute augenblicklich weg und starrte stattdessen auf ihre Füße, die in einem Paar Turnschuhe steckten, die er heute Morgen von der Frau des Zöllners ausgeliehen hatte, damit seine Kollegin nicht barfuß ermitteln musste. Da die Größe nicht ganz stimmte, musste Wencke ihre erstaunlich großen Füße auf eine Nummer kleiner beschränken. Dementsprechend mühselig ging sie nun auch die kleine Steintreppe hinauf, die zu einem schlichten, roten Backsteinhaus führte, welches halb in die bewachsene Düne dahinter gebaut worden war.

Sanders blieb stehen. «Wir können die Insulaner nicht ewig hier auf Juist festhalten, spätestens heute Abend müssen sie auf dem Schiff sitzen, sonst könnte es einen kleinen Aufstand geben.»

Wencke ging weiter die Stufen hinauf. «Ja und?», entgegnete sie patzig. «Ist mir auch klar, Herr Kollege.»

«Wir sollten effektiver arbeiten, auch wenn wir nur zu zweit sind, dann haben wir eine Chance, den Fall so schnell wie möglich abzuschließen. Was halten Sie davon, wenn wir uns aufteilen, ich allein zu Seike Hikken gehe und Sie ihren Nachbarn Henner Wortreich zu unseren neuesten Erkenntnissen befragen?»

«Einverstanden», antwortete sie knapp und er hatte gleich das Gefühl, dass sie froh war, ihn für einen kurzen Moment los zu sein.

«Wenn es etwas wirklich Wichtiges gibt, dann können wir uns ja gegenseitig ...»

«In Ordnung!», unterbrach sie. Klar, sie konnte das Wort «gegenseitig» nicht ertragen. Sanders seufzte.

«Wir treffen uns dann später im Büro!» Wencke Tydmers war schnell hinter der ersten Eingangstür verschwunden und er musste tief durchatmen, bevor er bei Seike Hikken klingelte.

Er wusste, er würde heute vielleicht einen schweren Fehler begehen. Zum ersten Mal in seiner Karriere kam er in Versuchung, die Regeln zu brechen. Dummerweise sah wirklich alles danach aus, dass Seike in den Fall verwickelt war. Er selbst hatte gestern mit diesem Gerold Dontjeer das Protokoll zu Ende verfasst, und darin war die Aussage enthalten, dass Kai Minnert am Freitagabend bei Seike Hikken gewesen war und dass irgendetwas in diesem Moment geschehen war, das Minnert aus der Bahn geworden hatte. Ein Geheimnis? Nun, so vertraut waren Seike und er auch nicht, als dass er behaupten könnte, alles über sie zu wissen. Natürlich, sie hatte nicht viel Geld, sie konnte sich mit ihrem Sohn keinen großen Luxus leisten, lebte auf ziemlich engem Raum, fuhr nie in den Urlaub, trug nicht gerade Designerkleider. Doch bislang war sie ihm immer glücklich und zufrieden erschienen. Vielleicht gab es also tatsächlich etwas, das sie vor ihm zu verbergen gesucht hatte und das bei Minnerts abendlichem Besuch ans Licht gekommen war. Wenn Seike Hikken ihm gleich irgendetwas gestehen würde, mit dem sie sich selbst belastete, dann würde er eventuell all seine Prinzipien über Bord werfen und diese Fakten drehen und wenden, vielleicht sogar komplett unterschlagen. Und dies war der eigentliche Grund, weswegen er Wencke Tydmers den Vorschlag mit den getrennten Ermittlungen unterbreitet hatte.

Er klingelte erneut. Warum öffnete sie nicht? Normalerweise lag der Schlüssel ziemlich einfallslos unter dem linken Blumenkübel, doch heute war dieses Versteck leer. Ihr Fahrrad stand neben der Tür und durch die Milchglasscheibe konnte er erkennen, dass der Kinderbuggy im Flur stand und in der Küche Licht brannte. Sie musste da sein.

Wenn diese Frau tatsächlich ein Kind von ihm erwartete, musste er alles tun, damit sie nicht in diesen Fall verwickelt wurde. Zumindest nicht offiziell. Alles sah danach aus, dass sie etwas wusste und bislang nicht die Gelegenheit genutzt hatte, es ihm beziehungsweise der Polizei zu erzählen.

Natürlich hatte er Skrupel. Ihm war beinahe schwindelig, so sehr raste sein Puls, wenn er daran dachte, dass er sie tatsächlich decken würde. Doch es ging um sein Kind. Es durfte keine Mutter haben, die mit Mord und Totschlag zu tun, die einen schwarzen Fleck auf dem polizeilichen Führungszeugnis hatte. Seike an sich war ihm dabei nicht so wichtig. Sie war zwar eine schöne Frau und er liebte das Frühstück auf ihrem Tisch, doch seine Gefühle waren bereits vergeben. Lange schon an dieselbe Frau. Doch dies war ihm erst heute Nacht bewusst geworden.

Er drückte ein drittes Mal auf den Klingelknopf.

Sonntag, 21. März, 9.23 Uhr

Seit einer halben Stunde schon saß Astrid Kreuzfeldt in der Küche und heulte lauter als Paul, der heute einen Pavianhintern von den sauren Gurken von gestern hatte. Und zu allem Überfluss klingelte es unaufhörlich an der Tür.

«Mach nicht auf, mach nicht auf!», Astrid fasste sie am Arm. «Wir beide haben diese Sache zu klären, wir beide ganz allein.»

Der Auftritt hätte bravourös wirken können: Betrogene Ehefrau scheut nicht die Konfrontation und stellt Geliebte zur Rede. Doch ihr lief dabei der Rotz aus der Nase und ihre Augen waren so dick und rot, dass sie das eigentlich so hübsche Gesicht entstellten. Das Elend war nicht zu ertragen.

Und dabei kannte Astrid noch nicht einmal die ganze Wahrheit, dachte Seike, sie war noch tausend Tränen davon entfernt.

Es war schon fast so weit, dass Seike die Frau am liebsten in den Arm genommen hätte, um sie zu trösten. Um sie zu schonen vor den Dingen, die die ganze Situation noch schlimmer machen würden. Paradoxerweise fühlte sie sich mit Astrid noch nie so freundschaftlich verbunden wie in diesem Moment. Es lag wohl daran, dass die andere nun am Boden war und keine Gefahr mehr darstellte, keine Konkurrenz. Sie war nur noch bemitleidenswert.

Nun klopfte es. Paul tapste in den Flur und hörte auf zu weinen. «Attel, Attel!», rief er erfreut.

Seike blieb in der Küche. Ihr Sohn liebte aus irgendwelchen ihr unerklärlichen Gründen Axel Sanders heiß und innig. Wohl war ihr nicht bei dem Gedanken, dass dieser Mann vor der Tür stand. Sie konnte nur hoffen, dass er lediglich wegen des obligatorischen Sonntagmorgenfrühstücks hier angetanzt war. «Es ist die Polizei. Mir bleibt wohl nichts anderes übrig, als die Tür zu öffnen.»

Er klopfte und klingelte nun gleichzeitig, außerdem schien er Paul gesehen zu haben, denn er winkte und zappelte vor der Milchglasscheibe, wie es Männer machen, die noch nie zuvor mit einem Kind zu tun hatten.

«Ich will versuchen, ihn abzuwimmeln, Astrid. Bleib in der Küche und halte dich etwas zurück, hast du gehört?» Astrid nickte und presste sich ein zerknülltes Küchentuch vor den Mund.

Seike öffnete die Tür und Axel Sanders stellte sich in den Flur, so verlegen und steif, dass sie gleich wusste, er war nicht wegen einer Tasse Tee vorbeigekommen.

«Entschuldige, ich habe Besuch. Ist vielleicht gerade ein wenig unpassend», zischelte sie ihm zu, doch sicher noch laut genug, damit Astrid es mit gespitzten Ohren hören konnte. Sollte sie ruhig glauben, dass es noch etwas Intimes zwischen Sanders und ihr gab. Sie hatte ihr damals erzählt, dass sie Sanders in der Silvesternacht in ihr Bett geschleppt hatte. Astrid hatte damals gekichert vor Vergnügen. Aber sie hatte ja nicht gewusst, dass dieser One-Night-Stand eine der traurigsten Geschichten war, die Seike zu erzählen wusste. Schließlich hatte sie sich in dieser Nacht nur trotzig trösten wollen, weil Gerrit sich mal wieder entschieden hatte, mit Frau und Kind zu feiern.

«Ich bin dienstlich hier und muss dich dringend unter vier Augen sprechen.»

«Hm, aber mein Besuch hat auch ein wichtiges Anliegen, geht es wirklich nicht später, eine halbe Stunde vielleicht?» So ein Mist. Seike ahnte, dass Axel sie wegen der Sache vorgestern Abend ansprechen wollte, sicher hatte irgendjemand etwas davon mitbekommen und ihm gestern an der Domäne Bill ein paar verräterische Sätze zugeflüstert. Doch sie konnte Astrid jetzt unmöglich vor die Tür setzen.

«Gehen wir nach oben», schlug Seike schließlich vor und führte Axel zur schmalen steilen Treppe, die in einem kleinen Bogen zu ihrem und Pauls Schlafzimmer führte. Hier konnten sie ungestört reden.

«Du kennst ja den Weg», sagte sie noch. «Komme gleich hinterher.»

Als sie sich umdrehte, sah sie Astrid bereits im Türrahmen stehen. «Es tut mir schrecklich Leid, Astrid, ich kann es doch auch nicht ändern!» Astrid schwieg nur, sie hatte aufgehört zu weinen. Paul tapste zur Treppe. «Mama, Mama, Attel, Attel!»

Es fehlte nicht viel und Seike würde kapitulieren. Sie spürte, dass sie sich haarscharf auf den Punkt zubewegte, wo nichts mehr ging. Der fordernde Paul und der Vorwurf in

Astrids Augen und Axel Sanders' dienstlicher Besuch und dann noch diese Übelkeit – es war nicht auszuhalten.

«Mama, haba Hunga! Mama!»

Was sollte sie tun? Eigentlich gab es keine wirkliche Lösung, sie steckte drin im Schlamassel ihres Lebens. Sie holte tief Luft, nahm Paul an die Hand und führte ihn zu Astrid. Ihr gelang ein Blick direkt in das verheulte Gesicht.

«Kannst du dich einen Moment um Paul kümmern? Mach ihm doch bitte einen Obstquark. Die Sachen sind im Kühlschrank!» Astrid zeigte keine Reaktion und Paul quakte noch immer. Er wollte Astrids Hand nicht ergreifen. «Himmel, vielleicht lenkt es dich ein wenig ab, Astrid. Ich weiß, es ist anmaßend, ich weiß, du würdest mich am liebsten killen. Das kannst du auch tun. Gleich, okay? Nur einen Moment!»

Langsam beugte Astrid sich zu Paul herunter. Seike beobachtete, wie sie über seinen Haarschopf strich.

Dann eilte sie ins Schlafzimmer hinauf. Axel Sanders stand mit verschränkten Armen am Fenster und starrte auf die Dünen, als gäbe es dort wichtige Dinge zu beobachten. Er war distanziert, man konnte auf den ersten Blick erkennen, dass er nicht gern in diesem kleinen Zimmer stand, neben dem Bett, in dem sie vor elf Wochen das neue Jahr begrüßt hatten. Er blickte sich nicht um, als sie die Tür hinter sich schloss. «Hast du mir etwas zu sagen?»

«Ich habe dir immer schrecklich viel zu sagen, Axel Sanders, was meinst du genau?» Sie versuchte es auf die Art, mit der sie immer die Männer zum Lachen brachte, mit der sie stets Verlegenheiten ausräumen und sich selbst ins beste Licht rücken konnte. Doch er reagierte nicht. «Gut, ich weiß, was du meinst. Es würde mich sehr interessieren, wer dir davon erzählt.»

«Dieser Bonnhofen», sagte er kurz.

«Bonnhofen? Der Immobilienmakler von Norderney?»

Wie um Himmels willen war der dahinter gekommen, dachte sie. War er vielleicht der Mann gewesen, der vorgestern in Kais Wohnung gewartet hatte? Als Kai rübergekommen war, um nach Henner zu fragen, und ein einziger Blick in ihre Wohnung gereicht hatte, alles zu verstehen? Aber warum hatte dieser geldgeile Gauner dieses Wissen dann nicht schon gestern Vormittag gegen sie verwandt und ihr stattdessen fünftausend Euro geboten, um die Zustimmung für das *Inselhuus* zu bekommen? Nein, das passte nicht, und Seike musste sich zusammenreißen, damit Axel ihr die Verwirrung darüber nicht ansah.

«Ja. Es ist schon ziemlich traurig, dass er über diese Sache eher Bescheid wusste als ich.»

Täuschte sie sich oder sah Axel Sanders wirklich ein wenig gekränkt aus? Offensichtlich war zumindest, dass er nicht alles aussprach, was ihm auf der Zunge lag. Manchmal war er wirklich ein verkorkster Typ.

«Himmel, er hat es durch Zufall erfahren. War eben zur passenden Zeit am passenden Ort. Sonst wusste doch auch kein Mensch davon und du weißt, wie schwer auf Juist etwas zu verbergen ist.»

Er konnte doch nicht ernsthaft sauer sein. Hatte er etwa geglaubt, sie beide seien ein Paar? Nie im Leben, dazu hatte sie ihm nie den Anlass gegeben und er hatte auch nicht danach ausgesehen, als wolle er den Rest seiner Zeit mit ihr verbringen. «Du sagtest doch, du wärest dienstlich hier!»

Nun drehte er sich zu ihr, schaute ihr in die Augen und schüttelte den Kopf. Weiß der Himmel, dachte Seike, weiß der Himmel, warum er so beleidigt aussieht. Endlich riss er sich zusammen. «Am Freitagabend war Kai Minnert bei dir. Er wollte wissen, wo sein Lebensgefährte steckt. Danach, so sagt ein Zeuge, danach ist er ziemlich aufgeregt gewesen und wahrscheinlich in seinen Laden geeilt, wo er dann ja, wie du weißt, in seinem eigenen Schaufenster erstickt ist. Was hast du ihm gesagt?»

Seike war erleichtert, dass er nur diese Kleinigkeit wissen wollte. «Ich habe ihm mitgeteilt, dass Henner Wortreich vor ungefähr einer halben Stunde aus dem Haus gegangen war, dass er ein ziemlich unförmiges Ding in einen Handkarren gepackt hat und dann Richtung Wilhelmstraße verschwunden war.»

«Sonst nichts?»

Was wollte er eigentlich? Er konnte sich doch denken, was für ein Theater es gegeben hat, nachdem Kai Minnert gesehen hatte, dass Gerrit halb nackt aus ihrem Badezimmer geschlichen kam. Dieser Bonnhofen schien ihm doch bereits alles erzählt zu haben. Sie sagte nichts.

«Könnte dieses unförmige Ding ein Akkordeon gewesen sein?», fragte er schließlich.

«Ja, es hätte wohl ein Akkordeon sein können. Eingehüllt in eine Decke. Genaues habe ich aber nicht gesehen. Warum fragst du?»

«Es ist mein Job, Seike.»

Er ging aus dem Zimmer, ganz plötzlich eigentlich, und sie hörte seine Schritte auf der Treppe. So schnell kam sie gar nicht hinter ihm her. Als sie noch ganz oben auf den Stufen stand, war er schon an der Tür. Die Klinke in der Hand, zögerte er noch einmal kurz und schaute zu ihr hinauf, wanderte mit den Augen über ihren Körper und seufzte. Was ging in ihm nur vor? «Willst du mir wirklich nicht noch etwas sagen?», fragte er schließlich.

«Nein, aber ich habe den Eindruck, du bist noch nicht alles losgeworden!»

«Ich finde sie ziemlich traurig, diese Sache. Du hättest es mir sagen sollen, ich denke, es geht doch uns beide an, oder nicht? Aber trotzdem will ich dir noch sagen, dass du dich auf mich verlassen kannst. Verstehst du? Ich werde dich jetzt nicht im Stich lassen.»

Und dann verschwand er ziemlich schnell. Seike blieb stehen. Sie konnte sich überhaupt keinen Reim auf seine melodramatischen Worte machen. Oder hatte sie etwas gründlich missverstanden?

Und dann fiel es ihr ein. Na klar! Axel Sanders hatte nicht die Sache mit Gerrit gemeint. Bonnhofen hatte ihm von dem Schwangerschaftstest erzählt, so musste es gewesen sein. Und nun dachte der arme Axel, er sei der Vater. Dabei konnte er es gar nicht gewesen sein. Axel war doch viel zu korrekt, um ungewollt Kinder in die Welt zu setzen. Sie hatte Silvester schmunzeln müssen über sein kleines, diskretes Lederetui, in dem fünf Kondome auf ihren Einsatz warteten, so ganz langweilige, transparente Gummis. Außerdem war sie gerade erst in der neunten Woche, Sanders kam also als Vater absolut nicht in Frage. Sie selbst hatte noch nicht einen einzigen Gedanken daran verschwendet, dass er es sein könnte.

Sie sollte ihn zurückrufen und ihn von dem Missverständnis erlösen. Obwohl ...

Sie ging langsam die Treppe hinab. In der Küche war es still und merkwürdig friedlich. Als sie die angelehnte Tür aufstieß, sah sie Astrid mit Paul auf dem Arm am Küchentisch sitzen. Sie öffnete ihren Mund, wenn sie ihn mit Quark fütterte. So sah sie aus wie eine Vogelmutter. Paul aß brav, schaute Astrid dabei so an, als ob er staunte, dass auch andere Frauen außer Mama ihn zufrieden stellen konnten.

Seike lehnte sich gegen den Türrahmen und wünschte sich, heute sei ein ganz normaler Tag und Astrid sei nur zu einem Plausch vorbeigekommen. Hätte sie vielleicht doch ihre Freundin sein können? Wenn Gerrit nicht gewesen wäre? Wenn er nicht vor drei Jahren an einem Winterwochenende mit der Feuerwehr bei ihr angerückt wäre, damals, als sie den Wasserrohrbruch hatte? Wenn sie sich dann nicht bei einer Tasse Tee festgequatscht hätten? Nach kaum einer Stunde hatte er ihr gestanden, dass er sein Leben nicht besonders mochte mit dieser Frau, die immer alles so gründlich saubermachte, alles organisierte und plante und keinen Platz für Fehler ließ. Dass er nur seinen Sohn wirklich liebe. Und dann war er nach einer Woche unter dem Vorwand wiedergekommen, er wollte nachschauen, ob das defekte Wasserrohr nun wieder vollkommen in Ordnung sei.

Hätten Astrid und sie eine Chance gehabt, Freundinnen zu werden?

Astrid stand auf und spülte die Quarkschüssel unter fließendem Wasser ab. «Du beobachtest mich, Seike. Ich möchte zu gern wissen, was in deinem Kopf vorgeht. Jetzt, wo es raus ist. Hast du Mitleid mit mir oder bist du froh?»

«Ich habe keine Ahnung!», sagte sie. Dann ließ Seike sich ein bisschen Zeit, vielleicht fand sie ja doch eine Antwort. Schließlich begnügte sie sich mit einem klaren, schlichten Satz: «Ich weiß nur, dass ich deinen Mann liebe, genau so wie er mich!»

Pfeilschnell fuhr Astrid herum, ein unangenehmes Lächeln im Gesicht. «Du bist dir ja so sicher, nicht wahr? Für dich ist jetzt alles in Ordnung, denkst du!»

«Nein, da liegst du falsch, mir tut es doch auch weh und ich ...»

«Und wenn ich dir nun sage, dass ich erst gestern Abend mit meinem Mann geschlafen habe? Dass er mich fast angefleht hat, zu ihm ins Bett zu steigen?»

«Das stimmt nicht!»

Paul schien zu spüren, dass die trügerische Harmonie sich auf einmal in Nichts auflöste. Er verzog sein Gesicht, seine Mundwinkel kippten nach unten und er begann wieder zu brüllen. Was hatte Astrid da gerade gesagt?

«Gut, er war vielleicht betrunken, aber es hat ihn nicht daran gehindert, es mit mir zu tun!»

«Lüg mich nicht an!» Doch Seike wusste, dass Astrid sie nicht belügen würde. Selbst wenn sie allen Grund dazu hatte, mit Vergnügen auf ihren Gefühlen herumzutrampeln, sie würde sich nicht eine solche Lüge einfallen lassen. Dazu war sie einfach nicht abgebrüht genug.

Paul kletterte schreiend vom Stuhl herunter und klammerte sich an ihr Hosenbein. Meine Güte, Kind, sei endlich einmal still.

«Wer bist du schon, Seike Hikken?», stichelte Astrid weiter. Es war ihr nicht entgangen, dass sie mit ihren letzten Sätzen einen Treffer gelandet hatte. «Bildest du dir ein, er würde für immer bei dir bleiben?» Sie schickte ein gehässiges Lachen hinterher. Seike hätte nie gedacht, dass Astrid sich derart verwandeln könnte.

Doch sie wollte sich nicht verletzen lassen, von niemandem. Auch wenn sie dieser Frau den Mann und den Glauben an eine heile Welt genommen hatte, sie brauchte sich nicht alles von ihr gefallen zu lassen. Hatte sie in den letzten Jahren nicht selbst genug mitgemacht? Hatte sie nicht immer zurückgesteckt, auf so vieles verzichtet, ständig im Schatten gelebt? Warum sollte sie nun die Schuldige sein, verdammt noch mal, warum?

«Er wird bei mir bleiben, Astrid! Ich schwöre dir, dass ich ihn bekommen werde!»

Astrid kam auf sie zu und hatte noch immer diesen Gesichtsausdruck mit dem überlegenen Grinsen aufgesetzt. «Ich will ihn nicht mehr haben, ich schenke ihn dir! Er widert mich an. Ich bin froh, wenn ich ihn endlich los bin. Glaube also nicht, dass es Gerrit sein wird, der die Trennung verlangt!» Fast gelang es Astrid, stolz und unverwundbar zu erscheinen. «Ich werde ihn im hohen Bogen rausschmeißen! Und weißt du was? Er wird es gar nicht wollen, Seike! Gerrit wird mich anflehen, bleiben zu dürfen, genau so, wie er gestern gebettelt hat, dass ich in sein Bett steige.» Sie kniff ihre Augen zusammen, als würde sie geblendet werden, durch die schmalen Schlitze starrte sie Seike gehässig an. «Er hätte doch schon viel eher zu dir gehen können, oder nicht? Stattdessen machte er sich jahrelang diesen Stress. Weil ich ihm noch viel zu viel wert bin. Er hängt an mir! Er kann gar nicht ohne mich! Weil wir eine Familie sind, weil ich die Mutter seines Kindes bin, weil er bei mir zu Hause ist!» Nun stand sie direkt vor ihr, die Hände in die schmalen Hüften gestemmt wie ein mageres Waschweib. Aber ein Zucken am Hals verriet, dass es nur Theater war und dass auch ihre Nerven blank lagen. «Weil er dich und dein chaotisches Kind gar nicht für immer ertragen würde.»

Das hätte sie nicht sagen sollen. Diese perfide, selbstgerechte Kuh! «Mein chaotisches Kind?», schrie Seike. Der zappelnde Paul wollte nicht auf ihren Arm. Er schien sich zu fürchten vor der schäumenden Wut seiner Mutter. Was wusste er schon von der ganzen Geschichte, der arme Kerl? Sie hievte ihn trotzdem hoch, sein Gewicht war nun auf ihrem Hüftknochen. Sie fasste unter sein Kinn, schob das Gesicht absichtsvoll langsam in Astrids Richtung. Paul hatte es nicht verdient, was konnte er schon dafür? Es war genug. Wenn Astrid anfing, dieses Kind zu beleidigen, dann war sie keiner Schonung mehr wert. Dann würde Seike den letzten Pfeil auf sie schießen.

«Mein chaotisches Kind? Sieh ihn dir doch mal ganz genau an. Hast du etwa noch nie bemerkt, wie ähnlich Paul und Michel sich sind?»

Sonntag, 21. März, 9.49 Uhr

Henner Wortreich sah zweifellos gut aus. Dichte blonde Haare, denen man nicht ansah, dass er bereits vierzig war, und helle, freundliche Augen. Er bewegte sich geschmeidig, aber nicht affektiert, seine Kleidung war geschmackvoll, aber nicht überkandidelt. Als er den Tee auf den Tisch gestellt hatte, Rotbuschtee mit Wildkirscharoma, da sah man ihm an, dass es ihm schlecht ging. Oft schaute er nur für einen flüchtigen Moment zur Tür, so als warte er auf jemanden, und ein langer Atemzug verriet, dass ihm bewusst wurde, dass er vergeblich warten würde.

Er habe sich für eine Woche krank gemeldet, hatte er gleich gesagt, als er Wencke die Tür geöffnet hatte. Nachdem er gestern, als vorerst letzte Amtshandlung sozusagen, die Fährverbindungen hatte stoppen lassen, da hatte er bei seinem Vorgesetzten in Norden angerufen und um einige freie Tage gebeten. Es habe keine Schwierigkeiten gegeben, sein Chef sei sehr verständnisvoll gewesen. Henner erzählte fast atemlos, dass er hoffe, der Mord würde bis dahin geklärt sein. Die Ungewissheit sei unerträglich. Er würde beinahe wahnsinnig darüber werden. Aber wer wüsste schon genau, ob es ein Mord gewesen sei, es hätte ja eigentlich mehr nach einem Bösen-Jungen-Streich ausgesehen.

Ruhelos wirbelte er um Wencke herum, er brachte ihre Jeansjacke zur Garderobe, zog die Vorhänge auf und öffnete die Fenster oder legte kleine Gebäckstücke auf ein Porzellantellerchen. Immer, wenn er sich setzen wollte, fiel ihm erneut eine Kleinigkeit ein, die ihn daran hinderte. Seine Nervosität war erschreckend. Wencke dachte an Sanders' Erzählung, wonach er gestern am Leichenfundort einen Zusammenbruch erlitten hatte. Sie war besorgt, dass Wortreich erneut haarscharf vor einem Kollaps stand.

«Es war eine gute Entscheidung von Ihnen, die Abfahrt der Fähre zu verhindern, Frau Kommissarin. Auch wenn sie jetzt alle schimpfen, die Reederei und die ganzen Insulaner, es war richtig! Wie sind Sie eigentlich auf die Idee gekommen, den Verdächtigen unter den Insulanern zu suchen?» Endlich hatte er sich neben sie an den Glastisch gesetzt.

«Ein Zeuge hat sich am Freitagabend mit Ihrem Lebensgefährten unterhalten und dabei den Eindruck gehabt, dass Minnert sich bedroht fühlte.»

Henner Wortreich sah verwundert aus. «Können Sie mir sagen, wer dieser Zeuge war? Er muss nämlich mehr mitbekommen haben als ich. Mir ist an Kai nichts Besonderes aufgefallen.»

«Sagt Ihnen der Name Tjark Bonnhofen etwas?»

«Bonnhofen, Bonnhofen ...», überlegte Wortreich. «Der schreckliche Bonnhofen von Norderney etwa? So ein rechtsradikaler Widerling?»

Wencke kramte in ihren Erinnerungen. Hatte der Zeuge am Vortag auf sie einen solchen Eindruck hinterlassen? «Kann schon sein, ich habe mit ihm nicht über Politik gesprochen. Nur über seine Pläne, ein Haus auf Juist zu kaufen, *Inselhuus*, kann es sein, dass es so hieß? Bonnhofen ist Immobilienmakler.»

Henner Wortreich lachte etwas bitter. «Kann ich mir nicht vorstellen, dass Kai sich mit ihm über irgendetwas unterhalten hat, besonders nicht über einen *Inselhuus*-Verkauf. Aber ich war ja vorgestern Abend nicht dabei, habe keine Lust auf diese Art von Partys.»

«Grundsätzlich nicht?», bohrte Wencke nach.

«Genau, grundsätzlich nicht. Kai haut manchmal zu sehr über die Stränge bei solchen Gelegenheiten, und dann streiten wir uns meistens ganz grässlich. Ich bin Freitag schön zu Hause geblieben, aber das habe ich Ihnen ja bereits gestern erzählt. War, wie gesagt, später noch ein bisschen auf der Promenade spazieren, dann bin ich um elf ins Bett. Schließlich hatten wir Samstag früh um kurz nach sieben Anreisedienst am Hafen.»

«Wann war der Spaziergang?»

«Ach, na ja, mag wohl so zwischen Viertel nach neun bis zehn Uhr gewesen sein. Zeugen habe ich keine, das wollen Sie sicher gleich wissen, oder? Außer ein paar betrunkenen Fremden, die anscheinend schon von der Party nach Hause wankten, habe ich niemanden getroffen.» Er hielt inne und nippte an seinem Tee. Wencke dachte kurz, dass der Spaziergang auffällig gut in die bisherige Geschichte passte.

«Es muss ziemlich viel zu trinken gegeben haben am Freitag. Vielleicht hat Kai ja doch mit diesem Bonnhofen gequatscht. Wenn er Alkohol im Blut hatte, machte er manchmal solche nicht nachvollziehbaren Sachen.»

«Wissen Sie von einem wertvollen Akkordeon?», fragte Wencke, während er ihr ungefragt noch eine Tasse Tee nachgoss.

«Ja, ich weiß davon», antwortete Wortreich so prompt, als hätte er auf diese Frage nur gewartet. Wencke war irritiert, diese Offenheit war nicht echt. Sie passte nicht zu seiner Nervosität und Fahrigkeit. Es schien so, als habe Wortreich sich bereits die Worte im Voraus zurecht gelegt.

«Das *Hagebutten-Mädchen*, ja, so heißt das Instrument. Meines Wissens nach ein Reparaturauftrag vom Langeooger

Akkordeonverein, ein schönes Stück. Und wertvoll dazu. Kai hat in einer Tour davon geschwärmt.»

«Haben Sie es einmal gesehen?»

«Nein, ich habe es nie gesehen.»

Wencke brauchte ihn noch nicht einmal anzusehen, um zu wissen, dass er soeben in voller Absicht die Unwahrheit erzählt hatte. Zu schnell war die Antwort gekommen. Die ganze Zeit schon beobachtete sie ihn dabei, wie er sich bei jedem einzelnen Handgriff unendlich konzentrieren musste, wie er mit zitternden Fingern den Kandiszucker in die Tasse legte und einen Keks so ungeschickt vom Teller nahm, dass er am Rand zerkrümelte. Aber ihr eine Antwort entgegenschmeißen, kaum dass sie die Frage zu Ende formuliert hatte. Nein, das passte nicht zusammen.

Sollte sie ihn entlarven, sich aufspielen als eine Frau, der man nichts vormachen konnte? Oder war es vielleicht besser, ihn im Glauben zu lassen, dass sie ihn nicht durchschaute? Wie würde sie weiter kommen bei diesem Mann?

«Ich interessiere mich nicht wirklich dafür: Meistens habe ich nur so getan, als hörte ich Kais Ausführungen zu. Sie kennen das ja sicher, wenn man dem Partner zuliebe ein bisschen Interesse heuchelt», erklärte Wortreich weiter.

«Wissen Sie, wo das Instrument jetzt ist?»

«Nein, ich habe keine Ahnung. In Kais Laden vielleicht?»

Wencke schüttelte den Kopf und dachte: Du weißt doch ganz genau, dass es dort nicht ist, mach mir nichts vor. Doch sie sagte etwas anderes, denn sie hatte sich entschieden, dass er sie ruhig unterschätzen sollte. «Wir haben bereits alles abgesucht. Ist es vielleicht hier im Haus?»

In diesem Moment hörten sie ein Krachen. Es kam eindeutig von nebenan, schien hinter der Wand zu sein, vor der sie gerade auf dem Sofa hockten. Ein gewaltiges Krachen. Und ein Schrei. Wencke stand augenblicklich auf.

Glas zersplitterte, ein Kind heulte, unverständliches, hysterisches Kreischen einer Frauenstimme drang durch die Mauer. Kein Zweifel, nebenan tobte ein Kampf. Und nebenan war die Wohnung von Seike Hikken, in der sie eigentlich ihren Kollegen Sanders vermutet hatte. Doch der hätte eingegriffen. Stattdessen rummste es wieder, etwas fiel um, ein Stuhl oder Tisch, auf jeden Fall heulte das Kind noch lauter. Himmel, was ging dort vor?

«Haben Sie zufällig einen Schlüssel von der Nachbarwohnung?», fragte Wencke eilig.

Doch Henner Wortreich schien schon wieder ganz woanders zu sein. Er saß auf dem Sessel, starrte vor sich hin und klopfte hibbelig mit den Fingern auf seinen Oberschenkel.

«Den Schlüssel!»

«Ich hab keinen, wirklich! Fragen Sie doch mal Ihren Kollegen, vielleicht hat der einen. Das würde mich nicht wundern!»

«Mein Kollege?»

«Ja, er geht bei Seike Hikken ein und aus. Wussten Sie das nicht? Die beiden haben etwas miteinander, was auch immer genau es ist, geht mich ja auch nichts an ...»

Wencke ging hastig zur Tür. Sie wollte gar nicht hören, was dieser Mann über Sanders und diese Frau erzählte. Denn wenn es stimmte und sie auch nur eine Sekunde darüber nachdachte, dann würden ihre Arme und Beine schwer und unbeweglich, und sie hätte zugeben müssen, dass dieser Satz sie traf. Und sie durfte nicht langsam sein, in diesem Moment musste sie handeln. Das Schreien der Frau wurde lauter und greller. Wenn sie nicht sofort eingriff, dann würde dort drüben womöglich ein Unglück geschehen.

Sie rannte nach draußen und blickte sich hastig um. Von Sanders war weit und breit nichts zu sehen. Sie klingelte an der Glastür Sturm. «Machen Sie sofort auf, hier ist die Polizei! Hören Sie? Ich bin da, um Ihnen zu helfen, öffnen Sie mir die Tür!»

Nichts geschah, nichts, außer dass immer noch Klirren und Krachen aus dem hinteren Teil des Hauses bis auf die Straße drangen. Und das Kindergeschrei. Sie musste etwas tun, um Himmels willen, sie musste etwas tun! Es durfte nichts passieren! Wurde etwa das arme Kind verprügelt?

Wencke holte tief Luft. Nein! Wenn sie genau hinhörte, dann war zu erkennen, dass es zwei Frauenstimmen waren. Zwei kreischende Frauenstimmen. Und das Geheule des Kindes. Kurz blickte sie sich um, kein Stein, kein Holzstamm, gar nichts lag hier herum. Sie atmete wieder aus, und im selben Moment wich sie zurück, nahm einen kurzen Anlauf und trat mit voller Wucht gegen die Milchglasscheibe. Nichts passierte. Es klappte nie beim ersten Mal. Wencke war eigentlich zu leicht für derartige Aktionen. «Sanders, verflucht noch mal, wo stecken Sie?», schimpfte sie, bevor sie ein zweites Mal zu einem gewaltigen Tritt ausholte. Das Glas vibrierte ein wenig vom Aufprall, ein armlanger Sprung durchzog die Tür. «Verdammt, Sanders, wenn man dich mal wirklich braucht!»

Und dann setzte sie wieder an, es musste auch ohne ihn gehen, sie rannte aus zwei Meter Entfernung los und trat nochmals so heftig, wie sie konnte, gegen die Tür. Alles zersplitterte, Wencke hatte kurz das Gefühl, in brüchiges Eis einzubrechen, dann verlor sie das Gleichgewicht und fiel mit der Schulter zuerst auf den Boden. Tausend Scherben klirrten, einige landeten spitz und kantig auf Wenckes Gesicht, sodass sie schnell die Augen schließen musste.

Als sie sich wieder zu blinzeln traute, stand Wortreich über ihr und blickte ungläubig auf sie herab. «Alles klar?», fragte er.

«Mein Gott, sehen Sie zu, dass Sie in die Wohnung kommen, bevor sich die beiden Frauen noch gegenseitig umbringen!»

Er zögerte, schabte mit den Füßen über die Scherben, und schließlich war Wencke doch schneller als er, nachdem sie sich hochgequält hatte. Ihre Schulter pochte widerlich, doch sie beschloss, den Schmerz zu ignorieren.

Wencke öffnete durch das Loch von innen die Tür, rannte in den Flur und zögerte nicht einen Moment, denn sie wusste, dass, wenn sie nicht sofort handelte, hier etwas Schlimmes geschehen würde. Das Geschrei kam aus dem hintersten Zimmer. Die Frauen schienen ja noch nicht einmal das Zerbersten der Scheibe gehört zu haben, und wenn sie es doch wahrgenommen hatten, so hatten sie sich nicht davon abhalten lassen, sich weiter gegenseitig auf das Härteste zu bekriegen. Wencke riss die Zimmertür in einem Ruck auf. Gott sei Dank, das Kind saß unbeschadet in einem Sessel. Es hatte sich, wie zum Selbstschutz, eine Sofadecke übergeworfen und kauerte heulend darunter. Die Frauen waren wie von Sinnen. Wencke erkannte beide, wenn auch nicht auf den ersten Blick, denn die wirren Haare und wutverzerrten Gesichter machten wilde Furien aus ihnen. Doch die kleinere, die an die Wand gepresst stand und ihrer Gegnerin ins Gesicht spuckte, war eindeutig Astrid Kreuzfeldt. Ihre Wangen waren rot und zerkratzt. Die andere hatte beide Hände um ihren Hals gelegt und sie drückte mit voller Kraft zu. Es war die blonde Frau, die gestern an Wenckes Kutsche vorbeigeradelt war. «Schön, du bist auch hier!», hatte Sanders ihr zugerufen. Seike Hikken. Ihre rechte Gesichtshälfte hatte etwas abbekommen: Ihre Lippe war hässlich geschwollen. Mein Gott, es sah aus, als wolle sie Astrid Kreuzfeldt die Luft abdrücken.

«Hören Sie sofort auf!», schrie Wencke und stürzte auf die Frauen zu. Astrid Kreuzfeldt nutzte den kurzen Moment, in dem Seike Hikken zur Seite blickte, und krallte sich mit den Fingern in das lange blonde Haar ihrer Gegnerin. Diese jaulte auf und biss in den Unterarm der anderen. Als Wencke versuchte, sich zwischen die beiden zu schieben, bekam sie eine Faust in die Nierengegend und einen Tritt gegen das Schienbein verpasst, sodass es beinahe schien, als hätten sich die beiden Kämpfenden nun spontan gegen sie zusammengeschlossen. Sie wollten sich wehtun, sie wollten sich in den Haaren liegen, die Haut zerreißen, die Augen auskratzen. Und Wencke störte sie dabei. Was war der Grund für diesen Hass, überlegte Wencke schnell, während sie sich vor einer fliegenden Faust duckte. Dies war mehr als eine hysterische Keilerei, dies war ein Krieg. Und sie selbst war mit wehenden Fahnen einmarschiert, um Frieden zu stiften.

Wo war Henner Wortreich? Hatte er sich aus dem Staub gemacht? War sie etwa ganz allein mit diesen beiden Verrückten?

«Ich bin Polizistin!», hörte Wencke sich selbst schreien. Mit Schrecken erkannte sie, dass ihre Stimme inzwischen fast genauso hysterisch klang wie die der zwei Frauen. «Wenn Sie mich verletzen, so kann das strafrechtliche Maßnahmen nach sich ziehen.» Meine Güte, sonst schmiss Wencke nie mit solchen floskelhaften Drohungen um sich. Doch eine der beiden trat ihr unentwegt auf die Füße, und die taten wegen der viel zu kleinen Turnschuhe ohnehin schon weh genug. Außerdem lief ihr etwas am Nacken herunter und sie vermutete, dass es sich dabei um Spucke handelte. Von wem der beiden auch immer, sie musste sich diesen fremden Sabber nicht gefallen lassen.

Endlich gelang ihr ein gekonnter Griff. Die Polizeischule war also doch nicht für die Katz gewesen! Sie bog einen nach ihr greifenden Arm nach hinten. Erst als Astrid Kreuzfeldt aufjaulte, wusste sie, wem diese Gliedmaße zuzuordnen war. Den grabschenden Griff der anderen wehrte sie mit einem gekonnten Handkantenschlag ab. Na also, Wencke hatte die Übersicht wieder gewonnen. Zumindest, was die verschiedenen malträtierten Körperteile in diesem Raum betraf.

Überhaupt keinen Durchblick hatte Wencke, welche Beweggründe die beiden erwachsenen Frauen dazu gebracht hatten, wie zwei wilde Raubkatzen übereinander herzufallen.

Alle atmeten durch, als hätten sie gerade einen Viertausendmeterlauf hinter sich gebracht. Wencke schaute von der einen zur anderen. Friedlich sahen sie immer noch nicht aus. «Jetzt aber mal Pause hier, sonst hole ich meine Handschellen und kette euch aneinander», drohte Wencke vorsichtshalber.

«Mama», sagte der kleine Junge und tapste zu Seike Hikken. Astrid Kreuzfeldt schluchzte erneut, doch sie blieb stehen, wo sie war, und rührte sich keinen einzigen Zentimeter. Endlich traute Wencke sich, den verdrehten Arm loszulassen.

«Ach, wissen Sie, eigentlich sind wir ja Freundinnen», sagte Seike Hikken und nahm das Kind auf den Arm, um ihm mit dem Pulloverärmel die Tränen und den Rotz vom Gesicht zu wischen. «Aber leider sind unsere Söhne Halbbrüder, und das hat Frau Kreuzfeldt soeben erfahren. Ich kann ja verstehen, dass sie so ausgerastet ist.» Ein giftiggütiges Lächeln begleitete diese Worte. Seike Hikken, was bist du nur für eine Schlange, dachte Wencke.

«Seit drei Jahren habe ich eine Beziehung mit ihrem Mann. Wir sind wirklich glücklich miteinander. Nur diese Heimlichkeiten, diese falsche Rücksicht auf Astrids Gefühle, die waren für mich immer eine Qual. Haben Sie mal ein uneheliches Kind ohne Vater auf einer kleinen Insel wie Juist!

Da wird Ihnen von Jungfernzeugung bis Leihmutterschaft alles nachgesagt. Aber Gott sei Dank ist dieses Spiel ja jetzt endlich vorbei. Sie glauben gar nicht, wie erleichtert ich darüber bin!»

Vorsichtshalber fasste Wencke Astrid Kreuzfeldt wieder fest am Arm. Sie könnte verstehen, wenn dieser Frau erneut die Nerven durchgingen. Aber sie blieb ruhig. Die zierliche Frau stand regungslos wie eine Statue an der Wand. Sie atmete ein und aus, als hinge sie an einer Beatmungsmaschine. Ein und aus. Ein und aus. «Ich habe bis gestern nichts davon gewusst!», sagte sie nur.

«Hast nichts wissen wollen!», konterte Seike Hikken. «Bist immer nur mit dir und deiner scheinbar heilen Friede-Freude-Eierkuchen-Welt beschäftigt. Aber jetzt ist alles anders. Ich habe das Ganze lange genug mitgemacht, war immer diejenige, die ganz hinten stand, wenn das Glück verteilt wurde. Jetzt bin ich mal an der Reihe!» Seike legte die Hände auf ihren schlanken Bauch und grinste boshaft. «Und früher oder später wird sich sowieso nicht mehr kaschieren lassen, dass unsere beiden Söhne noch ein Geschwisterchen kriegen. Im Herbst sind wir zu dritt. Und dann werde ich mit Gerrit zusammenleben, dann sind wir eine glückliche Familie. Dann sind wir zu viert!» Doch plötzlich heulte Seike Hikken aus heiterem Himmel los und krümmte sich wie ein Häufchen Elend zusammen. Hilflos schaute der Kleine an seiner Mutter hoch.

Wencke dachte nur an Sanders und dass er endlich kommen sollte. Wo steckte er überhaupt? Was für ein Verhältnis hatte er zu dieser Frau, die sich jahrelang als Geliebte eines verheirateten Mannes durchgeschlagen hatte? Und vor allem: Warum hatte er ihr nichts davon erzählt? Spätestens, als der Name Seike Hikken fiel, hätte er die Katze aus dem Sack lassen müssen. Idiot!

Hier knistert die Luft, Axel Sanders, dachte Wencke. Ich könnte dich jetzt wirklich mal an meiner Seite gebrauchen. Und ausgerechnet jetzt bist du nicht da!

Sonntag, 21. März, 11.22 Uhr

Sanders hatte beschlossen, einen Durchsuchungsbefehl zu beantragen. Eigenmächtig. Sonntags dauerte es immer ewig, bis man einen zuständigen Richter an der Strippe hatte, der sein O.K. zum Durchwühlen fremder Wohnungen gab. Und so telefonierte er seit einer halben Stunde einen Verantwortlichen nach dem anderen ab. Sein Ohr war schon ganz warm, doch endlich hatte er Hoffnung: Eine Auricher Richterin hatte ihren Rückruf innerhalb der nächsten halben Stunde zugesagt.

Nachdem er die Puzzleteile des Vormittags zusammengetragen und ausgewertet hatte, war ihm klar, dass sie das Akkordeon finden mussten, um zu wissen, was an diesem Abend wirklich passiert war.

Wencke – er nannte sie nun in Gedanken so, was sollte er weiter Frau Tydmers zu ihr sagen, wenn er mehr an sie dachte als an irgendetwas anderes? – Wencke hatte ihm vorhin beinahe den Kopf abgerissen. Stinkwütend war sie gewesen, hatte sich eine Packung Tiefkühlspinat aus seinem Gefrierfach gefischt und sie sich an die blauviolette Stelle am Kinn gehalten.

Ob sie in eine Schlägerei verwickelt gewesen wäre, hatte er scherzhaft gefragt. Und da hatte sie nicht mehr an sich halten können und ihm so einiges an den Kopf geschmissen: Er sei ein Idiot, ein Besserwisser, auf den man nicht zählen könne, wenn es drauf ankam, eine echte Pappnase, ein Kollegenschwein, ein ... Wencke kannte eine Menge kraftvoller Ausdrücke, die einen Menschen beschrieben, der wirklich ein Kotzbrocken sein musste. Und sie meinte ihn damit.

«Ich muss mal einen Moment allein sein. Bin am Strand, wenn Sie mich brauchen! Hab mein Handy dabei.» Peng. Die Tür war zu! Und er hatte ihr noch nachgesehen, bis sie mit zickigen stampfenden Schritten in Richtung Inselkirche und Strandaufgang aus seinem Blick verschwunden war.

Viel hatte er nicht aus ihr herausbekommen. Nur, dass sie gerade mit Henner Wortreich gesprochen hatte und dieser angeblich noch nie einen Blick auf das Instrument geworfen hatte. Im selben Moment muss in der Wohnung nebenan ein Donnerwetter losgegangen sein. Seike Hikken und Astrid Kreuzfeldt seien aufeinander losgegangen wie die Kampfhennen, und eine von ihnen hatte Wencke diesen Bluterguss am Unterkiefer verpasst, als sie den Streit zu schlichten versuchte. Mehr hatte sie nicht erzählt, sie hatte sogar energisch den Kopf geschüttelt, als er weiterbohrte. Sanders konnte nur hoffen, dass sie nichts von ihm und Seike und dem Kind ...

Jetzt aber mal halblang! Was war nur los mit ihm? Er war ein sachlicher Mensch, ein akribischer Ermittler, und sie steckten mitten in einem Mordfall!

Und dann kramte er sein Millimeterpapier hervor. Das hatte er schon lang nicht mehr getan, ja, er hatte beinahe vergessen, wie er zu seiner Zeit bei der Mordkommission ein, seiner Meinung nach, effektives Verdächtigtendiagramm entwickelt hatte.

Für jede Person, die als Täter in Frage kam, einen Bogen Papier. Dann eine waagerechte Linie, die mit «Motiv» betitelt war, links eine nach oben und unten offene Skala, die die Stärke der einzelnen Motive darstellte. Sanders erwischte sich dabei, wie er voller Konzentration seine Zunge zwischen die Schneidezähne legte.

Zuerst, und das war eine fast abergläubische Angewohnheit von ihm, setzte er den großen Unbekannten ein. Die Person, wegen der die Schiffsverbindungen gekappt wurden, weil Minnert sich laut Bonnhofens Aussage unter Druck gesetzt gefühlt hatte. Es musste ein wichtiger Mensch sein, denn Minnert war zu Lebzeiten kein Typ gewesen, der sich von einem Hanswurst wie beispielsweise diesem schrulligen Gerold Dontjeer hat ins Bockshorn jagen lassen. Zurzeit liefen auf Juist viel zu viele dieser Sorte herum, Bürgermeister und Vereinsvorsitzende, einflussreiche Persönlichkeiten, die auf den sieben ostfriesischen Inseln überall ihre Hände im Spiel hatten und somit fast gar nicht zu fassen waren. Sanders konnte nur hoffen, dass er diese dürftige Spur nicht weiterverfolgen musste.

Sollte er Gerald Dontjeer noch als ernsthaft verdächtig in die Liste aufnehmen? Nachdem er eben das Protokoll von gestern abgetippt hatte, hatte er bei der Pensionswirtin des *Haus Ferienliebe* angerufen und Dontjeers Alibi überprüft. Und es hatte sich als richtig herausgestellt. Die Vermieterin war so gegen halb elf von der Feier nach Hause gekommen, und da musste Dontjeer bereits wieder auf dem Zimmer gewesen sein, da die Haustür verschlossen war und der Zimmerschlüssel von außen in Dontjeers Tür steckte. Nein, dieser Zeitgenosse war zwar seltsam und verschroben, aber er war nicht mehr verdächtig in diesem Fall.

Astrid Kreuzfeldt hätte er am liebsten auch nicht in die Reihe der Verdächtigen gestellt. Er kannte diese Frau vom Sehen, sie war, nun ja, adrett und verheiratet und eine Mutter. Das Mordmotiv, klassisch gekränkte Eitelkeit und Eifersucht, lag fünfzehn Jahre zurück und schien Sanders an den Haaren herbeigezogen zu sein. Lediglich die Tatsache, dass sie sich heute so heftig mit Seike Hikken gestritten hatte, war ein wenig suspekt und passte nicht in das Bild der fürsorglichen Familienmutter. Wencke hatte etwas angedeutet, meine Güte, bei ihr wusste man auch nie so genau, ob Zusammenhänge in einem Fall ihrer Phantasie oder glaubwürdigen Tatsachen entsprachen. Sie hatte gesagt, dass alte Wunden aufgerissen seien und dass sogar hundert Jahre nicht lang genug wären, wenn man wirklich mal verletzt worden ist und dann wieder an derselben Stelle getroffen wird. Aber ehrlich, was sollte er mit diesem emotionalen Kauderwelsch anfangen? Und überhaupt: Wie hätte die Sache ablaufen sollen am Freitagabend? Astrid Kreuzfeldt war gertenschlank und nicht größer als eins fünfundsechzig, wie hätte sie einen Koloss wie Minnert ins Schaufenster verfrachten können? Mit weiblicher Überredungskunst? Nein, das war ausgeschlossen.

Henner Wortreich schien ihm da schon wesentlich fragwürdiger: Zwar brach er glaubhaft heulend am Tatort zusammen und schien nach Wenckes Auffassung immer noch ganz benommen zu sein. Doch andererseits transportierte er am betreffenden Abend einen klobigen, eckigen Gegenstand aus dem Haus. Er weiß zudem von diesem mysteriösen Instrument, will es aber angeblich nie zu Gesicht bekommen haben. Und er hat seiner eigenen Schwester den Freund ausgespannt, was zwar genau wie bei Astrid Kreuzfeldt eine lange Zeit zurücklag, aber in diesem Fall Rückschlüsse auf einen miesen Charakter zuließ. Ja, Henner Wortreich war nicht ganz koscher. Sanders unterstrich den Namen doppelt und hoffte, dass er für Wortreichs Wohnung einen Durchsuchungsbefehl erlangen konnte. Da war was mit diesem Akkordeon. Irgendwas mit ganz viel Geld. Sanders wunderte sich selbst über diese rein emotionale, durch nichts sachlich zu belegende Vermutung. Es war doch sonst nicht seine Art, sich von Intuitionen beeinflussen zu lassen. Und alle Zeugen hatten bisher übereinstimmend von einem

Geldwert berichtet, der ein eher lausiges Mordmotiv wäre. Es sei denn, ja ...

Es sei denn, das Akkordeon barg noch ein Geheimnis, von dem sie alle keine Ahnung hatten.

Sonntag, 21. März, 12.15 Uhr

Seike Hikken lässt sich entschuldigen. Ihr geht es nicht so gut heute. Sie hatte wohl einen unglücklichen Sturz und muss nun ihre Wunden lecken!», sagte der Kassenwart, setzte sich Bonnhofen gegenüber an den Tisch und bestellte einen starken Kaffee. «Was anderes kann ich heute nicht herunterbekommen. Gestern Abend in der *Spelunke* war die Hölle los.»

Sehr gut, Seike Hikken konnte nicht und der Finanzminister des Heimatvereins war verkatert. Keine Frau also und kein ernst zu nehmender Verhandlungspartner. Alles passte.

Der Hoteldirektor des *Friesenhofes* hatte freundlicherweise den hellen, behaglichen Kaminraum für sie freigehalten. Bonnhofen saß bereits seit zwei Stunden in einem der bequemen, mintfarbenen Sessel und versuchte, sich ganz auf die bevorstehenden Verhandlungen zu konzentrieren.

Alles, worauf es ankam, war, dass er sich nicht noch einmal verplapperte. Bonnhofen packte die vorbereiteten Papiere aus und legte sie auf den Tisch.

«Alle Achtung, Sie sind ja gut vorbereitet!», lobte der Bürgermeister, der in diesem Moment groß und selbstbewusst in den Raum trat und einen Blick auf die Verträge warf. «Brauchen Sie noch einen Job auf Juist? Leute wie Sie könnte ich im Rathaus gut gebrauchen!» Dann lachte er bollerig und der Schatzmeister am Tisch stimmte mit ein. Bestens!

Nicht verplappern, Bonnhofen, mahnte er sich selbst. Sie mögen dich, sie trauen dir einiges zu und sie sehen in dir den richtigen Mann, der den Karren aus dem Dreck ziehen kann. Ein falsches Wort, und diese Trümpfe gehen wieder aus der Hand.

Mit Minnert hatte es auch so gut begonnen. Mit Lachen und Händedruck und lobenden Worten. Und dann hatte er unachtsamerweise den Namen «Claus-Bodo Johannsen» genannt.

Vielleicht hätte er das Gespräch schon am Freitagabend unter Dach und Fach bringen können, wenn ihm diese Sache nicht herausgerutscht wäre. Von einer Sekunde auf die andere hatte sich das Blatt gewendet. Wüste Beschimpfungen hatte er einstecken müssen: Nazischwein und Faschistenhure, genau das waren Minnerts Worte gewesen. Und dabei hatte dieser Mann auf den ersten Blick ganz vernünftig gewirkt, wie einer von ihnen, wie einer, dem das Land und die Werte seiner Heimat heilig waren. Bonnhofen hatte doch keine Ahnung gehabt, dass dieser Minnert ausgerechnet ein warmer Bruder war. Hatte man ihm doch nicht angesehen. Weder durch einen tuntigen Gang noch durch besonders schicke Klamotten hatte sich Minnert verraten. Er hatte keine nasale Stimme und kein glatt rasiertes Kinn, und das hatten sie doch eigentlich alle, diese Schwulen. Die erzählten doch keine Witze in der Öffentlichkeit, zumindest nicht so schweinische wie der von Freitag mit den drei Insulanern, die in den Himmel kommen. Außerdem trinken sie kein Bier und keine Schnäpse, sondern Likör, da war Bonnhofen sich bislang immer sicher gewesen. Wirklich, Kai Minnert hatte nach Frau und Kind und Stammtischfreundschaft ausgesehen. Natürlich waren Homos nicht besonders gut zu sprechen auf Claus-Bodo Johannsen und dessen Gleichgesinnte. Deshalb war Minnert ausgerastet und hatte ihn postwendend fortgeschickt. Am Freitagabend. Und er hatte ihm noch was hinterhergeschrien. «Nur über meine Leiche!» Welch Ironie des Schicksals.

Bonnhofen holte tief Luft. Nun wusste ja niemand mehr auf der Insel, wie seine wahren Pläne aussahen und von wem das Geld in Wirklichkeit zu erwarten war. Er sah in die Runde. Nun waren sie alle da und blickten ihn erwartungsvoll an.

«So, meine Herren, dann will ich Ihnen mal erzählen, wie ich mir unsere zukünftige Zusammenarbeit vorstelle!»

Sonntag, 21. März, 12.21 Uhr

Die Nummer stimmte. Hundertprozentig stimmte sie. Warum ging Wencke nicht an den Apparat?

Sanders saß schon auf dem Fahrradsattel, bereit zum Aufbruch, als er es erneut klingeln ließ, bis sich die Mailbox mit monotoner Stimme meldete und ihn nun schon zum fünften Mal aufforderte, eine Nachricht zu hinterlassen.

«Wencke, ähm, Frau Tydmers, rufen Sie bitte zurück. Wir haben einen Durchsuchungsbefehl für Wortreichs Wohnung. Ich bin jetzt auf dem Weg dorthin, bitte kommen Sie!» Er schwieg einen Moment in den Telefonhörer. «Zur Not kann ich dem Kollegen vom Zoll Bescheid sagen, dann kommt der eben mit. Wo stecken Sie, Menschenskind! Melden Sie sich!»

Dann drückte er die Verbindung weg und wählte im selben Augenblick die Nummer von Rüdiger Glaser. Zum Glück sprang der immer ein, wenn man einen Auftrag nicht allein übernehmen konnte. Hausdurchsuchungen gab es so gut wie nie auf der Insel. Sanders hatte im Oktober, ganz zu

Beginn seiner Juister Dienstzeit, einmal die Bude einer angeblich selbstmordgefährdeten Auszubildenden durchsuchen sollen, da das Mädchen nicht zur Arbeit im Hotel angetreten war. Er hatte das dünne Küken mit dem DJ der Inseldisco in flagranti erwischt. Von wegen Selbstmord. Inzwischen war sie kugelrund, erwartete Zwillinge, und der DJ legte die Platten derzeit im Allgäu auf. Hätte er damals ein wenig schneller gehandelt, so hätte er das Mädchen vor diesem frustrierenden Schicksal vielleicht bewahren können. Ja, bei Durchsuchungen kam es oft auf Minuten an.

«Glaser? Haben Sie Zeit? Ich brauche Sie dringend in der Dellertstraße, wir wollen uns Minnerts und Wortreichs Wohnung mal genauer ansehen.» Glaser sagte sofort zu, feiner Kerl. «Wenn Sie meine Kollegin von der Mordkommission sehen, sagen Sie ihr Bescheid. Ich kriege sie auf dem Handy nicht. Ja? Danke!»

Sanders entschied sich, die wenigen Minuten bis zu Glasers Ankunft zu nutzen und einen Blick über den Strand zu werfen. Vielleicht konnte er Wenckes Jeansjacke in der Ferne ausmachen? Er trat ordentlich in die Pedale, fuhr bei der Kunstgalerie die Dünen hinauf, an der Abbiegung zur Dellertstraße vorbei und blieb auf dem Weg, der – mit Blick auf die Inselschule und die Hinterseite des weißen Strandhotels – zu den Randdünen führte.

Es war so ziemlich genau Mittag, die Sonne zeichnete, einem Scheinwerfer gleich, die Landschaft in Hochglanzprospektfarben: Rauchig-beiger Sand und dunkelgraugrünes Meer mit hellblauen Schaumkronen darauf, davor milchiggrünes Dünengras und die restlichen warmroten Steine, die kantenlos in den Strandaufgang übergingen. Es machte Sanders Spaß, sich Namen für die Farbtöne auszudenken. Er kam nur leider nicht auf einen passenden Ausdruck, der den aufgespannten Himmel über all dem beschrieben hätte.

Sanders stellte das Rad an ein Geländer und ging die restlichen paar Schritte bis zum Ende der Dünenkette, dann schaute er leicht vornüber gebeugt nach Osten und Westen, kniff die Augen zusammen, als könne er seinen Blick auf diese Weise schärfen.

Wencke, wo bist du? Nicht am Strand, so viel ist klar. Hier, an diesem mittleren Punkt der Insel, konnte man bei klarem Wetter wie heute wirklich bis ans Ende der Insel gucken, aber bis auf ein paar Pärchen, eine Person mit Hund und eine Reiterin war zwischen Spülsaum und Strandhafer nichts auszumachen. Vielleicht hatte sie die Mailbox inzwischen abgehört und war von der anderen Seite zu Wortreich geeilt. Das war das eine Vielleicht.

Das andere schlich sich ganz flau in sein Bewusstsein: Vielleicht ... war sie gar nicht am Strand. Vielleicht war sie nicht einmal dort angekommen.

Wencke Tydmers war anfällig für Fallen, eine Art weiblicher Hans-guck-in-die-Luft. Mit den Gedanken sonst wo, mit dem Verstand noch weiter weg und mit dem Kopf in der Schlinge. Konnte es sein, dass ihr etwas zugestoßen war?

Es war mehr als eine Stunde her, seit sie so wütend von dannen gezogen war. Sanders musste sich zusammenreißen. Er war nicht ihr Beschützer. Sie würde sicher laut auflachen, wenn sie erfuhr, dass er sich Sorgen um sie gemacht hatte. Trotzdem fiel es ihm schwer, zum Fahrrad zurückzugehen und wieder das kurze Stück zurück ins Dorf und dann die paar Meter rechts zu Henner Wortreich zu fahren.

Sonntag, 21. März, 12.23 Uhr

Jetzt war endlich alles raus.

Seike Hikken wartete auf ein Gefühl der Erleichterung, vielleicht sogar auf ein triumphierendes Herzklopfen. Doch nichts dergleichen stellte sich ein. Nur die Blessuren, die sie sich am Auge zugezogen hatte, klopften und pulsierten schmerzhaft, obwohl Gerrit ihr eine kühlende Salbe aufgetragen hatte. Nun nahm das Glück seinen Lauf, und sie fühlte sich trotzdem niedergeschlagen. Es lag wahrscheinlich an Gerrits Reaktion.

Sie war so ganz anders ausgefallen, als sie es sich gewünscht hatte.

Sie standen nebeneinander am Fenster und schauten auf die Straße hinunter. Er hatte zwar den Arm um sie gelegt, aber noch immer kein Wort zu all dem gesagt.

Paul machte seinen Mittagsschlaf. Astrid war mit Hilfe der Kommissarin vor fast zwei Stunden aus ihrem Haus verschwunden, und Gerrit war vor einer Dreiviertelstunde hier aufgetaucht und hatte zuerst die zerschmetterte Haustür notdürftig mit einer grünen Plastikplane geflickt. Erst dann hatte sie ihm alles erzählt, beinahe in einem Satz war es aus ihr herausgesprudelt, dass sie Astrid alles erzählt hätte und dass diese aus allen Wolken gefallen sei, weil Michel nicht das einzige Kind von Gerrit war, und dass Sanders' Kollegin sie beherzt vor Astrids wütendem Angriff gerettet hatte, und dass Axel Sanders ihr merkwürdige Fragen gestellt hatte über ein Instrument. Ja, natürlich hatte sie auch erwähnt, dass Astrid behauptet hatte, er hätte gestern mit ihr geschlafen. Da hatte er noch gelacht und sich mit dem Finger an die Stirn getippt, und sie war zu erschöpft gewesen, um ihm zu misstrauen. Und zu guter Letzt, als ihr die Luft schon fast wegblieb, hatte sie ihm von dem neuen Baby erzählt.

Und seitdem schwieg er.

«Ich kann dich ja verstehen, Gerrit. Wahrscheinlich habe ich dich echt überrumpelt mit diesen ganzen Entwicklungen. Aber sieh es mal so: Jetzt stehen wir ganz unten im Tal. Es kann also nur noch bergauf gehen, und ich bin mir sicher, dass uns ganz oben ein wunderbares Leben erwartet.»

Er starrte noch immer aus dem Fenster. Was konnte man dort schon großartig sehen? Den Hof des Fahrradvermieters, den ordentlichen Vorgarten der Pensionswirtin gegenüber. Und die krumme Treppe, die in zwölf steilen Stufen die Dünen hinauf bis zu ihrer Haustür führte, auf der sie gerade Axel Sanders heraufkommen sahen, gefolgt vom Zöllner. Die beiden machten ernste Gesichter. Axel hatte ein weißes Papier in der Hand. Es sah sehr offiziell aus, wie sie da zwischen den fingerdicken, stacheligen Ästen der Hagebuttensträucher auf das Haus zuliefen. Hoffentlich wollten sie nicht zu ihr. Sie wartete doch auf Gerrits Antwort, wartete, dass hier und in diesem Moment das schöne, neue Leben anfing. Sie hoffte, dass sie nicht von einem Klingeln an der Tür gestört wurde. Außerdem gab es doch nichts mehr zu sagen. Sicher wollten sie in die Wohnung nebenan.

Als Axel Sanders aufblickte und zu ihrem Fenster schielte, hob Seike langsam die Hand zum Gruß. Es war ja schließlich nichts dabei, sollte er sie doch ruhig mit Gerrit sehen. Sie brauchten sich ja nun endlich nicht mehr zu verstecken. Doch grob riss Gerrit sie nach hinten.

«Himmel, er muss dich doch nicht sehen, oder?»

Seike wäre fast gestolpert, konnte sich aber an der Lehne des Ohrensessels fangen. Nun starrte sie ihn fassungslos an. «Was ist denn jetzt los?»

«Was machen die hier? Wollen die zu dir, oder was?»

Gerrits Ton war gehetzt. Er legte den Finger an die Lippen und wies sie mit einem scharfen Blick zum Schweigen an.

«Was hast du bloß?», wollte Seike fragen, doch er schob ihr die Hand über den Mund und schüttelte den Kopf. Seike fürchtete sich, Luft zu holen. Sie rührte sich nicht, sie atmete nicht. Bis sie die Klingel in der Nachbarwohnung hörten. Dreimal schnell hintereinander. Dann endlich glitt Gerrits Hand aus ihrem Gesicht und er nahm sie fest in den Arm, drückte sie gegen sich und sie hörte ein laut klopfendes Herz, welches nach und nach langsamer wurde, bis es wieder so vertraut nach Gerrit klang.

«Warum haben sie dich nach diesem Akkordeon gefragt?», fragte er schließlich.

Es war eine merkwürdige Frage. Er hatte soeben erfahren, dass seine Frau über Pauls Abstammung Bescheid wusste und dass sie ein zweites gemeinsames Kind erwarteten, und er fragte nach diesem komischen Ding. Moment mal! «Ich habe eben nur von einem Instrument gesprochen. Woher weißt du also, dass es sich um ein Akkordeon handelt?» Als sie ihn anschaute, wich er ihrem Blick aus. «Was weißt du von dieser Geschichte?»

Fast trotzig löste er sich aus der Umarmung und ging in die Küche. Er hatte allem Anschein nach nicht vor, ihr zu antworten. Was war los mit ihm? Gerrit war nie verschlossen, er war kein Rätsel für sie. Eigentlich hatten sie in den letzten Jahren ihre Geheimnisse voreinander ausgebreitet wie ein Laken. Jede Ecke und jeden Winkel hatten sie preisgegeben. Genau das war stets der schönste Liebesbeweis für sie gewesen, dass sie sich vertrauten und nichts voreinander zu verheimlichen hatten. Doch was versuchte er nun zu verbergen?

«Gerrit!»

«Es ist nichts!»

«Wenn nichts ist, warum willst du dann nicht mit mir über all die anderen Dinge sprechen, die mir im Moment durch den Kopf gehen. Warum fragst du als einziges nach diesem verfluchten Schifferklavier, von dem ich bis heute Vormittag noch nie eine Silbe gehört habe?»

Er antwortete immer noch nicht. Griff sich stattdessen einen Apfel und biss beinahe wütend hinein.

«Dieses Instrument, Henner Wortreich und jetzt die Polizei nebenan und deine Unruhe ...» Seike sagte all die Worte fast monoton vor sich hin, bis sie einen Sinn dahinter erfasste. «Hast du vielleicht etwas mit Minnerts Tod zu tun?» Er schwieg. «Ich werde wahnsinnig, Gerrit! Sag mir bitte, dass es nicht so ist, sag mir bitte, dass ich mich irre. Du hast doch deine Finger da nicht mit im Spiel oder?»

«Nein, hab ich nicht!», sagte er wütend und ging wieder aus der Küche, in die sie ihm gefolgt war. Nun dackelte sie wieder hinter ihm her. Er war doch sonst nicht so. Es konnte doch nicht sein, dass sie ihn so wenig kannte. Jetzt, wo er endlich ihr gehörte, jetzt zeigte er sich auf einmal gereizt und verschlossen. Wo blieb die Freude über das Kind in ihrem Bauch? Er ging ins Bad und pinkelte im Stehen, den Apfel in der freien Hand. Während der Strahl auf das Porzellan spritzte, murrte er unverständliches Zeug vor sich hin, bis er schließlich spülte, den Hosenschlitz schloss und sich die Hände mit ihrer Reinigungslotion wusch. Und dann stellte er sich vor ihr hin. Jetzt wollte er reden. Sie blieb vor ihm stehen und schaute besorgt zu ihm auf. Sie hatte Angst vor dem, was er sagen könnte.

«Hast du dir eigentlich noch nie Gedanken darüber gemacht, wie wir das alles finanzieren sollen?»

Fast meinte Seike, sie hätte sich verhört. «Was soll das denn jetzt?»

«Siehst du, du hast noch nicht einen Moment darüber nachgedacht, wie es nun weitergehen soll. Ich freue mich ja über das Kind. Und ich möchte gern mit dir und Paul und dem kleinen Unbekannten da zusammenleben, glaube mir!»

Der Ton, in dem er sprach, machte es Seike nicht gerade einfach, ihm zu glauben.

«Aber hier ist kein Platz, und vor allem ist hier auch kein Geld, von dem wir leben können. Wie stellst du dir das vor? Die *Villa Waterkant* gehört einzig und allein meiner Frau, sie hat das Haus vererbt bekommen und muss ihren Bruder Henner dafür ausbezahlen. Du magst von ihr und ihrer Art ja halten, was du willst: Sie hält mit ihrer Vermietung unsere ganze Familie über Wasser. Füttert uns drei durch und tilgt Monat für Monat die Erbschulden an Henner. Es bleibt kein Pfennig übrig von der ganzen Schufterei. Das bedeutet aber Folgendes: Wenn ich mich von ihr trenne, was ja nach deiner heutigen Stunde der Wahrheit akut ansteht, dann bleibt mir nichts. Gar nichts! Astrid müsste das Haus verkaufen, damit sie mir ein läppisches Trostpflaster für all die Ehejahre ausbezahlen könnte. Ich würde keinen Job mehr finden, weil ich schon seit Jahren nicht mehr richtig in meinem Beruf arbeite. Vielleicht könnte ich eine Saisonstelle als Kellner oder bei der Kurverwaltung bekommen, doch letztlich hätten wir alle zum Leben zu wenig und zum Sterben zu viel.»

«Ja, aber ...» *Aber was ist mit unserer Liebe und unseren Kindern? Ich kann mir doch auch einen Job suchen und dann schaffen wir es schon, wenn wir zusammenhalten ...* Dies wollte sie ihm alles sagen, doch er unterbrach sie bereits nach den ersten zwei Worten.

«Nichts *aber*! Bei mir gibt es kein Aber!» Endlich trat er noch den einen, letzten Schritt auf sie zu und legte seine Arme auf ihre Schultern. «Es ist doch so, dass ich mir schon ganz lange wünsche, endlich an deiner Seite aufzuwachen. Doch nicht um jeden Preis. Was nutzt es uns, zusammen arm zu sein? Wir müssten früher oder später die Insel verlassen, weil wir uns das Leben hier einfach nicht leisten könnten. Und das willst du doch auch nicht!»

«Es wäre mir egal!»

«Ja, aber wenn du eine Möglichkeit sehen würdest, an Geld zu kommen, sagen wir mal an eine Viertelmillion, und wenn es eine Möglichkeit wäre, die niemandem wirklich wehtäte, die aber alle diese phantastischen Pläne wahr werden lassen könnte, dann würdest du doch auch nicht zögern, sie zu ergreifen, oder? Genau das habe ich getan.»

Er küsste sie sanft auf die Nasenspitze.

«Willst du, dass ich dir für irgendetwas Absolution erteile?», fragte Seike misstrauisch.

«Und wenn ich es nur für uns getan hätte?»

Er sagte nicht, um was es wirklich ging. Er wand sich um die Wahrheit herum. Er leckte ihr den Nacken, statt zu reden, und fuhr mit seinen Händen von unten in ihr langes Haar. Seike schauderte, nicht nur wegen der knisternden Berührungen auf ihrem Körper. Ihr wurde kalt wegen der vielen unausgesprochenen Worte. Geheimnisse. Es sollte doch endlich keine mehr geben. Warum fing jetzt alles so verkehrt an?

Sie schob ihn von sich, stemmte die Hände gegen seinen Brustkorb und streckte die Arme durch.

«Gerrit Kreuzfeldt, was sagst du da? Zweihundertfünfzigtausend? Einfach so? Du sagst, sie hätte niemandem wehgetan, diese Sache, diese Möglichkeit, an diesen Haufen Geld zu kommen. Aber Mord tut weh, Gerrit! Sag mir doch endlich, was am Freitagabend geschehen ist, nachdem du Kai Minnert so überstürzt hinterhergerannt bist!»

Und da klingelte es an ihrer Haustür. Seike und Gerrit zuckten beide zusammen. Hatten sie so laut gesprochen, dass Axel ihr Gespräch mit angehört hatte und nun kam, sie auszufragen?

«Ich bleibe hier im Bad und du gehst hin!», befahl Gerrit und schob sie in den Flur. Seike wollte am liebsten die Zeit anhalten, einen kurzen Moment durchatmen, einen Augenblick gewinnen, um die Situation in den Griff zu kriegen. Doch dann öffnete sie beinahe automatisch die Tür. Sie stellte sich in den Türrahmen, um Axel auf diese Weise zu signalisieren, dass er keinen Zutritt in ihre Wohnung bekommen würde. Konnte sie seinem Gesicht entnehmen, dass er inzwischen alles wusste?

Doch Sanders räusperte sich nur, er wirkte fast verlegen. «Entschuldige, ich wollte nicht stören, aber ich habe einen Durchsuchungsbefehl für Wortreichs Wohnung, allerdings scheint er nicht da zu sein und ich möchte nicht die Tür aufbrechen. Hast du zufällig einen Schlüssel?»

«Ja, einen Moment», entgegnete sie, unendlich erleichtert, dass es nur diese Lappalie war, die ihn an der Haustür hatte klingeln lassen. Sie fingerte den Schlüssel vom Brett an der Flurwand und drückte ihn Axel in die Hand. «Tut mir Leid, ich habe gerade keine Zeit, der Kleine wird gleich wach.» Und dann schloss sie die Tür vor Axels Nase und ging zurück ins Bad. Gerrit saß auf dem Rand der Badewanne und rieb sich die Schläfen. Sie setzte sich neben ihn. «Es war nichts, er wollte nur den Schlüssel für Henners Wohnung!» Dann griff sie nach seiner Hand. «Und jetzt bist du bitte ganz ehrlich! Freitagabend ...»

«Mensch, Seike, ja! Ich bin losgerannt. Wollte was klären mit Kai! Und mit Henner. Dass ich die Sache nicht mitmachen würde. Diese Sache mit dem Akkordeon, diesem *Hagebutten-Mädchen*.»

«Was ...?»

«Erzähle ich dir später. Du wolltes doch zuerst wissen, wohin ich am Freitag gegangen bin, oder?»

Sie nickte.

«Henner und ich haben uns fast noch vor der Haustür getroffen, direkt nachdem ich von dir losgegangen war. Und ich habe ihm gleich gesagt, dass ich nicht mehr mitmachen werde bei dieser Sache. Henner hat mich aber doch noch in ein Gespräch verwickelt. Du weißt vielleicht gar nicht, wie er sein kann, aber wenn er sich etwas in den Kopf gesetzt hat, dann lässt er nicht so schnell locker. Erst hat er mich beschimpft, dann hat er den Leidenden markiert. Doch ich bin standhaft geblieben, Seike, wirklich. Habe ihm gesagt, dass ich auf das Geld verzichte, weil mir die Sache einfach zu heikel ist. Und dann hat Henner mich überredet, mit in den Laden zu kommen. Da war es bestimmt schon kurz vor elf. Er wollte die Sache endlich zur Sprache bringen. Wollte Kai auch mit dem Gedanken anfreunden, dass du und ich, na ja, dass wir zusammen sind und Kinder haben und so. Aber der Kai hat schon dort gelegen. Im Fenster. Hat geschlafen. Und, na ja, ob die Tür zum Schaufenster noch auf war? Frag mich nicht, so genau habe ich dann ja auch nicht hingeschaut. Henner und ich haben gelacht über Kai in seiner Koje, wirklich, wir haben gelacht, und dann sind wir wieder gegangen.»

Seike schwieg vorerst zu dieser Geschichte. Gerrit hatte nach ihrer Hand gegriffen, hatte seine Finger zwischen die ihren geschoben und es sah aus, als wären die beiden Hände zu einem stillen Gebet gefaltet. Doch in Wirklichkeit schwebte Seike in einem Zustand zwischen Glauben und Zweifel, zwischen Verdrängen und Nachhaken. «Aber du warst erst viel später bei mir. Erst gegen Mitternacht ...»

«Liebling, Henner und ich haben noch ein Bierchen miteinander getrunken. Bei ihm. Schließlich waren wir beide noch so aufgebracht. Wir haben noch lange diskutiert. Wirklich. Und ich habe dich so lieb, Seike. Alles habe ich nur für dich getan, und für den Kleinen ... ach, die Kleinen ... ich freue mich so, dass es euch gibt, glaub mir doch!»

Seike wollte ihm glauben, auch wenn diese Geschichte so verdammt unglaubwürdig klang. Denn sie wusste ganz genau, dass Gerrit an diesem Abend, kurz nachdem Kai an der Tür geklingelt hatte, seine Jacke übergezogen hatte und wortlos verschwunden war. Und erst zwei Stunden später wieder bei ihr aufgetaucht ist. Und sie war auch nicht so dumm, als dass ihr ein Zusammenhang nicht sofort ins Auge gesprungen wäre: Gerrit war Feuerwehrmann, Fachmann für Atemschutzgeräte. Wenn er auch kein Spezialist war, er kannte sich sicher aus mit Luftgemischen in abgeschlossenen Räumen und CO_2-Werten. Seitdem dieser Norderneyer Immobilienmakler ihr von diesem Mord erzählt hatte, trug sie den Verdacht mit sich herum, dass Gerrit es getan haben könnte. Weil er verhindern wollte, dass Kai zu Astrid ging, um ihr die Wahrheit zu sagen. Zeitweise war sie sich sogar ganz sicher gewesen. Besonders weil Gerrit mit Astrid geschlafen hatte. Alles hatte schrecklich gut gepasst.

Doch nun sah er sie an. Himmel! Sie liebte diesen Blick. Er war ein treuer Mann. Auch wenn alles auf den ersten Blick ganz anders aussehen mochte, schließlich war er mit Astrid verheiratet, hatte ein Kind mit ihr. Doch wenn er sie so ansah, dann spürte sie, dass er genau wusste, wohin er wirklich gehörte. Und wenn er dann so mit ihr sprach wie jetzt, wenn er sie zwischen den Worten immer wieder küsste, als könne sie ihm den Atem einhauchen, dann gab es keinen Zweifel, dass alles gut war.

Er habe sie so lieb!, hauchte er. Und das Baby im Bauch auch. Und den Paul sowieso. Und es sei ehrlich so gewesen! Er schwöre bei dem lieben Gott!

Wenn er so schaute, hätte sie ihm alles geglaubt. Alles! Sogar diese Geschichte.

Sonntag, 21. März, 13.27 Uhr

Die Wohnung war ordentlich, beinahe steril.

Sanders hatte während seiner Zeit in Aurich die schlimmsten Behausungen gesehen, die beißendsten Gerüche in der Nase, die höchsten Müllberge vor den Füßen gehabt. Die Durchsuchung dieser Räume war dagegen so angenehm, als blättere man in einem akkurat geführten Aktenordner.

Der Glastisch im Wohnzimmer, die schwarzen Regale vor weißen Wänden erinnerten Sanders an seine alte Einrichtung in Aurich, die er vor seinem Umzug nach Juist aus praktischen Gründen bei eBay versteigert hatte. Nur das geblümte Sofa war ihm eine Spur zu verspielt und die kunstvollen Männerakte in Messingrahmen waren natürlich auch nicht sein Format. Ansonsten gefiel ihm die Wohnung von Henner Wortreich und Kai Minnert. Er hatte sie bei ihrem ersten Besuch gestern gar nicht richtig wahrgenommen, weil er andauernd auf Wenckes schlanke Beine und den kurzen Rock geachtet hatte. Doch was er noch genau wusste, war, dass es etwas unordentlicher hier gewesen war. Nicht richtig schlimm, das Ganze hatte nur irgendwie bewohnter ausgesehen. Nun kam es ihm vor, als wandle er durch die Musterwohnung eines Fertighausanbieters.

Henner Wortreich war nicht da. Genauso wenig wie irgendein Instrument oder wenigstens ein Hinweis auf die Existenz eines solchen. Nichts. Das einzige Indiz, das mit ganz viel Phantasiebegabung zu dieser Geschichte mit dem *Hagebutten-Mädchen* passte, war die Tatsache, dass *Der Schimmelreiter* von Theodor Storm in dem penibel nach Alphabet sortierten Bücherschrank zwischen Hermann Hesse und John Irving stand. Zudem waren alle anderen Romane mit einer hauchdünnen, kaum sichtbaren Staubschicht überzogen, während das wertvoll aussehende Novellenexemplar obendrauf keinen Staub vorzuweisen hatte. Es war also in letzter Zeit in die Hand genommen worden, und zwar von jemandem, der normalerweise nicht zwischen diese Bücher griff, sonst hätte es wohl wieder zwischen Sartre und Updike gestanden.

Rüdiger Glaser hatte sich derweil das Schlafzimmer vorgenommen, aber auch er kam mit leeren Händen von seiner Suche zurück. «Hier ist kein Akkordeon, im Bad auch nicht, das habe ich ebenfalls schon inspiziert. Wenn eine Wohnung so aufgeräumt ist wie diese hier, dann würde man doch einen so großen Gegenstand beinahe auf den ersten Blick sehen, meinen Sie nicht, Sanders?»

«Doch, ja, besonders wenn die Wohnung so klein ist. Mehr als sechzig Quadratmeter haben die beiden nicht gehabt. Die müssen wirklich glücklich miteinander gewesen sein, sonst wären die sich auf so engem Raum ziemlich auf den Geist gegangen.» Sanders zog die Schublade eines kleinen, antik aussehenden Kirschbaumsekretärs heraus, es war der letzte Winkel, den er zu durchsuchen hatte. «Haben Sie alle Papiere nachgesehen, Glaser? Vielleicht gibt es ein Testament, Versicherungspolicen, sonstige Schriftstücke, eventuell ein Gutachten über den Wert dieses Instrumentes ...»

«Im Schlafzimmer sind nur Bekleidungsgegenstände, zwei Bücher auf der linken Seite des Doppelbettes, habe ich durchgeblättert, aber nichts gefunden, dann noch ein paar Zimmerpflanzen, Deko-Objekte, Stereoanlage, CD-Sammlung, sonst nichts. Und im Bad steht jede Menge Duschzeug und so, aber wirklich nichts Geschäftliches. Ich wünschte, bei mir zu Hause wäre alles immer so an Ort und Stelle, wie es hier ist.»

Sanders horchte auf. «Sie haben Recht, Glaser!»

Der Kollege schaute ihn etwas verständnislos an. «Womit habe ich Recht?»

«Hier ist es unheimlich ordentlich, und ich betone dabei: unheimlich!» Er sortierte die wenigen Sachen, die er aus der Schublade gekramt hatte. Reisepass, Blutspendeausweis, Krankenversichertenkarte, alles auf den Namen «Henner Wortreich», kein einziges Dokument, auf dem der andere Name zu finden war. Es war gerade so, als habe hier immer nur eine Person gelebt, als habe ein Kai Minnert nie auch nur eine Minute seines Lebens in diesen vier Wänden verbracht. «Er hat Minnerts Unterlagen bereits komplett aussortiert. Ehrlich gesagt scheint es mir, als habe hier in den letzten Stunden eine ziemlich intensive Aufräumaktion stattgefunden.»

Glaser nickte zustimmend. «Muss wohl bei den Wortreichs in den Genen liegen. Seine Schwester, Astrid Kreuzfeldt geborene Wortreich, ist bekannt für ihre Pingeligkeit.»

«Und dass Kai Minnert das genaue Gegenteil ist, dafür spricht dann wohl der Laden in der Wilhelmstraße, den meine Kollegin und ich heute Morgen durchsucht haben. Das reinste Chaos, kein durchschaubares System. Wie haben es diese beiden nur miteinander ausgehalten? Ich wette, da gab es nicht nur einmal Streit, wenn es ums Thema Aufräumen ging.»

Da war es schon wieder, dieses merkwürdige Gefühl, als ob das Hirn auf einmal zwischen die Beckenknochen gerutscht sei und sich die Gedanken direkt auf dem Zwerchfell ausbreiteten. Intuition. War gar nicht schlecht, dieses Verstehen jenseits dessen, was man reinen Gewissens zu Protokoll geben konnte. Er könnte als Ergebnis der Hausdurchsuchung nicht schreiben: Da ist was faul an der Sache! Offiziell musste er zugeben, dass die Suche ergebnislos war. Doch das Gefühl, das sich bei Sanders eingeschlichen hatte, war den Aufwand mit der Herumtelefoniererei in den Auricher Justizkreisen wert gewesen. Henner Wortreich hatte das Thema «Kai Minnert» schon nach nicht einmal zwei Tagen abgehakt, und das nach fünfzehn Jahren Beziehung auf engstem Raum.

Natürlich gab es Menschen, die auf diese Art ihre Trauer, ihre innere Leere zu überwinden suchten. Das Aussortieren gehörte, soweit Axel Sanders wusste, zu einem häufigen Ritual bei Hinterbliebenen. Doch Kai Minnert war erst seit nicht einmal zwei Tagen tot, zudem fanden Ermittlungen zum Todeshergang statt. Da war es schon merkwürdig, dass der Lebensgefährte ganz akribisch sämtliche Unterlagen fortgeräumt hatte. «Glaser, schauen Sie doch noch mal ums Haus herum, ob dort eventuell noch Aktenordner oder Ähnliches zu finden sind. Vielleicht gibt es ja auch noch einen Keller, einen Dachboden, irgendeinen Stauraum, wo nun die aussortierten Unterlagen von Kai Minnert liegen.»

Glaser nickte und ging in den Flur, Sanders würde ihn gleich bei der Suche unterstützen, wenn er die Schreibtischschublade erst wieder eingeräumt hatte. Er wollte den Impfpass schon zur Seite legen, konnte sich aber nicht verkneifen, einen Blick hineinzuwerfen. Wortreich schien gern in exotische Länder zu reisen, denn er hatte sich mehrmals gegen Gelbfieber, Malaria und TBC impfen lassen. Zudem hatte er mehrere Tauchdiplome erlangt, die alle fein säuberlich sortiert in diesem hübschen Schreibtischchen lagen. Und dann segelte da dieser rosa Zettel aus dem Impfpass heraus, feste Pappe im Postkartenformat. Den hatte er mit Sicherheit darin versteckt, denn bei dieser Ordnung hier rutschten keine Waffenscheine aus Versehen in die Urlaubsunterlagen. Henner Wortreich hatte eine Berechtigung für eine 7,65er Walther.

Sanders nahm das Papier zur Hand, ging hinaus und zeigte ihn Glaser, der gerade in den Müllbehältern vor der Haustür wühlte. «Wussten Sie das?», fragte Sanders den Zöllner, doch dieser schüttelte den Kopf.

«Ich würde diesen Kerl gern einmal fragen, wozu er diesen Schein beantragt hat. Wo steckt er eigentlich?»

Glaser schlug sich mit der flachen Hand gegen die Stirn und schaute Sanders schuldbewusst an. «Henner Wortreich? Ach, entschuldigen Sie, das habe ich jetzt wirklich ganz vergessen, weil ich so durcheinander war wegen dieser merkwürdigen Akkordeongeschichte. Außerdem dachte ich ja, sie wären auf dem Weg hierhin!»

«Wer, *sie*?»

«Ihre Kollegin und Wortreich. Meine Frau sagte, sie hätte die beiden so gegen fünf nach halb zwölf in Richtung Deich spazieren sehen. Sie gingen an unserem Haus vorbei und liefen dann zum Bootshaus. Meine Frau fragte Frau Tydmers noch, ob die Schuhe denn passen, aber sie hätte kaum reagiert und einen ziemlich konzentrierten Eindruck gemacht. Und da dachte meine Frau, dass die beiden zur Hausdurchsuchung unterwegs wären, weil ich ja auch gerade dabei war, mich auf den Weg zu machen. Aber dann hätten sie ja ...»

«... sie hätten schon längst hier sein müssen!»

Sosehr Sanders die Gefühle im Bauch gerade eben noch begrüßt hatte, so sehr verfluchte er sie jetzt. Was war eigentlich schon dabei? Wencke lief mit einem Zeugen über die Insel. Der Mann war bislang noch nie straffällig geworden, soweit sein polizeiliches Führungszeugnis darüber Auskunft gab. Und Wencke war nicht dumm, gutgläubig und schwach. Und trotzdem bohrte da ein Angstklumpen direkt in seinen Eingeweiden herum, ein mulmiges Gefühl war das schon nicht mehr. Er hielt sich an der Haustür fest.

«Und wohin könnten sie sonst noch gelaufen sein, wenn sie nun augenscheinlich nicht zu uns unterwegs waren?»

«*Villa Waterkant* vielleicht?»

Ja, das war möglich. Astrid Kreuzfeldts Haus stand östlich vom Bootsschuppen, sie hätten diesen Weg nehmen können, um zu ihr zu gelangen, auch wenn es ein kleiner Umweg war, die neu gepflasterte Deichstraße wäre bequemer gewesen. Aber das war ja egal, Hauptsache, er hatte eine möglichst harmlose Erklärung für Wenckes sonderbares Verhalten.

Warum war sie nur so wütend auf ihn gewesen? Sie war fast ohne ein Wort zu sagen davongestampft. Sicher hatte sie irgendetwas in Erfahrung bringen können und ihm nichts davon erzählen wollen. Wencke erledigte immer alles am liebsten auf eigene Faust. Sicher war es so, sicher wieder einer ihrer trotzigen Alleingänge, sicher …

Nein, Sanders war sich nicht sicher. Er hatte Bauchschmerzen.

Und dann entschied er sich in einer Sekunde, von einem Augenblick zum nächsten und rein intuitiv, dass sie die Suche hier beenden würden. Dass sie noch später nach den verschwundenen Papieren suchen konnten. Dass es in diesem Moment wichtigere Dinge zu tun gab, als in einem Altpapierbehälter zu wühlen. «Glaser, wir fahren zurück. Zurück zum Büro, bitte, am liebsten sofort.» Da das erstaunte Gesicht des Zöllners nicht zu übersehen war, sollte er ihm wohl eine Erklärung geben, so diffus sie sich auch anhören musste: «Ich habe Sorge um meine Kollegin. Wir wissen inzwischen, dass Wortreich uns in einigen Dingen nicht die ganze Wahrheit gesagt hat. Wir können davon ausgehen, dass er bewaffnet ist. Und Wencke Tydmers geht mit ihm sonst wo spazieren und hat keine Ahnung, in welcher Gefahr sie schwebt. Wir müssen sie finden, Glaser, verstehen Sie?»

Der Zollbeamte nickte nur, sie verschlossen die Wohnungstür und gingen schnell, fast hastig zu ihren Fahrrädern. Keine Minute verschenken, dachte Sanders, als er wieder auf die Wilhelmstraße bog. Doch wie sollten sie diese Suche am besten durchführen? Hier gab es keine Sondereinsatzkommandos für solche Situationen, keine Streifenpolizisten, die man bei einer Personensuche einspannen konnte. Hier auf Juist waren sie nur zu zweit. Und das war eindeutig zu wenig.

Eine versoffene Meute belagerte den Kurplatz. Erwachsene Männer, die bereits jeglichen Gleichgewichtssinn verloren zu haben schienen, balancierten mühselig auf dem Beckenrand des Schiffchenteiches. Andere lagen schlafend auf den hellgrünen Bänken. Die wenigen, die noch bei vollem Bewusstsein waren, schimpften in ihre Handys. Es sah beinahe aus, als telefonierten sie miteinander, obwohl sie Schulter an Schulter standen.

Die Frauen kreischten und tranken Sekt aus weißen Plastikbechern. Immer nur Sekt.

Sanders hatte das Gefühl, diese Weiber seit Freitagabend immer nur mit diesem sprudelnden Zeug in der Hand gesehen zu haben. Mussten die nicht irgendwann platzen vor lauter Kohlensäure? Oder umkippen vor lauter prickelndem Betrunkensein.

Wencke war jedoch nicht unter ihnen. Es wäre aufgefallen. Wencke trank keinen Sekt, trank auch kein Bier, trank irgendwie gar nichts mit Bläschen, was zumindest im Auricher Morddezernat allgemein bekannt war. Sie hätte also hier gestanden, als Einzige mit manierlichem Blick und ohne Getränk, das wäre wirklich aufgefallen.

Sanders dachte schon, er hätte es geschafft, unauffällig vorbeizuhuschen. Er trat in die Pedale, steuerte auf die Inselkirche zu, weil er den doppelt sehenden Blicken entfliehen wollte, doch dann rief jemand: «Da isser ja!» Mit einem Mal erwachte Leben am Schiffchenteich, auf den Bänken, auf den platt getretenen Rasenflächen.

«Stehenbleiben!», rief einer und dann mehrere, drei oder vier kamen auf ihn zugerannt, er konnte nicht ausmachen, ob sie wütend oder froh waren, ihn zu sehen.

Was hätte Sanders anderes tun sollen: Er bremste, er setzte seinen rechten Fuß ab, er bewegte seinen Hintern jedoch nicht vom Sattel, sie sollten merken, dass er in Eile war.

«Was ist denn nun mit dem Schiff?», fragte ein atemloser Shantysänger, den Sanders als Mitglied des Spiekerooger Chores zu erkennen glaubte. «Wir haben jetzt halb zwei, in vier Stunden soll die Fähre fahren, wenn sie denn fährt ...»

Eine Dicke mischte sich ein. Es war die vorlaute Frau des Borkumer Antiquitätenhändlers Redlefsen. «... das ist doch hier wohl ein Witz! So etwas würde es bei uns nicht geben, eine Unverschämtheit ist das, jawohl, und ...»

Hinter ihr klang weiter die sonore Stimme des Spiekeroogers: «Wir mussten schon aus unseren Pensionen ausziehen, kann ich auch verstehen, die müssen ihre Buden ja auch klar haben bis Ostern!»

«Was sollen wir jetzt noch machen? Vier Stunden lang? Und dann müssen wir vielleicht wieder hier bleiben?», schimpfte eine Frau mit Sektflasche in der Hand.

«Man muss ja davon ausgehen, dass Sie uns verdächtigen ...»

«Wir haben uns nichts zuschulden kommen lassen ...»

«... macht die Polizei ihre Arbeit immer so arschlangsam?»

Sanders wollte weiterfahren. Er kam gegen dieses empörte Gemecker nicht an, da er ihnen ja auch keine Antwort liefern konnte. Nervös zuckte er mit den Schultern. Und außerdem machte er sich zunehmend Sorgen um Wencke. Sie sollten ihn endlich in Ruhe lassen, er musste doch Wencke finden, Wencke und diesen unberechenbaren Henner Wortreich. Ein alter Mann rüttelte an seinem Gepäckträger herum.

«Ich habe meine Medikamente nur bis heute Abend eingepackt, wissen Sie, was das bedeutet? Bluthochdruck, junger Mann, das geht auf Ihre Kosten, wenn ich ...»

«Ruhe!», rief Sanders mit ungewohnter Lautstärke und Entschlossenheit.

Wow! Stille ringsherum! Sanders war sich seiner Autorität noch nie so bewusst gewesen wie in diesem Moment, wo ein einziges Wort wie ein Hammer gewirkt und das Chaos wieder geordnet hatte.

Leider blieb keine Zeit, diesen Triumph zu genießen. Vier Stunden, hatte der Shantysänger gerade gesagt, vier Stunden blieben noch, um Wencke zu finden, einen Mörder zu überführen, einen Fall zu klären, die Schiffsverbindungen wieder aufzunehmen. Denn wenn ihnen dies nicht gelänge, dann würden diese Insulaner hier fluchen, toben und alles in Bewegung setzen, vielleicht sogar die Anarchie ausrufen, um von Juist herunterzukommen. Und dann wäre jede Ermittlungsarbeit zum Scheitern verurteilt. Es blieben also wirklich nur diese vier Stunden. Sanders musste handeln. Verflixt noch mal. Ganz allein gegen eine wilde Bande. Ohne Wencke. Nicht zu schaffen.

Oder?

«Meine sehr verehrten Damen und Herren!» Sanders hatte mal in einem Rhetorikkurs beigebracht bekommen, dass eine Menschenmasse auf diese Floskel anspringt wie ein Motor auf den Zündfunken. Und es stimmte. Alle scharten sich um ihn herum. Es waren sicher fünfzig Leute, wenn nicht noch mehr, die ihn erwartungsvoll anstarrten. Sanders räusperte sich.

«Sie können mir glauben, dass wir alle eigentlich dasselbe Ziel verfolgen. Wir wollen den Schiffsverkehr von der Insel wieder aufnehmen.» Dies war wieder ein Trick aus der Kiste wirkungsvoller Redewendungen. «Wir haben nur alle auch dasselbe Problem: Die einzigen Personen, die den Startschuss für die Schiffsverbindungen geben können, sind verschwunden und momentan nicht aufzufinden! Meine Kollegin Wencke Tydmers und der Fahrdienstleiter Henner Wortreich sind zum letzten Mal vor zwei Stunden gesehen worden, und obwohl wir per Handy in Kontakt bleiben wollten, habe ich sie bislang nicht erreichen können. Und ich sage es Ihnen ganz im Vertrauen ...» – Vertrauen war angesichts dieser ausgeflippten Gruppe natürlich auch nur eine Floskel – «... aber ich mache mir ein wenig Sorgen über den Verbleib der beiden, um eine baldige Instandsetzung des Fährverkehrs zu garantieren. Leider bin ich allein. Ich könnte zwar die Feuerwehr alarmieren, doch die Insel ist groß und die Wahrscheinlichkeit, die beiden innerhalb der nächsten Stunden zu finden, dementsprechend klein!»

«Und wenn wir Ihnen helfen?», kam eine feste Stimme von ganz hinten.

«Wir haben ohnehin Langeweile, warum nicht?», pflichtete eine weitere bei.

«Ja, wir sagen unseren anderen Insulanern Bescheid. Dann sind wir fast dreihundert Leute und können uns aufteilen und die Insel gnadenlos durchkämmen.»

Geschäftiges Murmeln setzte ein. Sanders beschloss, noch ein wenig dicker aufzutragen. «Das würden Sie wirklich tun?»

«Ja!», schallte es über den Kurplatz und Sanders musste sich ein zufriedenes Grinsen verkneifen, um nicht den feierlichen Ernst der Solidarität zu zerstören.

Nun stieg er doch vom Rad, schob es an die Gehsteigkante und ging – gefolgt von den Blicken der gespannten Insulaner – ein paar Schritte, bevor er auf den Rand des Schiffchenteiches kletterte. Sie scharrten sich um ihn herum, blickten ihn fest an, warteten auf seine Anweisungen.

«Ich danke Ihnen allen! Wir können gleich die Suchtrupps einteilen, alle jungen Leute sollten sich Fahrräder besorgen, damit wir auch die Dünen ganz im Westen und Osten abgrasen können. Denken Sie auch an den Strand und die Hellerwiesen!» Er holte tief Luft, kam sich vor wie Robin Hood, der seine Räuberbande über die geplanten Überfälle aufklärte. «Ich brauche dringend die Leitung des Langeooger Akkordeonvereins in meinem Polizeirevier. Ist der- oder diejenige vielleicht hier?»

«Nee», brüllte einer eifrig. «Aber ich weiß, wo Marten Pollinga steckt. Kann ihn sofort holen, soll ich?» Sanders nickte und der junge Mann lief augenblicklich los.

«Sie erinnern sich an meine Kollegin Tydmers? Klein, rote Haare, Jeansjacke … hübsches Gesicht!» Alle nickten betroffen. «Leute, wir müssen sie finden! Je eher, desto besser.»

Sonntag, 21. März, 13.40 Uhr

Henner Wortreich rauchte nicht. Wencke dagegen eine nach der anderen. Ihre Fingerkuppen kribbelten schon von der Überdosis Nikotin.

Wencke war nervös. Sie brauchte die Zigaretten, um sich daran festzuhalten.

Es gäbe da eine besonders schöne Stelle, hatte Wortreich ihr versprochen. Man könne dort ungestört plaudern, mit Blick aufs Meer. Wencke war ihm gefolgt: über den Deich Richtung Osten, bis der Wall zu Ende war und in einen kleinen, bewachsenen Hügel mündete, der früher einmal eine Müllkippe gewesen war und auf dem jetzt ungenutzte Pferdefuhrwerke abgestellt wurden. Links lag der Flugplatz, man konnte bei der klaren Sicht mühelos den Tower erkennen. Es gab keine Starts und Landungen mehr, da auch sie seit gestern ausgesetzt worden waren.

Rechts schlief der Hafen im Watt, die einsetzende Flut rollte nur allmählich heran, noch waren die grauen Schlickflächen vor ihnen höher als das auflaufende Wasser.

Abgeschnitten waren sie hier. Abgeschnitten vom Rest der Welt. Eine Insel eben. Mit einem Mörder darauf.

Erst hatte Wencke geglaubt, Henner Wortreich sei der Mörder. Vieles sprach dafür, vor allem sein merkwürdiges, fast schizophrenes Verhalten, eben noch Heulen und Wehklagen, im nächsten Moment hibbelig wie ein Kind am heiligen Nachmittag. Deshalb hatte sie ein ungutes Gefühl gehabt, als er das sagte mit dem ungestörten Plätzchen. Zunächst war sie nur zögerlich mitgegangen.

Nur der Gedanke an eine günstige Gelegenheit, diesen zweigesichtigen Henner Wortreich bei einem Gespräch unter vier Augen endlich näher kennen zu lernen, hatte sie letztlich dazu gebracht, ihre Zweifel über Bord zu werfen und Wortreich bis hierhin zu folgen. Der Wunsch nach diesem Gespräch war Schuld, und diese unvernünftige Stimme in ihrem Bauch, die ihr zuflüsterte, dass der Mann hier einfach kein Mörder sein konnte, aus dem einfachen und vielleicht auch vermessenen Grund, dass Wencke es spüren würde, wenn es anders wäre. Wenckes Intuition verleitete sie oft zu der verstiegenen Überzeugung, dass sie die Bösewichter schon am Geruch erkennen konnte oder daran, wie sie die Stirn in Falten legten. Mehr als einmal hatte sich dieser Glauben als Irrtum erwiesen und sie in mehr oder weniger prekäre Situationen geraten lassen, doch Wencke konnte heute trotzdem nicht umhin, an sich und ihre Mördernase zu glauben.

Sie hatte schon einen kurzen Gedanken daran verschwendet, Sanders Bescheid zu geben, wo sie steckte und was sie vorhatte. Doch dann hatte sie es sein lassen. Sie fühlte noch immer den Groll gegen ihren Kollegen. Er hatte ihr in puncto

Seike Hikken nicht die Wahrheit gesagt und schlichtweg falsch gespielt. Normalerweise wäre es nicht so tragisch gewesen. Normalerweise hatte sie ihm alle Unehrlichkeiten der Welt zugetraut, zumindest bis gestern. Doch dann ...

Wencke hatte sich selten so getäuscht. Und es hatte merkwürdigerweise selten so wehgetan, von jemandem getäuscht worden zu sein. Sanders schien ihr, seit sie hier auf Juist war, nur Theater vorgespielt zu haben. Damit wollte er wahrscheinlich Seike Hikken schützen und seine Freundin, oder was auch immer sie war, aus etwas heraushalten, in das sie eindeutig verwickelt war. Er hatte von Anfang an die Ermittlungen blockiert. Wencke hatte nicht wenig Lust, ihn bei der zuständigen internen Polizeidienststelle anzuschwärzen und ihm so seine anstehende Karriere im Emsland zu verbauen.

Mal sehen, dachte sie, mal sehen, welche Entschuldigung dieser Idiot parat hat. Und ganz insgeheim hoffte sie, es möge eine plausible sein.

Nun saßen sie schon lange im Gras, Wencke hatte nicht auf die Uhr geschaut, nur am leichten ersten Brennen ihrer sonnenbeschienenen Nase merkte sie, dass mindestens zwei Stunden ins Land gegangen sein mussten. Doch ihr Handy hatte nicht gepiept, also schien Sanders auch ohne sie zurechtzukommen, und schließlich war es mehr als interessant, was Henner Wortreich ihr in den vielen Minuten erzählt hatte. Ihre Rechnung war aufgegangen, er schien wirklich bereit zu sein, ihr hier am Fuße des Deiches mehr zu erzählen als heute Morgen in seinen vier Wänden. Er schien Vertrauen zu ihr gefasst zu haben. Und die Angst, sie könnte vielleicht neben dem Täter sitzen und in eine Falle getappt sein, war verschwunden. Dieser Mann hier war kein Mörder. Dazu war seine Geschichte viel zu traurig.

«Wissen Sie, ich habe mir mein Leben auch anders vorgestellt, als ich ein kleiner Junge war. Und wenn ich meinen

Neffen Michel so betrachte, dann überkommt mich manchmal eine tiefe Traurigkeit, weil er mir so ähnlich ist und mich so an meine verpatzten Träume erinnert.»

Wencke ließ ihn einfach reden. Bislang hatte sie kaum ein Wort gesagt, nur an ihrer Zigarette gezogen und zugehört, wenn nicht den Worten, dann der Insel ringsherum, dem Hufgetrappel der Pferdefuhrwerke in den nicht weit entfernten Stallungen zum Beispiel.

«Für mich war es ja eigentlich kein Problem, als ich merkte, dass es bei mir mit dem Heiraten und Kinderkriegen wohl nicht so laufen wird. Doch meine Eltern haben seitdem kein Wort mehr mit mir gesprochen. Das war bitter. Schließlich sollte ich das Haus erben, habe extra eine Ausbildung im Hotel gemacht, danach drei Jahre Akademie für Tourismus und Hotellerie in Bremen. Ich habe sie sogar mit Auszeichnung abgeschlossen.» Er seufzte. «Dann komme ich zurück auf die Insel, die Pläne für den Umbau der *Villa Waterkant* schon in der Tasche. Die hat mir ein Freund gemacht, Architekt aus Hamburg, alles ganz exklusiv mit kleinem Restaurant und romantischen Zimmern und Wellnessbereich. Sie wäre ein Renner geworden, meine *Villa Waterkant*. Tja, und dann verliebe ich mich ausgerechnet in den Freund meiner Schwester.»

Wencke drückte die Kippe ins Gras und schaute weiter auf das Watt. Nichts sagen, Wencke, lass ihn reden, ermahnte sie sich.

«Ich wusste ja schon längst, dass ich schwul bin. Nur dachte ich, dass ich mich noch ein paar Jahre mit einem Doppelleben über Wasser halten könnte. Einen Freund auf dem Festland, ein paar Wochenenden rüberfahren, heimliche Treffen in Norddeich, verlogene Besuche auf Juist und so weiter. Ich wusste, dass meine Eltern es nicht dulden würden. Tja, und dann kam Kai. Fair war es nicht, da wir Astrid als Vorwand benutzten, um uns zu sehen. Mehrere Monate lang ging das gut. Bis sie uns erwischt hat.» Er lachte kurz auf. «Einerseits war ich froh, dass es endlich raus war. Andererseits konnte ich meine Koffer packen und mich von meiner Familie verabschieden. Kai überredete mich, nicht zu kneifen und auf Juist zu bleiben. Er hatte ja seinen Laden und wollte nicht weg. Ich bekam dann meinen Posten bei der Reederei und ich muss sagen, die Insulaner waren ganz zahm. Das befürchtete Spießrutenlaufen nach meinem Coming-out war halb so wild. Tja, und dann floss es so dahin, mein Leben. Die *Villa Waterkant* blieb, wie sie war. Als meine Eltern starben, bekam Astrid das Haus, war ja klar. Sie ist anständig, meine Schwester, hat einen Kredit aufgenommen und mich sofort ausbezahlt. Ich denke, sie muss nun ganz schön knapsen mit dem Geld, aber sie wollte mich wahrscheinlich so schnell wie möglich vom Hals haben, wohl deswegen hat sie mir den Pflichtteil gleich zukommen lassen.»

«Aber Ihre Schwester war doch bei Ihnen, als wir Sie gestern zum ersten Mal verhört haben.»

Er schien sich beinahe zu erschrecken, dass da ja noch jemand neben ihm saß und sich auf einmal zu Wort meldete.

«Sie können sich gar nicht vorstellen, wie froh ich war, als Astrid auf einmal in der Tür stand. Kai war tot, und ich dachte, jetzt sei alles vorbei, weil er doch der Einzige war, der mir geblieben ist. Und dann steht da meine Schwester und nimmt mich einfach in den Arm. Da habe ich noch mehr geheult, das können Sie mir glauben. Und sie hat mich ganz fest gedrückt.»

«Wie ist denn nun Ihr Verhältnis?»

«Wenn Sie mich fragen, eigentlich habe ich eine Schwester wie Astrid gar nicht verdient.» Er zog seine Beine dicht an den Körper, schlang seine Arme darum und legte das Gesicht auf die Knie, den Blick von ihr abgewandt. «Und sie hat es nicht verdient, von mir so mies behandelt und hintergangen worden zu sein.»

Es klang wirklich ziemlich tragisch, wie er das sagte.

«Aber die Sache ist doch nun verjährt. Ihre Schwester ist zu Ihnen gekommen und dies sollte Zeichen genug sein, dass sie Ihnen verziehen hat!», tröstete Wencke, sie überlegte sogar kurz, ihm beruhigend über den Rücken zu streichen.

«Es ist nicht die Geschichte von damals. Es ist eine ganz neue. Und deswegen schäme ich mich ja auch so, dass ich nach all den Jahren noch immer so ein mieser Bruder bin.»

«Sie wussten von dem Verhältnis, das Ihre Nachbarin mit Ihrem Schwager hat?»

Er nickte und schaute sie immer noch nicht an.

«Und Sie machen sich Vorwürfe, sie nicht darüber aufgeklärt zu haben?»

«Nicht nur das!» Er wischte sich mit der flachen Hand über das Gesicht, weinte er etwa? «Ich habe mich sogar mit meinem Schwager zusammengetan, habe mich mit ihm gegen meine Schwester verbündet. Wir haben einen Plan gehabt, wie wir unsere Ziele erreichen können, und wir haben dabei in Kauf genommen, dass es für Astrid das Ende sein musste.» Jetzt drehte er sich zu ihr. Nein, Wencke sah keine Tränen, doch sie sah Verzweiflung in seinem Gesicht. Farblose Lippen und flatternde Augenlider, er hielt den Kopf resigniert zur Seite. «Ach, wissen Sie, er wollte sich von Astrid scheiden lassen und wir wollten gemeinsam die *Villa Waterkant* kaufen, das heißt, Gerrit hat das Vorkaufsrecht, aber ich habe das Geld. Er wäre seine Frau losgeworden und hätte sich mit Seike und vielleicht auch mit Michel ein heiteres Leben machen können von den Zahlungen, die ich an ihn geleistet hätte. Das war immer mein Traum gewesen: Mein eigenes kleines Hotel. Keine Fahrpläne mehr erstellen und Frachtbriefe kontrollieren und so. Das hätte ich einfach verdient.»

«Aber?»

«Sie wissen es doch schon! Wir hätten das alles auf Kosten von Astrid gemacht. Ihr Scheitern, die Scheidung, das wäre unsere Chance gewesen.»

«Und das ist alles?» Wencke war hellhörig geworden in dem Moment, als er *aber ich habe das Geld* gesagt hatte. Dahinter musste sich mehr verbergen, dort musste sie nachbohren. Das Geld konnte schließlich nicht aus dem Nichts aufgetaucht sein. Wäre es schon länger vorhanden gewesen, hätten Gerrit Kreuzfeldt und Henner Wortreich diese Pläne schon viel eher in die Tat umsetzen können. Und irgendwie musste sich das Ganze auch noch mit dem Freitagabend auf einen Nenner bringen lassen. Was hatte Kai Minnert erfahren, als er bei Seike an die Tür geklopft und Gerrit Kreuzfeldt dort gesehen hatte? Warum war er so außer sich gewesen? Es musste einen eindeutigen Zusammenhang geben, sonst hätte sich durch Minnerts Tod nicht alles so dramatisch zugespitzt. Immerhin saß hier ein Mann neben ihr, der nicht mehr zu wissen schien, wie das Leben weitergehen sollte. Der das Gespräch gesucht hatte und nun so nach und nach mit der Wahrheit herausrückte. Vielleicht hatte er diese Wahrheit bislang selbst noch nicht so recht begriffen. Erst jetzt ging sie ihm auf. Und er wollte Wencke alles beichten.

«Nein, das ist nicht alles. Ich habe nicht nur Astrid übel mitgespielt.»

«Sondern?»

«Das können Sie sich doch denken, Frau Kommissarin. Oder nicht? Ich habe meinen Freund mit hineingerissen. Das werde ich mir nie verzeihen.»

Und jetzt konnte Wencke mit einem Mal sehen, warum

er seinen Kopf so seltsam zur Seite verrenkte. Hinter seinem rechten Ohr tauchte ein schwarzes Loch auf, dahinter ein metallener Lauf und eine Hand, deren Fingergelenke fast weiß hervortraten.

Er hatte sich eine Pistole an den Kopf gedrückt, sah aus wie eine Walther 7,65. Sie hörte das Klicken. Die Waffe war entsichert.

Sonntag, 21. März, 13.54 Uhr

Wäre die Situation nicht so verdammt ernst gewesen, dann hätte Sanders diese Suchaktion Spaß gemacht. Rüdiger Glaser stand an seiner Seite, er kannte die Insel besser als Sanders und steckte die Gebiete mit farbigen Nadeln auf dem Inselplan ab. Sanders teilte die Mannschaften ein.

«Fünf Leute an die Goldfischteiche, vom Altenwohnheim bis zur Wilhelmshöhe, wir brauchen mindestens fünf Leute!», kommandierte Glaser.

Sanders fuhr mit dem Zeigefinger die Liste entlang, auf der sämtliche Teilnehmer des Inseltreffens aufgeführt waren. «Borkumer Gitarrenkreis!», legte Sanders fest. «Und die Wangerooger Theatergruppe kriegt das Deichgebiet vom Segelhafen bis zur alten Müllkippe.»

«In Ordnung!» Glaser schrieb die Aufteilung penibel auf den großen DIN-A3-Malblock seiner Tochter. Eifrig hatte sie den Papierbogen vorbeigebracht und sich gleich bereit erklärt, mit ihren Teenager-Freundinnen ebenfalls das Deichgebiet abzusuchen. Eine dienstbeflissene Familie, dachte Sanders: zuerst das Betttuch bei Minnerts Laden, die Turnschuhe für Wencke und jetzt der Malblock. Er wünschte sich mehr solcher nützlicher Kollegen.

Sobald Glaser das Plakat an die Eingangstür gehängt hatte, drängten sich eifrige Insulaner davor. Man hörte Rufen und Murmeln, fast wie Geräusche einer Verschwörung, dachte Sanders. Er hatte sie alle zusammenrufen lassen. Fast dreihundert Personen, die alle so schnell wie möglich die Insel verlassen wollen und sich aus diesem Grund voller Tatendrang an der Suchaktion beteiligten.

«Übernehmen Sie die Sache da draußen, Kollege?», fragte Sanders. Seit ein paar Minuten war Marten Pollinga im Raum. Es hatte nicht lange gedauert, bis man den Vorsitzenden des Langeooger Akkordeonvereins ausfindig gemacht und zur Polizei gelotst hatte. Er war noch relativ jung für einen Mann, der einen Akkordeonverein leitete. Sanders hatte klischeebehaftet einen seemannsbärtigen Senioren erwartet. Pollinga war jedoch höchstens fünfunddreißig, glatt rasiert und mager. Er schien nervös zu sein. Vermutlich zerbrach er sich den Kopf darüber, warum er wohl hierher bestellt worden war. Sanders kannte die Ängste der Unbescholtenen, denen mit einem Mal die Verfehlungen der letzten Jahre einfielen. Vielleicht hatten sie den Müll nicht richtig getrennt oder waren ohne Licht mit dem Fahrrad gefahren. Und dann wurden sie so nervös wie dieser Marten Pollinga.

Glaser ging vor die Tür, rief klare Anweisungen in die Menge, machte seinen Job insgesamt ganz hervorragend. Sanders schob sich einen Holzstuhl zurecht, setzte sich mitten in den Raum und schaute Pollinga an. Eigentlich wäre Sanders gern selbst mit auf die Suche gegangen, weil die Ungewissheit ihn von Minute zu Minute unruhiger machte, aber er hoffte auch, dass dieses Gespräch mit dem Langeooger Musikanten ihm vielleicht neue Erkenntnisse über das Instrument verschaffen und ihm so auch einen Anhaltspunkt liefern würde, ob Wencke tatsächlich in Gefahr schweben könnte oder nicht. Also riss er sich zusammen, setzte sich an den Computer und nahm die Personalien auf, bis er endlich die ersten Fragen stellen konnte.

«Was können Sie mir über dieses Akkordeon erzählen, welches Sie bei Minnert in Reparatur gegeben haben?»

Pollingas steifer Oberkörper sackte beim erleichterten Ausatmen ein wenig in sich zusammen. «Ach so!», sagte er nur und lächelte in diesem Zimmer zum ersten Mal, wenn auch ein wenig unsicher. «Das *Hagebutten-Mädchen*?»

«Genau!»

«Wir haben es vererbt bekommen, von unserem alten Inselarzt, der im vergangenen Herbst gestorben ist. Es sieht nach wer weiß was aus, das Instrument, aber der Klang war saumäßig, deswegen haben wir es bei Minnert abgegeben.»

«Hat er es Ihnen bereits zurückgegeben?»

Pollinga lehnte sich nun einigermaßen entspannt zurück. «Nee, hat er nicht. Er sagte, er habe herausgefunden, weshalb die Töne immer so mickrig klangen, und wir wären sicher erstaunt, wenn wir den Grund erfahren würden. Erstaunt und erfreut, hat er gesagt. Er wollte uns das Akkordeon heute mitgeben. So hatten wir uns zumindest geeinigt.» Nun beugte er sich doch wieder ein Stück nach vorn. «Aber warum fragen Sie danach?»

«Es ist verschwunden.»

«Das Akkordeon?»

«Ja!» Sanders musste sich den nächsten Satz erst einmal selbst zurechtlegen, die Sache mit dem *Hagebutten-Mädchen* erschien ihm nun immer verworrener. «Minnert hat einigen Personen gegenüber ähnlich seltsame Andeutungen gemacht. Merkwürdig ist ebenfalls, dass niemand dieses Instrument gesehen haben will, aber jeder schon mal davon gehört hat. Wir vermuten mal, dass hinter der Sache irgendetwas steckt, von dem wir keine Ahnung haben.»

«Ob es etwas mit diesem Todesfall zu tun hat?»

«Wir ermitteln im Moment in jede Richtung.»

«Vielleicht war es ja sehr wertvoll? Menschenskinder, dieser alte Schepperkasten, wer hätte das gedacht? Wir wollten ihn eigentlich unseren Anfängern zum Spielen geben. Das wäre ja 'n Ding!» Pollinga schien sich zu amüsieren. Er rieb mit den Händen über die Oberschenkel und schüttelte ungläubig den Kopf. «Da hat uns der alte Doktor ja vielleicht ein richtig kleines Vermögen vermacht, wo er doch sonst nichts zu vererben hatte, der arme Schlucker.»

«Was wissen Sie denn über die Herkunft dieses ...» Sanders blieb der Satz im Hals stecken, als Rüdiger Glaser zur Tür hineinpolterte, das Handy in der Hand, die Augen weit aufgerissen.

«Sie haben sie gefunden!»

Aber er hatte doch die Nummer der Polizeistation angegeben, warum hatte es nicht hier geklingelt, sondern bei Glaser? «Was ist los?»

«Himmel, Kollege, wir müssen sofort los. Die Mädels haben sie gefunden, meine Tochter und ihre Freundinnen. Sie sagen, der Mann ist bewaffnet!»

«Scheiße!» Sanders schluckte, obwohl es in seinem trockenen Mund nichts zum Herunterschlucken gab. «Was ist mit Wencke?»

«Keine Ahnung, meine Tochter rief nur kurz an. Die Mädels sind ganz aus dem Häuschen, haben sich da hinten auf die Lauer gelegt. Und sie sagte, Henner Wortreich hält eine Pistole in der Hand. Wir sollten nicht einen Moment zögern. Wenn der Scheißkerl jetzt meine Tochter sieht, ich will gar nicht daran denken ...»

Sanders warf sich die Jacke über und schloss den Schrank auf, in dem sich die Dienstwaffen befanden. «Wo sind sie denn nun?»

«Bei der alten Müllkippe. Zur Wattseite hin.» Glaser stand immer noch in der Tür. Sanders legte sich den Gurt um, griff nach der Pistole, sie saß sicher an der Hüfte. Er hätte nie gedacht, dass er sie hier auf Juist einmal zum Einsatz bringen müsste. Der Zöllner hatte sich schon umgedreht. Sanders folgte ihm mit einer ordentlichen Portion Angst im Nacken.

Sonntag, 21. März, 13.56 Uhr

Warum war er auch immer so ein verflucht ehrenwerter Kerl? Alles habe ich für Kai aufgegeben, alles! Und er war noch nicht einmal bereit, eine kleine Lüge für mich zu riskieren, damit ich endlich da weitermachen konnte, wo mein Leben seinetwegen vor fünfzehn Jahren aufgehört hat.»

Henner Wortreich wusste, wie man eine Waffe halten musste, das erkannte Wencke auf den ersten Blick. Er war aufgestanden, mit beiden Beinen stand er fest auf dem schrägen Deich, er zappelte nicht hektisch herum, sondern drückte sich den Lauf senkrecht an die Kehle, stützte seinen Unterkiefer darauf. Dort musste man hinzielen, wenn man es ernst meinte, dachte Wencke. An die Schläfe halten ist laienhaft. Er will es wirklich.

«Als er mir sagte, dass er diese Schriftrolle gefunden hat, da war mir gleich klar, dass dies unsere Chance war. Niemand wusste von dem Fund. Handschriftliches Dokument, *Das Hagebutten-Mädchen* auf vergilbtem Papier, zusammengerollt in diesem Akkordeon. Zwischen irgendwelchen Modulationsstäben, deshalb hat das Instrument auch so scheußlich geklungen. Warum auch immer es dort versteckt gewesen war, erschien mir nicht wichtig. Nur, dass es aller Wahrscheinlichkeit von Storm verfasst worden war. Denn ich habe im Internet nach Handschriftproben gefahndet, bin zwar kein Graphologe, doch ich habe eindeutige Ähnlichkeiten im Schriftbild festgestellt. Sie wissen schon, ausschweifende Bögen nach unten, nach rechts geneigt, strichförmige i-Punkte und so. Und ich habe Kai vor lauter Freude überschwenglich umarmt, Mann, war ich glücklich, ein Wahnsinnsfund. So etwas ist teuflisch viel Geld wert. Ist ja nur logisch! Habe ja keine genaue Ahnung davon, aber Kai hat genickt, als ich die Sache auf eine halbe Million Euro geschätzt habe. Und gelächelt hat er.»

Wie kann ich ihm diese Pistole vom Kinn reißen, dachte Wencke. Gleich drückt er ab, er hat schon diesen Blick. So ein entschlossenes Funkeln in den Pupillen. Warum hatte sie Sanders nicht Bescheid gegeben, wo sie steckte? Nun lag es ganz allein an ihr, diese Situation in den Griff zu bekommen. Langsam erhob sie sich. Die brennende Zigarette fiel ins Gras. Als Wencke sich Wortreich um einen Schritt näherte, gab er ihr mit dem ausgestreckten Arm zu verstehen, dass sie nicht näher kommen solle, den Lauf immer noch an die Haut gedrückt. So ging es nicht.

«Eine halbe Million Euro! Und vielleicht hätte es auch noch mehr gebracht, sechshunderttausend vielleicht? Mit dem restlichen Geld von Astrid auf meinem Konto hätte ich es geschafft. In dem Moment, wo Kai mir dieses wunderbare Schriftstück gezeigt hatte, erschienen diese Träume wieder vor meinen Augen. Ich habe die alten Entwürfe sofort gesucht, meine Entwürfe von der *Villa Waterkant*. Es war, als wäre mein Traum wieder zum Leben erwacht, ich war voller Pläne und Tatendrang. Kai musste das doch gesehen haben, er hat das Glück in meinem Gesicht gesehen, und trotzdem hat er mich nicht ernst genommen.»

Wencke erkannte auf der Deichhöhe drei Köpfe. Jemand pirschte sich heran, nein, bitte nicht, es waren drei junge

Mädchen, viel zu junge Mädchen. Sie schienen eingreifen zu wollen, um Himmels willen, bloß nicht! Wir sind hier nicht in einem Schönwetterkrimi auf dem Kinderkanal. Henner Wortreich stand mit dem Rücken zu ihnen. Zwischen Wencke und den Mädchen. Sie musste ihnen zu verstehen geben, dass es kein Spaß war, dass sie nur so schnell wie möglich von hier verschwinden sollten. Sie alle waren nur knapp von einem tödlichen Schuss entfernt. Doch sie konnte ihnen kein Zeichen geben, noch nicht einmal länger hinschauen. Henner hätte es bemerkt, und es war nicht abzusehen, wie er in diesem Augenblick reagieren würde. Er war nicht bei sich. Er sah zwar aus, als wüsste er ganz genau, was er nun tun wollte, doch er stand am Rande seines Verstandes, ein einziger Blick auf die drei Mädchen konnte ihn zu einer Kurzschlusshandlung bewegen. Und dann?

«Er hat mich wirklich ausgelacht! *Du glaubst doch nicht im Ernst, dass ich diese Sache hier unterschlagen werde?* Das hat er gesagt. Ich wusste, dass er wütend auf mich war, sogar stinksauer, weil ich mit dem Gedanken spielte, das Geld für das *Hagebutten-Mädchen* einzustreichen. Wir haben uns schrecklich gestritten. Es kam selten vor, dass wir es taten, aber an diesem Abend haben wir so lang gestritten, bis wir beide nicht mehr konnten, und dann haben wir es sein lassen und die Sache vertagt.

Unausgesprochen hat uns das Problem Tag für Tag beschäftigt, bis er mir dann vor ein paar Tagen sagte, dass die Langeooger am Wochenende auch kämen und er ihnen das *Hagebutten-Mädchen* mitgeben würde. Vorher wollte er aber noch einen Experten für alte Bücher zu Rate ziehen, damit der Akkordeonverein wüsste, mit welchem Wert er nach Hause fahren würde. Ich hab dann nichts gesagt und ihn in dem Glauben gelassen, er hätte gewonnen. Doch in Wahrheit habe ich mich in diesem Moment entschieden, das Instrument verschwinden zu lassen. Irgendwie dachte ich, dass ich nur ein wenig Zeit gewinnen müsste, um Kai von meinen Plänen zu überzeugen.»

Sie musste ihn ablenken, sie musste ihn in ein Gespräch verwickeln, damit er nicht den Kopf wandte und die Mädchen erblickte, die noch immer ihre Köpfe über den Deichkamm reckten und zu beraten schienen, was zu tun sei.

«Sie wollten also verhindern, dass Ihr Lebensgefährte dieses Schriftstück zurückgab. Es ging Ihnen gar nicht um das Instrument, sondern nur um diese losen Blätter?»

«Sind Sie schwer von Begriff?», schnauzte er sie an. Ja, es fehlte nicht mehr viel, bis er endgültig die Nerven verlor. «Nur diese losen Blätter? Es war ein handschriftliches Manuskript von Theodor Storm, mehr als hundertfünfundzwanzig Jahre alt, super erhalten! Einen solchen Fund macht man nur einmal im Leben!»

«Und wo ist dieses *Hagebutten-Mädchen* jetzt?»

«Ich habe keine Ahnung! Wirklich nicht! Überall habe ich es gesucht, unsere Wohnung habe ich durchgekämmt von oben bis unten, sogar dieses verfluchte Instrument habe ich auseinandergenommen, aber da hat Kai es natürlich nicht wieder hineingesteckt, warum auch?»

«Was hat Ihr Freund dazu gesagt? Er wird doch bemerkt haben, dass jemand am Akkordeon herumgewerkelt hat.»

«Nein, das hat er nicht. Ich habe diese Suchaktion erst am Freitagabend gestartet. Weil ich mir sicher war, dass er ein paar Stunden auf dem Fest bleibt, und weil ich wusste, dass er diesem Schriftexperten von Wangerooge das Manuskript zeigen wollte. Deshalb musste es ja eigentlich in unserer Wohnung sein. War es aber nicht.»

«Und dann?»

«Natürlich habe ich das Akkordeon nicht wieder richtig zusammenmontiert bekommen, Kai hat sein Werkzeug im

Laden. Deswegen bin ich mit dem Teil dorthin, und weil ich dachte, vielleicht finde ich ja auch dort *Das Hagebutten-Mädchen*.»

Er ist also zwischen Viertel nach neun und zehn Uhr nicht spazieren gewesen, dachte Wencke. Natürlich war sie der Aussage des nächtlichen Füßevertretens ohnehin mit einer großen Portion Skepsis begegnet. «Also befanden sie sich im Laden. Also haben Sie uns gegenüber gelogen. Sie können sich vorstellen, dass Sie nun in meinen Augen mehr als verdächtig erscheinen, dass Sie selbst Ihren Freund ermordet haben?»

«Aber ...» Er starrte sie an. «Ich habe nur dieses Manuskript gesucht. Mehr nicht! Ich habe es nicht gefunden, wirklich, Kais Laden ist eine Rumpelkammer gewesen, das haben Sie ja selbst gesehen. Nach zwanzig Minuten bin ich wieder weg. Ach du Scheiße, na klar, nun bin ich dran!» Er schwankte ein wenig. Die verkrampfte Kopfhaltung musste seinen Gleichgewichtssinn durcheinander bringen. «Nun bin ich Kais Mörder!» Er lachte laut auf. Der Lauf rutschte vom Hals. Er grinste merkwürdig. «Aber das spielt jetzt ja sowieso keine Rolle mehr.» Dann löste sich der erste Schuss. Ein reißender Knall zerfetzte die Stille auf der Insel. Im Watt beschwerten sich lautstark die schreckhaft aufgeflogenen Vögel und, Gott sei Dank, beinahe im selben Augenblick zogen sich die Mädchenköpfe zurück. Lauft endlich weg, Kinder!

Henner Wortreich schien den Schuss nicht wirklich bemerkt zu haben. Dabei musste sein Ohr nun taub sein, die Kugel war nur ein paar Millimeter neben seiner Schläfe Richtung Himmel verschwunden. Nur kurz sah man so etwas wie Schrecken in seinem Gesicht, dann entspannten sich seine Züge wieder, als wäre nichts geschehen. Er war so weit. Sein Verhalten war nicht mehr abzuschätzen, er war nun über den Hang hinausgetreten und fiel in einen tiefen, schwarzen Abgrund.

«Was ist dann geschehen, Henner? Was ist in der Nacht passiert, als Kai Minnert das Instrument suchte, welches Sie aus der Wohnung geschleppt hatten? Ist er Ihnen gefolgt? Hat er Sie gefunden und zur Rede gestellt? Der Streit, den Sie beide so sorgsam verdrängt hatten, ist er am Freitagabend im Laden in der Wilhelmstraße eskaliert?»

Vielleicht hole ich ihn so zurück, dachte Wencke. Ich muss ihn diese Geschichte erzählen lassen, er muss wieder mit dem Reden beginnen. Vielleicht bremst es seinen Fall, wenn er sich an die Tatsachen erinnert. Vor allem musste es ihr gelingen, dass er aufhörte, sich selbst Vorwürfe zu machen. Er war am Ende, er war sich in diesem Moment vielleicht zum ersten Mal bewusst geworden, dass er aus reiner Geldgier seinen Freund betrogen hatte. In Wahrheit hielt ihm sein schlechtes Gewissen diese Knarre ans Kinn und nicht er selbst.

«Henner, mal ganz ehrlich, ich kann Sie gut verstehen. Ist ja auch nicht einzusehen, warum Kai nicht verstanden hat, worum es Ihnen ging. Warum hat er Ihnen nicht einen Moment richtig zugehört?» Dies war ein Vorgehen aus dem Lehrbuch. Man soll selbstmordgefährdeten Personen den Grund für ihr Handeln ausreden, ganz sachte und ganz vorsichtig soll man ihnen suggerieren, dass die Situation nicht so verfahren war und es falsch wäre, an dieser Stelle aufzugeben. Also musste Wencke ihm klar machen, dass sein betrügerisches Verhalten entschuldigt werden konnte. Dass er nicht allein Schuld war an diesem unglücklichen Verlauf der Ereignisse und auch Minnert seinen Teil dazu beigetragen hatte. «Kai hat Ihnen Unrecht getan, Henner. Für alle war er da, für den Heimatverein und die Antiquitätenhändler, für alle hatte er ein offenes Ohr und jede Menge Zeit. Witze erzählen konnte er, und einen trinken, und richtig viel essen.

Aber für Sie, Henner, für Sie hat er keine Zeit gefunden. Obwohl er doch wissen musste, wie schlecht es Ihnen ging. Das heißt, dass Sie nicht allein an all dem schuld sind!»

«Nein!»

«Warum hat er es nie auf einen Streit ankommen lassen? Warum hat er nie bemerkt, wie unglücklich und unzufrieden Sie mit dem Leben waren? Waren Sie ihm nicht wichtig? Er hat Ihre Misere einfach übersehen und immer nach seinen Regeln gespielt, war es nicht so?»

Wortreich senkte den Kopf. Er blickte zu Boden und Wencke konnte an seinen Fingern erkennen, dass er die Waffe nicht mehr ganz so entschlossen, nicht mehr ganz so verkrampft hielt. War Sie auf dem richtigen Weg?

«Er hätte Ihnen andere Möglichkeiten aufzeigen können, wie Sie Ihr Leben gemeinsam neu gestalten könnten, Wortreich. Stattdessen ging er Ihren Bedürfnissen aus dem Weg. Und das war falsch von ihm! Glauben Sie mir, Ihr geliebter Freund hat Ihnen in dieser Beziehung Unrecht angetan!»

Wortreich blickte auf. Sie konnte seinen Blick nicht deuten. War es Zweifel oder würde er gleich auf sie losgehen, weil sie Kai Minnert schlecht machte?

«So nett er auch sein konnte und sosehr Sie ihn geliebt haben, war Kai Minnert ganz bestimmt kein Heiliger, Henner! Hören Sie auf, sich selbst mit Vorwürfen zu zerfleischen. Sie hatten ein Recht, ein anderes Leben zu fordern, wenn Sie nicht glücklich waren. Und Kai hat Ihnen dieses Recht nicht gewährt. Betrugsversuch und Unterschlagung hin oder her, in diesem Fall hat auch Kai Minnert ganz sicher jede Menge Fehler gemacht.»

«Wie können Sie so etwas sagen?», fuhr Wortreich sie an und seine Stimme klang wie ein wildes Fauchen. «Wie können Sie behaupten, dass Kai sich auch nur einen Moment lang die Hände schmutzig gemacht hat? Er war der ehrbarste

Mensch, den ich je gekannt habe! Wie können Sie es wagen, jetzt alles zu verdrehen? Ihn schuldig zu sprechen? Wie können Sie es wagen?» Und dann sah Wencke, dass er ganz langsam seine Waffe wendete, Zentimeter für Zentimeter schob sich der Lauf in eine andere Richtung, bis die kleine, dunkle Mündung genau auf sie gerichtet war. Sie hatte es übertrieben. Das war also der Moment, auf den es hinauslaufen sollte. Sie schaute ohnmächtig in ein schwarzes Loch, an dessen Ende eine neue Kugel darauf wartete, hinausgeschleudert zu werden. Es war aber unlogisch, dass er die Waffe auf sie richtete. Hatte Sie ihn wirklich mit den paar Sätzen, die die weiße Weste seines Freundes nicht ganz so weiß erscheinen ließen, dazu gebracht? Aber was brachte es ihm, wenn er Wencke nun erschoss? Oder wollte er verhindern, dass sie die eben erfahrene Wahrheit weitererzählte? Er brauchte sie nicht zu töten, sie wusste doch nur von diesem unwichtigen Unterschlagungsversuch, alles andere war bislang unausgesprochen geblieben. Gut, wahrscheinlich hatte er seinen Lebensgefährten im Streit betrunken gemacht und ihn zum Sterben in das winzige Schaufenster verfrachtet, das könnte gut sein. Aber wenn er nun abdrückte, so brachte ihm diese kleine Fingerbewegung nichts ein. Außer Mord. Es war so sinnlos. Wencke schloss die Augen. So sollte die ganze Sache also ausgehen.

Sonntag, 21. März, 14.01 Uhr

Es ging nicht schneller, es ging nicht schneller. Sanders raste die Straße am Fuße des Deiches entlang und kam sich vor, als befahre er ein Fließband in entgegengesetzter Richtung, er trat wie von Sinnen in die Pedale und fühlte sich doch, als verharre er an Ort und Stelle. Der Schuss peitschte Sanders noch weiter voran, er war erst beim Bootshaus, als der Knall ihm direkt in die Muskeln zu fahren schien, noch zweihundert Meter bestimmt, es ging nicht schneller. Verfluchtes Fahrrad.

Glaser strampelte ein ewig weites Stück hinter ihm gegen die Zeit an. Sein Kollege war nicht ganz so schnell. Sanders wusste, Glaser wurde fast verrückt vor Angst, seine Tochter hatte strikte Anweisungen erhalten, sich vom Ort des Geschehens zu entfernen, aber nun schien er kaum atmen zu können vor Sorge. Sanders hingegen wäre auch ohne jeden Sauerstoff weitergefahren, er spürte einen Druck im Körper, der ihn in diesem Moment gleichzeitig niederpresste und zur Höchstform auflaufen ließ. Wencke.

Und dieser Wortreich hatte eine Waffe. Wencke hatte keine. Sie war so unvernünftig. Nie trug sie ihre Dienstwaffe, so eine verfluchte Nachlässigkeit. Wenn dir was passiert, Wencke Tydmers, dachte Sanders, wenn dir was passiert, dann bist du wirklich selbst Schuld daran. Doch diese trotzigen Verwünschungen machten nichts leichter, im Gegenteil. Sanders erschien dieser Deich so unendlich und steil, so ewig lang und unbezwingbar. Kam er überhaupt ein bisschen voran?

Ein zweiter Schuss! Und danach wieder das Schreien der Vögel und die Ruhe, die hinter seinen rasselnden Atmen lag. Und wenn dieser Schuss getroffen hatte? Wenn er nicht in der Lage gewesen war, ein bisschen schneller zu fahren, ein klein bisschen schneller, und seine Unfähigkeit nun Wencke das Leben gekostet hatte? Bilder tauchten vor seinen Augen auf, er stieg über den Deich und fand ihren Körper dahinter, rote Flecken auf ihrer Jeansjacke, ihre Jeansjacke ... Er wischte sich den Schweiß fort, der von der Stirn in die Augen tropfte, die Bilder verschwanden nicht. Die roten Haare auf der Erde, grüne Halme kitzelten an ihren breiten Lippen, sie bewegte sich nicht, Wencke war tot. Bitte nicht!

Obwohl, es konnte ja gar nicht sein. Wencke war unverwüstlich. Wenn jemand beharrlich diese Welt in Beschlag nahm, so war es Wencke. Vielleicht dieses Mal aber nicht. Ihr Körper war so zierlich, Sanders hatte sich heute Nacht darüber gewundert. Die Haut unter ihren Kleidern war ganz hell gewesen und weich wie Sand, unter den kleinen Brüsten hatte er die Rippen zählen können, mein Gott, wie zerbrechlich hatte sie ausgesehen, als sie nackt gewesen war. Sie hatte keine Chance.

Nun sah er die Mädchen. Sie lagen auf der meerabgewandten Seite im Gras. Beinahe bewegungslos. Als sie ihn heraneilen sahen, sprangen sie auf, er konnte ihnen die Erleichterung über sein Kommen im Gesicht ablesen. Sie rannten ihm entgegen. Bitte nicht rufen, dachte Sanders, bitte schreit mir nichts entgegen, auch wenn ihr noch so platzen wollt vor Angst. Sollte Wortreich noch nicht wissen, dass ihr da seid, so soll er auch jetzt nicht erfahren, dass ich komme. Zum Glück blieben die Mädchen leise und er konnte erst, als er sie erreicht hatte, ein paar Sätze aufschnappen. «Der Kerl ist total durchgedreht. Ballert in der Luft rum.» – «Hat sich die Knarre an den Hals gehalten!» – «Und dann auf die Frau gezielt!» – «Hat er nicht!» – «Hat der doch, ich bin noch mal kurz heraufgekrochen, und da hat er auf die Frau gezielt, ganz kurz bevor der zweite Schuss fiel, ich hab's genau gesehen!» – «Dann ist sie jetzt tot?» – «Kann sein!»

Sanders ließ das Fahrrad am grasbewachsenen Bordstein fallen und jagte mit weiten Schritten den Deich hinauf. Er hätte gern die Augen geschlossen, so sehr fürchtete er sich davor, dass sich die Bilder von eben als Wahrheit herausstellen könnten. Jetzt kam es auf ihn an, er musste geistesgegenwärtig handeln. Er bestieg den grünen Schutzwall. Er griff mit der rechten Hand an den Gurt, zog die Waffe heraus. Nicht einen Moment überlegte er, seine Finger entsicherten beinahe von selbst mit einem winzigen Klick die Pistole, er war im Einsatz. Er war bereit.

Die Deichkante schien immer tiefer zu sacken, je höher er kam, und schließlich konnte er die Szene sehen. Seine Augen erfassten die Fakten wie ein Scanner, Stück für Stück. Wencke hatte den Kopf eingezogen und zur Seite geneigt, als wolle sie sich kleiner machen und die Angriffsfläche dezimieren, auf die der Lauf der fremden Pistole gerichtet war. Doch Wortreich stand nur einen Schritt entfernt, seine Kugel würde sie in jedem Fall durchbohren, er hatte beide Hände an der Waffe, zielte, leicht breitbeinig, steif wie beim Sportschießen. Kein Wort fiel. Kein Blick wanderte in Sanders' Richtung. Es stand fest, was geschehen würde. Es gab nur ein Ende: Ein Schuss würde fallen. Sanders streckte die Arme aus und kniff ein Auge zusammen.

Er müsste rufen. Eigentlich, streng nach Vorschrift, müsste er die Person warnen, die er ins Visier genommen hatte. «Lassen Sie die Waffe fallen, hier ist die Polizei!», oder so etwas in der Art müsste er laut und deutlich von sich geben. Viel zu lang. Genug Zeit für Wortreich, den dritten Schuss loszujagen. Wer schon zweimal abgedrückt hat, dem sitzt der Finger ganz locker am Abzug.

Sanders folgte mit den Augen dem Lauf der Dienstwaffe. Seine Position war ungünstig, er konnte Wortreich nicht erwischen, ohne Wencke zu gefährden. Wie in Zeitlupe, die Pistole nach wie vor im Anschlag, schritt er seitwärts nach links, ganz langsam, eine hektische Bewegung könnte auffallen, könnte in den Blickwinkel der beiden Personen am Deichfuß geraten und die unvermeidliche Kettenreaktion auslösen. Irritation, Panik, Schuss.

Drei Meter weiter, er blinzelte wieder, Wortreichs Körper erhob sich hinter der fixierten Mündung, er konnte ihm ins Bein schießen, in die Schulter, in den Kopf. Sanders holte tief

Luft. Noch immer machte die Anstrengung der hastigen Fahrt ihn zitterig, einmal tief durchatmen, einmal die volle Konzentration hochfahren, aber dann musste es geschehen. Es blieb nicht viel Zeit, ein Schuss würde fallen, und er musste aus seinem Pistolenlauf kommen, nicht aus dem, der auf Wencke zeigte. Das Bein. Es musste reichen. Wencke würde die Chance ergreifen und Wortreich die Waffe entreißen, sobald dieser zu Boden gerissen war. Sanders atmete aus. Und Schuss!

«Halt, nicht schießen!», schrie eine Stimme von hinten. Wortreich riss voll Schrecken den Körper herum. Der Knall folgte im selben Augenblick. Wortreich blickte in Sanders' Richtung, als könne er das Projektil bei seinem Flug beobachten. Warum hatte er sich bewegt? Das Bein war nicht mehr an der Stelle, wo Sanders es angepeilt hatte. Die Bewegung hatte alles verschoben. Die Kugel traf in den Oberkörper, Wortreich fiel nach hinten, als wäre er umgestoßen worden. Die Vögel stoben in den Himmel.

«Nicht schießen!», brüllte wieder diese Stimme. Es war Glaser. Er stand ein paar Meter hinter Sanders und schaute in Wortreichs Richtung. Sein Gesicht war wie versteinert. Sanders folgte Glasers Blick. Henner Wortreich bewegte sich nicht mehr.

Sonntag, 21. März, 14.02 Uhr

Seltsam, sie musste eingeschlafen sein. Die Müdigkeit musste sie hinterrücks auf der Gartenbank übermannt haben. Eigentlich war es nur verständlich, dass Astrids Körper sich zurückholte, was sie ihm in den letzten zwei Nächten vorenthalten hatte.

Und nun war sie aus ihrer traumlosen Ohnmacht herausgerissen worden und sie hatte die unklare Erinnerung an einen Schuss, den sie gehört hatte. Benommen rieb sie sich mit den flachen Händen über das Gesicht. Die Kratzwunden von Seike brannten und ihre Wangen waren heiß. Sie hatte zu viel Sonne abbekommen. Sie gähnte kurz und spürte, dass ihr Mund rau und pelzig war. Ein Schluck Wasser, dachte sie, doch ihr war noch zu schwindelig, um aufzustehen. Wieder ein Schuss. Kein Zweifel, es war ein Schuss. Vom Deich her. Nicht weit weg.

Durch die Silberpappeln hindurch konnte sie zum Bootshaus schauen. Zwei Männer fuhren mit den Rädern Richtung Osten, als ginge es um Leben oder Tod. Hinten fuhr zweifellos der Zöllner, der vordere, schnellere mochte der Polizist sein. Die Kommissarin war nicht zu sehen.

Astrid lehnte sich auf der Bank zurück. Wen auch immer sie dort verfolgten, hinter ihr waren sie jedenfalls nicht her. Sie saß schlaftrunken im Garten, während nur hundert Meter entfernt geschossen wurde. Und für einen kurzen Moment mochte sie selbst daran glauben, dass sie völlig unschuldig war.

Dass sie nur eine Frau war, die im Garten zu lange in der Märzsonne gesessen hatte. Nur eine Mutter, die sich wünschte, dass ihr Sohn auch einmal hier in diesem Garten sitzen würde, mit eigenen Kindern um sich herum.

Doch so war es nicht. Sie war nicht unschuldig. Freitagabend hatte sie sich schuldig gemacht.

Noch etwas benommen stand sie auf und ging durch den Wintergarten ins Haus. Das Wasser aus dem Hahn in der Küche war angenehm kühl, sie hielt sich das gefüllte Glas auf die brennenden Wangen. Bevor sie eingeschlafen war, hatte sie, wie immer seit Freitag, an Kai gedacht und dass es nicht ihre Absicht gewesen war, ihn zu töten.

Genau genommen hatte sie die Sache von damals doch weit hinter sich gelassen. Gut, es hatte wehgetan, damals, vor fünfzehn Jahren, und die Angst, dass Gerrit etwas mit Henner haben könnte, war genauso unbegründet wie irrational in ihr verankert gewesen, aber Kai Minnert hatte sie verdrängt. Sie hatten sich nur selten unfreiwillig auf der Straße getroffen und ansonsten war die Insel groß genug gewesen, um sich aus dem Wege zu gehen. Und deshalb war Kai Minnert ihr egal gewesen. Sie hatte nicht die Absicht gehabt, ihn zu töten. Und wäre er am Freitagabend nicht bei ihr aufgetaucht, dann hätte es sich nicht geändert. Warum war er nur auf die Idee gekommen, auf seiner Suche nach Henner ausgerechnet zu ihr zu kommen? Sie schloss die Augen und legte den Kopf in den Nacken. Sie musste an Freitagabend denken. An diesen Augenblick vor zwei Tagen, in dem ihre alten Wunden wieder aufgerissen waren:

Astrid hatte am Freitag eigentlich nur ihre Ruhe haben wollen, bloß deshalb war sie auch nicht zur Feier im *Haus des Kurgastes* gegangen. Sie wollte stattdessen die Beine hochlegen, auf dem Sessel sitzen und Fernsehen schauen. Eine Romanverfilmung von Rosamunde Pilcher auf dem Zweiten, ein Glas Saft dazu. Und dann hatte er an ihrem Wohnzimmerfenster gestanden und gegen die Scheibe geklopft. Kai Minnert. Nach fünfzehn Jahren Sendepause hatte er am Freitagabend um Viertel vor zehn gegen ihre Scheibe gehauen. Da vorne die Tür schon verschlossen gewesen war, musste er auf der Suche nach ihr ums Haus herumgeschlichen sein. Merkwürdigerweise hatte Astrid sich kein bisschen erschreckt über das Klopfen und die Gestalt in ihrem Garten. Doch als sie ihm die Wintergartentür geöffnet hatte, war sie plötzlich in Sorge. Verschwitzt und gehetzt hatte er ausgesehen, Alkoholgeruch war ihr entgegengeweht. Sie hatte ihn gefragt, was er hier wolle. Warum er nicht auf dem Inselabend sei.

«Ist Henner hier?»

«Machst du Witze?», hatte sie zurückgefragt.

«Du hast Recht, warum sollte er ausgerechnet zu dir gehen? Aber ich weiß nicht, wo ich ihn noch suchen soll.»

«Habt ihr Streit?»

«Wenn es das nur wäre, Astrid!» Atemlos hatte er im Rahmen der Terrassentür gelehnt und sich mit der Hand über die Stirn gewischt. «Ich wünschte wirklich, es wäre nur ein Streit!»

Sie hatte ihn nicht hereingebeten, sondern sich vor ihn gestellt. Sie war sich zwar ihres schmalen Körpers bewusst gewesen, hatte aber auch gewusst, dass er sich nicht unerlaubt an ihr vorbeidrängen würde. Kai war bei allem, was er ihr angetan hatte, doch irgendwie immer ein anständiger Kerl gewesen. «Kannst du mir bitte sagen, was du hier willst?»

«Hast du eine Ahnung, wo dein Mann steckt?»

Astrids Bauch hatte sich zusammengekrampft. Auch nach fünfzehn Jahren hatte sie diesen Ausdruck in Kais Gesicht noch zu deuten gewusst, wenn er scheinbar beiläufig nach etwas Wesentlichem fragte. «Ist er nicht *bei euch*?»

«Du weißt es also!»

Astrid hatte geschwiegen. In diesem Moment hatte sie zum ersten Mal wirklich geglaubt, an ihrem Verdacht gegen Gerrit und Henner könnte etwas dran sein. Bislang waren es ja doch nur ihre Hirngespinste gewesen, doch als Kai ihr bestätigt hatte, dass sich Gerrit im Haus in der Dellertstraße aufhielt, da war sie sich sicher gewesen. Und auch, was er anschließend zu ihr gesagt hatte, passte nur zu gut zu ihrem Verdacht.

«Wie kannst du so gelassen aussehen?», hatte er schließlich gefragt. Gelassen! Er hatte wirklich nichts gemerkt. Und dann hatte er plötzlich an ihre Schulter gefasst. «Wir sind diesmal beide die Betrogenen, Astrid. Wir sollen beide ausgenommen werden. Sie wollen dir dein Haus nehmen, ich weiß es erst seit heute. Und Henner hat mich deswegen hintergangen. Er hat mich bestohlen, um an das Geld zu kommen. Ich werde ihm nie wieder trauen können.»

Sie war von seiner Bewegung zurückgewichen. Wie kam er darauf, sie anfassen zu dürfen?

«Kommst du mit, Astrid? Wir sollten die Sache jetzt klären! Ich gehe in den Laden, wahrscheinlich werden Gerrit und Henner auch dort auftauchen, weil sie denken, dass ich nach dem Manuskript suche. Es wäre das Beste für uns alle, wenn du dabei bist. Dann können sie ihre Intrigen vergessen, wenn sie sehen, dass wir beide uns verbündet haben. Verstehst du mich, Astrid? Es ist wichtig, dass du mitkommst!»

Was für ein Manuskript? Welche Intrigen? Wie und warum um alles in der Welt wollten sie ihr die *Villa Waterkant* wegnehmen? Oder war es nur eine Falle? Wollte Kai sie wieder demütigen?

Astrid hatte in diesem Moment nicht gewusst, welche Fragen sie sich noch stellen sollte, wem sie an diesem Abend wirklich trauen konnte. Er hatte nach Schnaps gerochen, er hatte wirres Zeug von sich gegeben, er war der letzte Mensch gewesen, mit dem sie, fast mitten in der Nacht, verschwinden wollte.

«Ich bleibe hier. Michel schläft. Ich kann ihn unmöglich allein lassen!»

«Das kannst du nicht machen. Bitte, Astrid!»

Astrid hatte nach der Terrassentür gegriffen und sie zugeschoben, obwohl Kai noch immer mit einem Fuß in der Tür gestanden hatte. Ohne jegliche Gegenwehr war er zurückgewichen.

«Astrid, hör zu! Die wollen dich klein kriegen! Und die werden es auch schaffen, wenn du schon wieder den Kopf in den Sand steckst.»

Doch sie hatte den Fensterhebel nach oben gelegt und den Schlüssel umgedreht. Nur leise waren Kais Worte zu ihr hereingedrungen. «Es ist nicht richtig, immer wieder davonzulaufen, Astrid, überleg es dir noch mal. Ich fahre jetzt in den Laden, du weißt, wo du mich findest. Du kannst mir vertrauen, ich werde mich an deine Seite stellen!»

Sie hatte sich umgedreht und wieder in den Sessel gesetzt, er hatte noch ein paar Minuten dagestanden, bis er nach fünf Minuten endlich verschwunden war.

So war es gewesen am Freitag. Sie war in Panik geraten, ihre Befürchtungen über Gerrit schienen ausgerechnet von Kai Minnert bestätigt worden zu sein. Der Verdacht hatte sich ja inzwischen als falsch herausgestellt: Ja, Gerrit war am Freitag zwar in Kais Haus gewesen, allerdings in der Wohnung nebenan. Kai hatte also nicht von einer Affäre zwischen Gerrit und Henner gesprochen, er musste an diesem Abend von der Sache mit Seike erfahren haben. Er hatte ihr sagen wollen, dass Gerrit die Scheidung plante, dass Henner sich dabei das Haus unter den Nagel reißen wollte und dafür einen Diebstahl begangen hatte. Und es musste dabei um eine Menge Geld gegangen sein, denn Astrid wusste, wie viel die *Villa Waterkant* wert war.

Sie hatte am Freitag den Liebesfilm im Fernsehen zu Ende geschaut, hatte die Sofakissen wieder zurechtgerückt und den Couchtisch abgewischt, das Saftglas ausgespült, das Licht ausgeknipst, den Mantel übergeworfen, die Haustür hinter sich zugeschlossen.

Wenn sie jetzt darüber nachdachte, fast zwei Tage später, war sie immer noch sicher, dass sie, als sie das Haus verließ, nicht die Absicht hatte, Kai zu töten. Warum auch?

Sie stand noch immer an der Spüle, trank noch ein Glas Leitungswasser. Ihr Blick fiel durch das Küchenfenster wieder in Richtung Deich. Der Polizist hatte sein Rad an den Straßenrand geworfen und stieg mit großen Schritten den Deich hinauf. Astrid griff mit der Hand unter die Spüle. Der gefütterte Umschlag klebte noch immer seitlich im Schrank unter dem Becken. Es war kein gutes Versteck, das sie Freitagnacht ausgesucht hatte. Doch sie war benebelt gewesen vom Sekt, den sie in Kais Laden getrunken hatte, und vom Wissen, etwas sehr Wertvolles in ihren Besitz gebracht zu haben. Sobald die Polizei nicht mehr jeden Moment vor der Tür stehen konnte, würde sie das flache Päckchen irgendwo anders verschwinden lassen. Vielleicht im Garten vergraben. Und wenn das kostbar beschriebene Papier dort verrottete? Einige Jahre würde es sicher unangetastet an Ort und Stelle liegen bleiben. Besser nicht in die Erde. Vielleicht zwischen Michels Babysachen? Und wenn Gerrit die Kleidung für sein noch ungeborenes Kind holte? Es gab auch die Möglichkeit, den Schatz bei einem Notar auf dem Festland zu hinterlegen ...

Wieder ein Schuss. Wieder am Deich. Sie sollte mal nachschauen gehen, was dort vor sich ging, jeder würde sich sonst später fragen, warum sie sich nicht dafür interessiert hätte. Und sie wollte nicht, dass irgendjemand Fragen dieser Art stellte.

Sonntag, 21. März, 14.28 Uhr

Bonnhofen hatte diskret schon einen Kugelschreiber auf die vorbereitete Vereinbarung gelegt und das Ganze ein paar Zentimeter über den Tisch geschoben. Ein, zwei Minuten würde es noch dauern, aber dann stand die Unterschrift des Bürgermeisters und des Kassenwartes auf diesem Stück Papier. Rechtlich natürlich noch nicht verbindlich, aber in jedem Fall ein großer Schritt in die richtige Richtung und ein Dokument, schwarz auf weiß, welches sich noch heute Abend hervorragend nach München faxen ließ. Sein Klient sollte merken, dass er nicht untätig auf der Insel hockte und auf den gefürchteten Anruf wartete.

Er tippte nochmals an den Rand des Papiers, der Bürgermeister verstand die Geste, schob seine Teetasse zur Seite und griff nach der Vereinbarung. «Also von mir aus», sagte er selbstgefällig. «Die Damen und Herren des Gemeinderates müssen natürlich auch noch ihr O.K. dazu geben, aber ich denke, wir als Verwaltung können die Beratungsvorlagen bereits insofern vorbereiten, dass die Argumente für jeden überzeugend sind!»

«Eine sicher willkommene Finanzspritze für den Haushalt, denken Sie nur an die Kosten für die neue Konzertmuschel auf dem Kurplatz», redete Bonnhofen auf ihn ein und bekam, wie erwartet, ein überzeugtes Nicken als Antwort. «Noch dazu haben Sie ab jetzt keine Verantwortung mehr zu tragen für das Grundstück, auf dem das *Inselhuus* steht. Gärtner und Anliegeraufwendungen, die Verhandlungen mit dem Heimatverein über die Kaufabwicklung, all dies können Sie getrost mir und meinen Leuten überlassen, während Sie sich den wichtigen Dingen auf Juist zuwenden!»

«Jaja, ich sehe schon, Sie kennen den Job!»

«Ich möchte nicht mit Ihnen tauschen, Herr Bürgermeister!»

«Wie schön, dass endlich einmal jemandem auffällt, dass ich mehr mache, als nur in meinem Büro zu sitzen!» Er nahm den Stift in die Hand. «Dann wollen wir mal.»

In diesem Moment flogen die Türen auf und zwei Frauen stürmten in das Kaminzimmer. Auf dem Flur hörte man das aufgeregte Gerede vieler Menschen. «Am Deich ist geschossen worden!»

«Man sagt, der Henner Wortreich ist tot! Vom Polizisten erschossen! Drei Kinder haben es beinahe mit ansehen müssen, die Theatergruppe von Wangerooge war auch ganz in der Nähe.»

«Angeblich soll der Sanders einfach drauflos geballert haben!»

Der Bürgermeister sprang auf. Bonnhofen schaute heimlich in Richtung Vertrag. Er war noch nicht unterschrieben. Mist!

«Das kann ich mir aber nicht vorstellen! Herr Sanders ist ein ausgesprochen sachlicher, besonnener Polizeibeamter. Er soll wirklich …?»

«Zwanzig Meter Entfernung! Mitten ins Herz!»

«Gibt's ja nicht!» Auf dem Weg hinaus drehte sich der Bürgermeister nur kurz um. «Wir müssen ein anderes Mal weitermachen, Herr Bonnhofen, ich bin mir sicher, Sie haben dafür Verständnis!» Und dann eilte der Zweimetermann aus dem Zimmer, hinter ihm der Kassenwart.

Es war wieder still. Bonnhofen saß ganz allein am Tisch. Was war da eben so schnell passiert? Was hatte ihm da in letzter Sekunde einen solch gehörigen Strich durch die Rechnung gemacht?

Zum ersten Mal beschlich Bonnhofen das mehr als unangenehme Gefühl, dass er es vermasseln würde. Dass all dieser Aufwand umsonst gewesen war. Angefangen bei dieser dämlichen Shanty-Singerei, zu der er sich hatte hinreißen lassen, um sich unauffällig der Juister Vereinswelt zu nähern. Aber auch diese Falschaussage im Polizeirevier, um die Schiffsabfahrt zu verzögern, für die Katz. Alles aus! Sogar sein allerletzter Besuch in Kai Minnerts Laden, als er den Erbosten hatte beruhigen wollen, nachdem die Sache mit Claus-Bodo Johannsen aufgeflogen war, sogar diese Aktion erschien im Nachhinein ziemlich überflüssig. Vielleicht wäre es besser gewesen, er hätte sich in diesem Moment am Freitagabend anders entschieden. Vielleicht wäre Kai Minnert noch am Leben. «Wie man es macht, macht man es falsch», seufzte Bonnhofen, als er die Blätter der Vereinbarung zusammenschob und in seiner Aktentasche verschwinden ließ.

Sonntag, 21. März, 15.30 Uhr

Henner Wortreich war tot. Wahrscheinlich hatte er gar nicht mitbekommen, dass Sanders Kugel unterhalb der Rippen in den Körper eingedrungen war. Wencke hatte noch den verwirrten Blick gesehen, mit dem Wortreich sich nach Glasers Ruf umgeschaut hatte, und dann war er zusammengebrochen. Danach lief alles ab wie im Film: Puls fühlen, Wiederbelebungsversuche. Ein paar verzweifelte Atemzüge lang hatte sie um ihn gekämpft, bis Glaser sie sanft fortzog und sie zu Sanders gingen. Und dann standen sie dort zu dritt und schwiegen. Der Arzt und die Sanitäter waren schon eingetroffen, Wencke bekam ihr Zeitgefühl nicht in den Griff: War nicht eben erst der Schuss gefallen? Und jetzt waren hier zu viele Leute, sie hatte eben doch noch ganz allein mit Wortreich gestanden – es tat gut, dass Sanders ihre Hand nahm.

«Wir beiden leben noch. Das ist das Einzige, was im Moment zählt», flüsterte er. «Wenn du so weit bist, dass du reden willst, dann lass es mich wissen.» Und seine Finger schlossen sich fester um die ihren. Dann sagte wieder niemand der drei ein Wort. Was war denn hier los?

«Entschuldige mich bitte kurz», sagte Sanders schließlich, ließ sie los und ging weg, aber nicht ohne ihr noch einmal kurz über den Rücken zu streicheln. Er winkte den Zollbeamten zu sich und Wencke sah ihm zu, wie er mit Glaser diskutierte, wie sie in verschiedene Richtungen zeigten und sich etwas notierten. Sanders telefonierte mit dem Handy und lächelte sehr vorsichtig zu ihr hinüber, blickte dann wieder nachdenklich auf die Leiche. Er hatte geschossen. Er hatte einen Menschen erschossen. Direkt neben ihr war es geschehen. Keine Armlänge entfernt.

Es war verdammt eng hier am Deich, viel zu viele Menschen. Wencke drehte sich um.

Langsam ging sie am Fuß des Deiches entlang, verdammt, die Schuhe drückten erbarmungslos. Im Gehen streifte sie die Treter ab und ließ sie einfach liegen. Barfuß war es viel besser!

«Und was ist jetzt mit der Fähre?», rief ihr eine fremde Stimme hinterher. Welche Fähre? Wencke brauchte eine Weile, um zur Besinnung zu kommen, bis sie wieder gewahr wurde, dass sie hier auf Juist war und in einem Fall zu ermitteln hatte.

«Er war es doch, oder nicht? Jetzt ham Sie doch den Mörder, können Sie nicht gleich bei der Reederei Bescheid geben, vielleicht können wir ja schon unser Gepäck an Bord stellen?»

Wencke schaute weg. Hatte sie einen Mörder gefunden? Hatte sie den Fall gelöst? Welchen Fall eigentlich, schließlich gab es nun zwei Tote, aber Sanders war ja kein Mörder. Und Henner Wortreich war auch keiner. Da war sich Wencke ganz sicher. Geweint hatte er und verzweifelt war er gewesen, gerade eben noch, als er die Pistole auf sie gerichtet hatte. Es stimmte, er hatte sich die Schuld an Minnerts Tod gegeben. Aber er hatte nicht gesagt, dass er ihn ermordet hatte. Es gab immer mehrere Wahrheiten in einem Fall.

Sonntag, 21. März, 15.56 Uhr

Alles lief seinen einigermaßen geregelten Gang, von Sanders' Händezittern mal abgesehen und von Wenckes Zustand. Sie stand ganz offensichtlich unter Schock. Aber sonst waren alle einigermaßen ruhig und gefasst, trotz der Leiche im Gras. Doch dann kam Astrid Kreuzfeldt über den Deich und schrie.

Wie in einem schlecht inszenierten Stück eines Provinztheaters rannte sie zu ihrem Bruder und warf sich dramatisch über ihn. Als man sie behutsam von ihm löste, war ihre helle Bluse besudelt. Die Sanitäter nahmen sie zur Seite und drehten ihren Kopf, fast mit Gewalt, vom Leichnam weg. Sanders konnte nicht verstehen, was sie unentwegt von sich gab. Es klang wie eine fremde Sprache. Sie war vollkommen hysterisch.

Allmählich löste sich die Menschenmenge auf, nachdem ein Mann vom Hafen kam und sagte, dass die Schiffe wieder führen und es schon fast vier Uhr sei. Wer also seine Sachen noch zu packen hätte, müsse sich beeilen. Einige spurteten daraufhin los, andere verließen nur zögerlich den Ort des Geschehens. Auf jeden Fall wurde es merklich leerer. Sanders schaute sich um, wo war eigentlich Wencke? Lagen da hinten nicht die geliehenen Turnschuhe?

Sanders' Handy piepte.

«Rieger hier, Spurensuche, sagen Sie, Sanders, was ist mit Frau Tydmers los, ich versuche schon seit Stunden, sie zu erreichen.»

«Wir hatten einige, hm ... nicht nur einige, wir haben hier einen Haufen Probleme!»

Es war merkwürdig, die bekannte Stimme aus Oldenburg zu hören, ganz weit weg waren die Kollegen, die auf dem Festland am Rand mit diesem Fall beschäftigt waren. Sanders hatte sie rundweg vergessen in den letzten Stunden.

«Es gab einen weiteren Toten.»

«Ach, oh, Scheiße!»

«Ich war's!»

Einen Moment hörte man nur das tiefe Einatmen am anderen Ende der Leitung. «Sanders, hey, tut mir Leid. Sie sind ein sehr gewissenhafter Polizist, das wissen wir hier alle, Sie hatten sicher einen dringenden Grund, so zu handeln.»

«Danke, dass Sie mich trösten wollen, Rieger, aber ich komme damit schon klar. Ich bin okay! Frau Tydmers hat es härter getroffen, sie stand daneben, wurde von der Person bedroht, da habe ich eben ...» In diesem Moment spürte Sanders zum ersten Mal, dass er alles andere als okay war. Was hatte er getan?

«Deshalb geht sie wahrscheinlich nicht an den Apparat, kann ich verstehen. Hören Sie, vielleicht brauchen Sie meine Informationen ja dann gar nicht mehr, aber wir haben die Fingerabdrücke aus dem Laden teilweise identifiziert.»

Fingerabdrücke? Himmel, wie weit war das alles entfernt. «Wir haben allein an der Fensterrückwand knapp zwanzig verschiedene Abdrücke gefunden, kein Wunder, in einem relativ engen Raum kommt man schon mal an die Wand, die meisten waren auch nicht in unserem Computer gespeichert. Nur drei Abdrücke konnten wir zuordnen, sie stammten vom Mordopfer selbst und außerdem von einem ehemaligen Scheckbetrüger aus Bocholt. Der hat allerdings ein bombensicheres Alibi, da er seit zwei Wochen in Kur im

Schwarzwald ist. Das haben wir bereits überprüft. Diese beiden Ergebnisse sind also uninteressant für Sie.»

«Und das letzte?»

«Könnte da schon eher was hergeben. Kennen Sie einen Tjark Bonnhofen?»

«Immobilienmakler aus Norderney?»

«Dann kennen Sie ihn also!»

«Er hat als Zeuge eine wichtige Aussage gemacht, die sich bislang nicht als unwahr herausgestellt hat. Im Gegenteil, er hat mit seinen Angaben unsere Ermittlungsarbeiten vorangetrieben.»

«Ist ein gewitzter Bursche, dieser Bonnhofen. Was meinen Sie, warum wir ihn in unserer Kartei führen?»

«Betrug?»

«Nein, was anderes. Er ist bei verschiedenen rechtsradikalen Versammlungen gesehen worden. Angeblich war er zwar nur aus geschäftlichem Interesse bei den Treffen der braunen Kameraden, aber die Kollegen von der inneren Sicherheit haben ihn mal in München bei einer nicht genehmigten Zusammenkunft unter die Lupe genommen, und dabei sind seine Fingerabdrücke bei uns gelandet.»

«Das ist tatsächlich interessant!»

«Ach, und noch etwas: An etlichen Stellen ist herumgewischt worden. Die Fingerabdrücke, die wir sichern konnten, waren nicht in der Nähe des Griffes. Denn dort sind alle Spuren gründlich vernichtet worden. Mit einem Mikrofasertuch. Die Kollegen haben bei der Tatortsicherung keinen solchen Lappen gefunden. Der Täter wird ihn mitgenommen haben.»

«… oder die Täterin!», fuhr Sanders fort. «In jedem Fall können wir nun mit Sicherheit davon ausgehen, dass die Tür mit krimineller Absicht geschlossen wurde. Ein Witzbold, der Minnert nur eins auswischen wollte, hätte nicht seine Fingerabdrücke abgewischt.»

«Und Ihre neue Leiche? Ist es der Täter?»

Sanders hatte noch nicht wirklich abschließend darüber nachdenken können. Ihm war es zunächst nur darum gegangen, Wencke aus der brenzligen Situation zu befreien. Vielleicht wusste sie mehr darüber, ob Henner Wortreich der Täter war. Und Tjark Bonnhofen, warum auch immer? Oder doch Astrid Kreuzfeldt, der er so etwas nicht zugetraut hätte? Eventuell hatte sie auch einen Komplizen, ihren Mann vielleicht, Gerrit Kreuzfeldt?

«Rieger, ich danke Ihnen vorerst. Wenn Sie den Toten bei sich in Oldenburg auf dem Tisch haben, dann lassen Sie mich bitte wissen, ob seine Fingerabdrücke ebenfalls auf der Schaufensterwand zu finden waren. Und ich werde mich in der Zwischenzeit um einige weitere Beweismittel kümmern. Vielleicht können wir ja noch einige Indizien und die Fingerabdrücke aller Beteiligten zusammentragen und Ihnen zur Verfügung stellen, wenn Ihr Team wieder auf die Insel kommt wegen des zweiten Toten.»

«Aber bitte, zuerst sollten Sie nun dringend mit Wencke Tydmers reden! Wahrscheinlich ist sie ein wenig fertig von den Ereignissen, auch wenn sie so etwas immer ungern zugibt. Drücken Sie sie mal ganz tüchtig. Sollte es Ihnen ein wenig widerstreben, tun Sie es mir zuliebe. Wencke mag ja immer so hart tun, aber eigentlich ist die Frau sehr sensibel, glauben Sie mir! Und Sie selbst sollten sich auch nicht überschätzen. Sie wissen ja, ich als Gerichtsmediziner kenne mich ziemlich gut damit aus, wie es im Inneren der Menschen aussieht.»

Sanders mochte Riegers makabren Humor, in diesem Moment war er sogar ein Stück weit dankbar dafür. Er brachte ein wenig Leichtigkeit in die Situation. «Werde ich tun!», versprach er und legte auf. Und dann wurde ihm schlecht. Der Speichel strömte in seinen Mund, aber er konnte den ersten Würgereiz unterdrücken. Vor ihm legten sie gerade eine Decke über Henner Wortreich. Warum eigentlich erst jetzt? Sanders wollte nicht hinsehen und darüber nachdenken müssen, dass in diesem Körper eine Kugel aus seiner Dienstwaffe steckte. Ihm war klar, dass der Schuss alles ändern würde. Der sicher geglaubte Aufstieg, der ihn die Karriereleiter hinauf ins Emsland zur GER führen sollte, war nun bis auf weiteres versperrt. Ein tödlicher Schuss auf einen Verdächtigen, ohne Vorwarnung und ohne wirklich klaren Kopf, reichte dazu vollends. Er hatte in diesem Moment nur Wencke gesehen und die Pistole und den gezielten Blick von Henner Wortreich. Und dazu war noch die Angst vorher so in ihm aufgestaut gewesen, da er Wencke nicht erreichen konnte, er diesen Waffenschein gefunden hatte und die Zöllnerfrau ausgesagt hatte, dass Wencke mit ernstem Gesicht in Richtung Deich geführt worden war. Sein Schuss war eine Kurzschlussreaktion gewesen. Es war ihm dabei nur um Wencke gegangen, um keinen anderen. Nie hätte er gedacht, dass ihm so etwas passieren könnte. Er war doch ein sachlicher Mensch, hatte immer einen kühlen Kopf bewahrt, hatte stets die Übersicht behalten. Bis gerade eben. Da hatte die Angst um Wencke alles in ihm umgedreht. Und er hatte geschossen. Es würde Untersuchungen geben, endlose Befragungen und Protokolle. Er würde nicht umhinkommen, sich damit zu beschäftigen, dass er soeben einen Menschen getötet hatte. Doch jetzt brachte es nichts, sich darüber den Kopf zu zerbrechen. Was nutzte es, wenn er jetzt schlappmachte? Wo war Wencke? Wo sollte er nach weiteren Spuren suchen? Entschlossen spie Sanders die Spucke ins Deichgras.

Das Handy piepte erneut.

«Sanders?»

«Wencke hier.»

«W...»

«Ich hatte die ganze Zeit mein Handy ausgeschaltet. Muss wohl gestern Abend in berauschtem Zustand geschehen sein, sorry!»

«Nicht so schl...»

«Ich bin jetzt so weit!»

«Wie?»

«Ich sitze am Strandaufgang beim *Café Strandkorb* und warte auf dich. Kannst du?» Hatte sie ihn tatsächlich geduzt?

«Bin sofort da!», sagte er schnell. Aber da hatte sie das Gespräch schon fast unterbrochen. Als er zum Fahrrad lief, rief er Glaser zu, er solle sich um alles Weitere kümmern. Wichtige Beweisaufnahme, könnte etwas dauern, über Handy erreichbar, danke schön.

Von der Fahrt bekam er nicht viel mit, nur das Knarzen seines Sattels, als er mit aller Kraft in die Pedale trat, durchs Ostdorf raste, an der katholischen Kirche vorbei und den Dünenweg hinauf. Während der Fahrt lockerte er endlich seinen Krawattenknoten. Schließlich kam er ungeduldig auf der Dünenhöhe an und sah Wencke im Sand sitzen, barfuss, die Zehen im Sand vergraben, den Kopf zurückgeneigt und die Augen geschlossen. Sie schien ihn nicht zu hören und blieb genau so sitzen, bis er direkt neben ihr stand, laut schnaufte und überlegte, was er denn nun sagen sollte. Er fühlte sich von der Situation überfordert und war froh, als sie die Augen öffnete und ihm einfach nur zunickte, aufstand und vor ihm mit langsamen Schritten zum Strand hinunterging.

Es lag einiges Zeug im Sand: Plastikeimer und Fischernetze und jede Menge Holz. Im Winter hatte das Wasser einmal bei starkem Nordwestwind bis an die Dünenkette herangereicht, nun war es noch gut fünfzig Meter entfernt, obwohl nur noch eine Stunde bis zum Hochwasser war. Viel Platz hier, dachte Sanders, genug Platz für Wencke und mich. Sie liefen der tief stehenden Sonne entgegen und mussten beide die Augen zusammenkneifen. Durch die Wimpern hindurch schaute Sanders auf das Meer. Es war nicht laut heute, sondern schob sich sanft auf den Inselsand.

«Ich glaube, mir geht es jetzt etwas besser», sagte Wencke schließlich. «Habe ein wenig nachgedacht und viel zu viel geraucht. Nun ist mein Kopf wieder etwas klarer. Und wir sollten einiges klären!» Es klang nicht fordernd, nicht anklagend, sondern wie eine freundliche Feststellung. «Zuerst eines: Ich glaube nicht, dass Henner Wortreich der Mörder war!»

«Ich auch nicht!», gab Sanders zu. «Was hat er auf dem Deich erzählt?»

«Wollen wir ganz von vorn anfangen, Sanders? Jeder sagt offen, was er weiß?»

«Ja, aber ich habe immer alles offen erzählt. Warum sollte ich Geheimnisse haben? Wir sind doch ein Team!»

«Und was ist mit Seike Hikken?»

Scheiße, dachte Sanders.

«Wie gesagt: Wir fangen jetzt beide von vorn an. Vielleicht kriegen wir dann ja mal eine einigermaßen zusammenhängende Geschichte auf die Reihe.»

«Angefangen bei Adam und Eva?»

Nun lächelte sie. «Ich denke, es reicht, wenn wir am Freitagabend starten. Ab dem Moment, wo Kai Minnert sich mit unserem Zeugen Bonnhofen unterhält und schließlich verabschiedet.»

«Entschuldigung, dazu muss ich noch erwähnen, was ich inzwischen erfahren habe. Dass dieser Bonnhofen nämlich alles andere als vertrauenswürdig ist. Er ist ein Nazi-Sympathisant …»

«Wortreich hat mir gegenüber mal so etwas erwähnt. Auch, dass er sich nicht vorstellen könnte, dass Minnert mit einem wie ihm Geschäfte tätigen wollte.»

«... und man hat seine Fingerabdrücke an der Schaufensterrückwand gefunden.»

«Fingerabdrücke? Hat er nicht zu Protokoll gegeben, nie den Laden betreten zu haben? Was uns natürlich vermuten lässt, dass er heimlich dort war.»

«Nehmen wir an, Minnert dachte nicht daran, das *Inselhuus* an einen von Bonnhofens Sorte zu verkaufen. Dann hätte er sicher ein nettes Motiv gehabt, Minnert erbost im Geschäft zu besuchen!»

«Aber dann hätten die beiden sicher keinen Sekt getrunken und den hat man nun mal in Minnerts Magen gefunden.»

«Stimmt auch wieder. Na ja. Jedenfalls können wir davon ausgehen, dass Bonnhofen uns mit seiner Zeugenaussage einen Bären aufgebunden hat und Minnert ihm gegenüber niemals etwas über irgendwelche Ängste ausgeplaudert hätte.» Sanders stieß einen alten, vom Meer angenagten Pantoffel zur Seite.

Wencke wäre fast über den Latschen gestolpert und schoss ihn mit ihren nackten Füßen noch ein Stück weiter. «Und die Sache mit den Antiquitäten hat sich ja im Nachhinein als richtig erwiesen. Minnert ist mit Gerold Dontjeer gegen 21.15 Uhr vom *Haus des Kurgastes* in die Wohnung in der Dellertstraße gegangen, weil er ihm das *Hagebutten-Mädchen* zeigen wollte.»

«Das Akkordeon», setzte Sanders hinzu.

«Nein, es ging hier nicht nur um das Instrument. Henner Wortreich hat mir erzählt, dass in diesem Akkordeon handbeschriebene Blätter gefunden wurden, von denen man annimmt, dass sie ein Originalmanuskript von Theodor Storm sind.»

Sanders blieb kurz stehen. Darum hatte es also den ganzen Wirbel gegeben.

Wencke lief weiter. «Jedenfalls kann Kai Minnert in seiner Wohnung weder das Schriftstück noch das Schifferklavier finden, was daran liegt, dass Henner, der auf der Suche nach dem Manuskript war, es fortgeschafft hat. Er wollte den Fund unterschlagen, um so an Geld zu kommen.»

«Aber er hatte doch ganz gut was auf dem Konto. Bettelarm sah Wortreich nun wirklich nicht aus. Warum sollte er ausgerechnet seinen Lebensgefährten hintergehen?»

«Weil er vorhatte, seiner Schwester das Elternhaus abzukaufen.»

«Astrid Kreuzfeldt wollte die *Villa Waterkant* veräußern?»

«*Wollte* sie nicht! Aber jetzt kommen wir an die Stelle, wo Seike Hikken ins Spiel kommt.» Sie machte eine bedeutungsvolle Pause, bevor sie fortfuhr. «Minnert klingelt an der Nachbartür, weil er Seike fragen möchte, ob sie Henner mit dem Akkordeon hatte verschwinden sehen.»

«Frau Hikken hat mir das genau so bestätigt.»

«Frau Hikken?» Wencke lachte kurz auf. «Frau Hikken sagst du? Ich bitte dich, inzwischen bin ich schon dahinter gekommen, dass du sie eher mit Vornamen ansprichst. Ich hätte dich heute Morgen erwürgen können, als ich von eurem innigen Verhältnis erfahren habe. Du weißt, ich könnte dich ganz schön rankriegen, weil du mir nichts davon erzählt hast ...»

«Ich bin ganz in deinen Händen», murmelte Sanders nur, und er hoffte, wenn sie ihn überhaupt verstand, dass sie auch den zweideutigen Sinn dieses Satzes begreifen würde. «Und was hat sie nun damit zu tun?»

«Also gut, Kai Minnert klingelt an der Tür, Seike Hikken macht auf und erzählt ihm irgendetwas von ...»

«... dass sie Henner Wortreich mit einem Handwagen und einem klobigen Ding hat verschwinden sehen ...»

«Das ist erst einmal nicht so wichtig. Wichtig ist, dass Minnert Gerrit Kreuzfeldt in Hikkens Wohnung sieht, ich nehme mal an, in leicht bekleidetem Zustand.»

«Wie ... wie kommst du denn darauf?»

«Gerrit und Seike haben ein ...»

«... ein Techtelmechtel?»

«Himmel, Sanders, nun springst du aber an wie gestochen!» Wencke verzog amüsiert die Mundwinkel. Er wusste, sie wollte ihn damit in Rage bringen. Seike hatte einen anderen? «Ein Techtelmechtel würde ich es nun nicht gerade nennen. Immerhin haben die beiden ein gemeinsames Kind ...»

«Piet?»

«Nein, der Junge heißt Paul! Und ein zweites ist auch unterwegs!»

«Aber ...» Warte, warte, warte, nun mal langsam, dachte Sanders.

«Ich habe dir doch von dem Furienspektakel heute Morgen erzählt. Seike Hikken hat ihrer Nebenbuhlerin Astrid Kreuzfeldt von der Schwangerschaft erzählt. Unter uns, ich kann vollends verstehen, dass sie so wütend geworden ist.»

«Kann ich auch ...», entgegnete Sanders schlapp. Er bückte sich, legte einen bleich gewaschenen Plastikkanister zurecht und ging in die Hocke. «Ich muss mich mal eben setzen.»

Wencke stellte sich vor ihn, sodass er direkt auf ihre Beine schauen konnte. Die Jeanshose war bis zu den Knien aufgekrempelt, ihre Schienbeine waren nicht epiliert und hatten ein paar blaue Flecken vorzuweisen, wahrscheinlich vom Kampf am Vormittag. Er fand, sie sahen trotzdem sehr anziehend aus. Das Kind war also gar nicht von ihm? Aber ...

«Okay, Sanders, diese Nachricht hat dich jetzt umgeschmissen. Tut mir ja Leid, wenn es dir das Herz bricht. Diese Seike ist auch wirklich ein Prachtweib. Aber ich habe keine Lust, mir jetzt dein Gejammer um Seike anzuhören.

Mir hat die Sache nämlich auch ganz schön zugesetzt, dass du mich wegen ihr so im Unklaren gelassen hast, besonders nach gestern Nacht.»

«Hör mal ...»

«Ich werde dir nicht zuhören, Sanders. Wir beide haben hier einen Fall zu lösen, also verschon mich mit Gefühlskram und gib mir gefälligst alle relevanten Informationen. Das ist deine Pflicht, verdammt. Ist schon schlimm genug, dass ich dich auf einmal duze! Wenn es dir nichts ausmacht, dann erzähle ich jetzt weiter, du kannst mich ja unterbrechen, wenn du Dinge hinzuzufügen hast, die du bisher lieber verschwiegen hast.»

«In Ordnung, Wencke.» Sanders schaute zerknirscht zu Boden.

«Minnert sieht also, dass Seike ein Verhältnis mit Gerrit hat. Er zählt eins und eins zusammen: Gerrit und Seike, aha, und Henner hat sicher davon gewusst, er ist ja auch viel öfter zu Hause, und doch hat er die Sache nicht erzählt. Tja, und da begreift Kai mit einem Mal, dass Henners Wunsch, das geheime Manuskript in Geld umzuwandeln, einen aktuellen Anlass hat: Eine Scheidung im Hause Kreuzfeldt steht an, ein günstige Gelegenheit, die *Villa Waterkant* von Astrid zurückzukaufen. Er hat wahrscheinlich bereits geahnt, dass Gerrit und Henner in diesem Fall sogar unter einer Decke stecken könnten. Vielleicht waren sie vertraut miteinander? Schließlich waren die beiden verschwägert und trafen sich ab und zu. Ja klar, die beiden mussten gemeinsame Sache machen. Und das war für Kai das Allerletzte. Soweit ich Kai Minnert bislang in unseren Ermittlungen kennen gelernt habe, war er ein fairer Typ mit festen Grundsätzen. Es wird ihm sehr zugesetzt haben, dass sein Lebensgefährte derlei Intrigen spinnt.» Wencke kramte sich eine Zigarette aus der Jackentasche. Der Tabak krümelte schon durch das aufgerissene, dünne Papier unterm Filter, so mitgenommen war das Ding. Sie hielt schützend eine Hand um das Feuerzeug und probierte eine ganze Weile. Nach kurzem Schimpfen brannte die Zigarette endlich. Der Rauch löste sich in der frischen Luft auf, kaum dass er ausgeatmet wurde. «Er ist also wieder los. Auf der Suche nach Henner, wo steckt der Scheißkerl? Ich bin mir sicher, Kai hatte in diesem Moment innerlich schon einen Schlussstrich unter die Beziehung gezogen. Aus und vorbei. Ihm muss alles wehgetan haben.» Wencke schaute fast wütend in die Ferne. Sie schien mit ihren Gedanken dort zu sein, an Kai Minnerts Seite, kurz bevor er in einem engen Schaufenster erstickt ist. «Aber warum hat er dann noch Sekt getrunken? Also Bier und Grünkohl und dieser gefährliche Schnaps, alles klar, alles eingeordnet. Aber warum trinkt der Kerl noch Schampus?» Die Zigarette war schon halb aufgeraucht. «Er muss sich verbündet haben. Er muss mit jemandem auf das ganze Elend angestoßen haben, so nach dem Motto: Uns geht es dreckig und das macht uns stark, Prost!»

«Astrid Kreuzfeldt!»

«Wie kommst du darauf?» Wencke sah ihn verblüfft an.

«Sie wäre die Einzige, mit der er sich in diesem Moment zusammenschließen könnte.»

«Du meinst: Komm, wir wissen, wie beschissen die Welt ist, und die anderen werden sich noch wundern, dass wir nicht so doof sind, wie sie glauben.»

«Ja.»

«Wir trinken ein Piccolöchen hier im Laden, ganz friedlich, scheißegal, dass wir früher mal ein absolut verlogenes Verhältnis hatten, jetzt ist jetzt und hier ist hier?»

«Ja.»

«Und dann legen wir uns ganz gemütlich ins Schaufenster und schlafen uns den Frust aus'm Kopf?»

«Hm ... Nein!»

«Aber vielleicht hatte er sich gar nicht zum Schlafen hineingelegt ...»

«... sondern etwas herausholen wollen.»

«... was ein anderer vor ihm verzweifelt gesucht hat.»

«Ja!» Das war es, dachte Sanders. So musste es gewesen sein. Minnert hatte die wertvollen Papiere in seinem engen, unzugänglichen Schaufenster versteckt. Vielleicht in einem der Leuchttürme, hinter einem Ölbildchen im Messingrahmen. Irgendwo dort. Weil er der Einzige war, der in diesem engen Raum hantieren konnte, ohne dass ein Insulaner stutzig geworden wäre. Weil es ja schließlich alle gesehen hätten. Mitten auf der Wilhelmstraße.

«Er hat sich mit Astrid Kreuzfeldt im Laden getroffen, die beiden Schicksalsgenossen haben sich zusammengetan, Sekt getrunken, und dann ist Minnert ins Schaufenster gekrochen, um dieses *Hagebutten-Mädchen* herauszukramen. Und dabei ist er vielleicht stecken geblieben, immerhin war er ziemlich alkoholisiert und nicht der Magerste. Er hat den Rückweg nicht so ganz geschafft, hat besoffen aufgegeben, wie es nur Betrunkene tun, ist dann vielleicht eingeschlafen ...» Wow, diese Geschichte hörte sich gut an, dachte Sanders, wirklich gut. «Und dann hat die Kreuzfeldt die Blätter aus seiner Hand genommen und die Rückwand verschlossen. Würde auch dazu passen, dass der Griff so säuberlich abgewischt war! Oder nicht?»

Wencke musste ein wenig gegen die Sonne blicken, wenn sie ihn anschauen wollte. «Ich kenne aber leider auch den Haken an dieser Theorie.»

«Und der wäre?»

«Gestern Vormittag hat Astrid Kreuzfeldt definitiv noch nichts vom Verhältnis ihres Mannes gewusst!»

«Was macht dich da so sicher? Bauchgefühl?»

«Ja, Bauchgefühl. Ich war dabei, als ihr heute die Nerven durchgegangen sind.» Scheinbar unbewusst strich sie sich über den blauen Fleck am Kinn. «Ihr Mann und Seike Hikken! Soweit ich weiß, sind die beiden sogar noch gute Freundinnen gewesen. Astrid Kreuzfeldt ist ausgerastet, als ihr klar wurde, dass sie nicht nur übel hintergangen wurde, sondern dass ihr Sohn auch noch einen Halbbruder hat. Daran war nichts gespielt, nichts geflunkert.» Er musste sie misstrauisch angeschaut haben, denn sie setzte energisch hinzu: «Das weiß ich eben! Astrid Kreuzfeldt kann unmöglich am Freitagabend schon alles erfahren und dann mit Kai Minnert einen auf das ganze Elend gekippt haben. Dann hätte sie am Samstag nicht so gelassen neben ihrem Bruder gestanden. Das geht nicht!»

«Ja, ist schon gut, ich glaube dir ja!» Es war ärgerlich. Alles andere hätte so hervorragend gepasst.

«Aber Henner Wortreich und Gerrit Kreuzfeldt hätten ebenfalls im Laden sein können. Vielleicht haben sich die drei Herren wieder vertragen und Henner und Gerrit haben so getan, als hätten sie auf einmal kein Interesse mehr an dem *Hagebutten-Mädchen*. Auf die vermeintliche Versöhnung haben sie dann einen Sekt getrunken. Als Minnert dann schließlich das Manuskript herausgefischt hat, nutzten sie die Gelegenheit und schlossen die Rückwand!»

«Hm», grummelte Sanders skeptisch. «Das kann ich mir nun aber nicht vorstellen.»

«Aha, und warum bitte nicht?»

«Wencke, du bist nicht die Einzige, die manchmal ganz brauchbare Eingebungen hat!»

«Nun sag mir nicht, du denkst intuitiv! Du bist doch eigentlich der sachlichste Mensch, der mir je untergekommen ist.»

«Menschen können sich ändern, oder nicht?» Er blickte ihr direkt ins Gesicht. Sie blinzelte kurz, dann schaute sie verlegen weg. «Als wir am ersten Tag in Wortreichs Wohnung waren, sah es dort relativ unordentlich aus. Nicht richtig chaotisch, aber vielleicht erinnerst du dich noch an die gestapelten Zeitschriften auf dem Boden und ...»

«... die zerbröselte Schokolade auf dem Tisch? Ja, du hast Recht. Und?»

«Als du am Sonntagmorgen dort warst, wie sah es da aus?»

«Piccobello!»

«Siehst du, ist mir auch aufgefallen. Man hätte quasi die wenigen Staubkrümel zählen können, die sich noch finden ließen.»

«Aber er könnte doch einfach ... einfach aufgeräumt haben. Es gibt einige Menschen, die so ihre Trauer kompensieren.»

«Als Glaser und ich mit dem Durchsuchungsbefehl die Wohnung auf den Kopf gestellt haben, da hatte ich aber eher den Eindruck, dass jemand ganz systematisch jeden Winkel unter die Lupe genommen hat. Alles an Ort und Stelle, alle unnötigen Unterlagen aussortiert. Bis auf dieses Buch von Theodor Storm, das nicht alphabetisch geordnet stand, aber dort konnte Minnert das Manuskript auch nicht versteckt haben.»

«Ach, jetzt verstehe ich. Deine neuerdings in Erscheinung tretende Inspiration sagt dir also, dass Henner Wortreich irgendwann zwischen unserem ersten Besuch am Samstagmittag und am Sonntagmorgen seine Wohnung auf der Suche nach dem Manuskript durchforstet haben könnte.»

«Genau, und aus diesem Grund wird er nicht in der Mordnacht schon die begehrten Blätter in die Finger bekommen haben. Nach Versicherungspolicen, Testament und all diesem Kram hätte er nicht sofort und in diesem Ausmaß suchen müssen, weil da nichts eilte. Doch das *Hagebutten-Mädchen* musste er finden, bevor jemand hinter diese Geschichte kam.»

«Zugegeben, das hört sich stimmig an!» Wencke streckte ihm die Hand entgegen: «Los, Axel Sanders, aufgestanden jetzt. Ich denke, wir sollten Astrid Kreuzfeldt besuchen. Henner Wortreich können wir leider nicht mehr fragen, Gerrit Kreuzfeldt und Seike Hikken können wir auch besser über die betrogene Ehefrau kennen lernen und ansonsten ...»

«Und diesen Bonnhofen?»

«Den auch.» Dann zog sie ihn in die Senkrechte, er ließ ihre Hand allerdings nicht mehr los, sondern ging oder rannte mit Wencke im Schlepptau durch den weichen Sand in Richtung Strandaufgang.

Montag, 22. März, 9.00 Uhr

Um neun Uhr – Pünktlichkeit ist eine deutsche Tugend – ging das Handy. Bonnhofen hatte bereits seinen Reisekoffer gepackt. Aus Höflichkeit hatte er sogar die Bettwäsche abgezogen, wo es doch wirklich nett war, dass seine Pensionswirtin ihn noch eine Nacht länger hier hatte schlafen lassen, obwohl die Kollegen von den Norderneyer Döntje-Singers bereits gestern Abend, ziemlich erleichtert, die Insel verlassen hatten. Er würde gleich fliegen, um halb elf ging seine Maschine direkt nach Norderney.

Gestern Abend. Er hatte sich mehr davon versprochen, noch die Nacht von Sonntag auf Montag hier zu bleiben. Er hatte sich, genau genommen, eine Unterschrift davon versprochen. So dicht davor war er gewesen – der Bürgermeister war mit der Spitze seines Kugelschreibers nur ganz wenige Zentimeter vor dem Vertragspapier gewesen, als die Frauen hereinplatzten und die Sache mit dem toten Schwulen erzählten.

Danach war das Chaos losgebrochen. Und Bonnhofen hätte nie gedacht, dass sich die Aufregung bis zum Abend nicht mehr legen würde. Das hatte sie leider aber getan: sich nicht gelegt. Die anderen Insulaner waren schon längst abgereist, da standen die Juister noch immer heftig palavernd auf der Wilhelmstraße, am Kurplatz, vor dem Rathaus, an der Post. *Haste schon gehört ...*

Wie seltsam, dachte Bonnhofen, wie seltsam, dass sich die Sache mit diesen Antiquitäten, die er sich bei der Polizei so frech aus den Fingern gesogen hatte, tatsächlich als zutreffend erwiesen hatte. Fast schon komisch. Von einem Akkordeon war die Rede, von alten Schriftstücken und vergessenen Insel-Legenden. Und dass sie den Minnert deswegen ermordet hätten. Der Wortreich war ja mehr oder minder aus Versehen von einer Polizistenkugel erwischt worden, das war ja kein Mord. Aber alle sagten, dass er seinen homosexuellen Freund auf dem Gewissen hat. Wegen dem *Hagebutten-Mädchen*, was immer das auch war. So machte die Geschichte die Runde. Und Bonnhofen hörte nur zu und gab nie seinen Senf dazu: Das war besser so. So viel Glück muss der Mensch erst einmal haben, dass ein dringend Tatverdächtiger durchdreht und dann von einem Ordnungshüter umgenietet wird. Obwohl er es ja in Wirklichkeit gar nicht gewesen ist, aber das wusste nur Bonnhofen.

Bonnhofen hatte also am Sonntagabend in der *Spelunke* gesessen, sich das Tresengerede angehört, geschwiegen und gewartet, ob der Bürgermeister vielleicht noch aufkreuzen würde. Er hatte im *Hotel Friesenhof* Bescheid gegeben, dass er in der Kellerkneipe zu finden sei, doch der große, wichtige Mann hatte sich leider trotzdem nicht blicken lassen. Aber vielleicht wäre das auch zu viel Glück auf einmal gewesen. Die Sache mit dem toten Unschuldigen und dann noch ein Vertragsabschluss? Man sollte dem wetterwendigen Schicksal nicht zu viel Sonne abverlangen, dachte Bonnhofen.

Und nun ging das Handy, Bonnhofen nahm das Gespräch an, zwang sich zu einem Lächeln, welches man durchs Telefon noch hören sollte, damit der Mann an der anderen Seite der Leitung gleich dachte, alles sei in Ordnung und Bonnhofen in Bestform.

«Herr Dr. Johannsen, wie schön, dass Sie anrufen!»

Johannsen antwortete etwas, doch Bonnhofen konnte sich nicht so recht konzentrieren, da es an seiner Zimmertür klopfte, und zwar heftig. War vielleicht schon die Kutsche zum Flugplatz da und die Vermieterin wollte Bescheid geben? Beiläufig und ohne richtig hinzuschauen öffnete er die Tür. Sie sollte sehen, dass sie gerade störte: «Herr Dr. Johannsen, wie ist das Wetter in München? Hier auf Juist strahlt seit vier Tagen die Sonne, fast wie im Sommer, Sie können sich gar nicht vorstellen, wie traumhaft idyllisch unser kleines *Inselhuus* im Frühling aussieht!»

Und dann drehte er sich doch um, wollte ihr mit einem hektischen Zwinkern zu verstehen geben, dass er gleich so weit wäre, doch da stand nicht die Vermieterin mit einem Fuß im Zimmer, sondern die Kommissarin. Und zwar mit beiden Beinen. Und er wusste sofort, dass es aus und vorbei war. Er fluchte «Scheiße» in den Hörer und legte auf.

Montag, 22. März, 9.01 Uhr

So ein Gesicht. Selten hatte Wencke so ein erschrockenes Gesicht gesehen. Wie er da stand, dieser Tjark Bonnhofen, eben hatte er noch so überkandidelt mit einem Dr. Johannsen aus München telefoniert. Wencke kannte da einen

Dr. Johannsen aus München. Er war Parteivorsitzender der «Deutsch-Traditionellen Brüderschaft», einer politischen Vereinigung mit eindeutig nationalsozialistischer Prägung, die vor kurzem erst angekündigt hat, dass sie bei der nächsten Bundestagswahl antreten wolle, und zwar als Parteienbund mit all den anderen rechten Vereinigungen. Und mit dem hatte Tjark Bonnhofen bis eben telefoniert. Das passte ja.

Und nun stand er da und ließ die Schultern herabhängen, wie seine Mundwinkel auch.

«Herr Tjark Bonnhofen, wir verhaften Sie wegen des dringenden Tatverdachts, dass Sie am Freitag, den 19. März 2004, gegen 22.15 Uhr die Schaufensterrückwand im Trödelladen in der Wilhelmstraße geschlossen haben, was für Kai Minnert tödliche Folgen hatte, da er aufgrund von Sauerstoffmangel am frühen Morgen des 20. März erstickt ist.»

«Ich verstehe», entgegnete Bonnhofen nur matt.

«Ihre Rechte?»

«Meine Rechte kenne ich.»

«Wollen Sie einen Anwalt dazunehmen, bevor wir ein Gespräch zu diesem Tatverdacht führen?»

Bonnhofen winkte ab. Entweder hatte er resigniert oder war sich seiner Sache noch zu sicher.

«Wir haben eine Augenzeugin, die Sie dabei aus nächster Nähe beobachtet hat!»

«Das kann nicht sein!», gab Bonnhofen zurück. In diesem Moment erschien Astrid Kreuzfeldt in der Tür, begleitet von Sanders, der bis zu diesem Zeitpunkt laut Absprache im Pensionsflur warten sollte.

«Ich habe diese Frau aber noch nie gesehen!», murrte Bonnhofen.

«Das kann schon sein, Bonnhofen, sie hatte sich auch zu diesem Zeitpunkt im Laden versteckt gehalten.»

«Versteckt? Wo sollte man sich in diesem Kleinkram-Chaos verstecken? Es ist doch lächerlich, wenn Sie mich auf diese Weise überführen möchten. Mit billigen Tricks!» Bonnhofen schnaubte wie ein Pferd.

«Tja, nun haben Sie sich aber genau bei diesem billigen Trick der Falschaussage überführt. Woher wissen Sie denn, wie es im Innern des Ladens ausgesehen hat? Laut Aussage haben Sie sich nie dort aufgehalten.» Wencke lächelte ihn an. Sie wusste, dass ihr Grinsen etwas zu breit und etwas zu gehässig für eine Kriminalkommissarin war. «Allerdings haben uns Ihre Fingerabdrücke bereits dasselbe verraten. Also ärgern Sie sich nicht über sich selbst!» Natürlich tat er es doch. Man konnte deutlich sehen, dass er versuchte, selbstbewusst zu wirken, während sich am Unterkiefer rote Flecken in Briefmarkengröße bildeten, schön verteilt den Hals hinab. Der Mann kochte vor Wut. Nun wandte Wencke sich an Astrid Kreuzfeldt. «Ist das der Mann, den Sie, während sie hinter der Tuba kauerten, beobachtet haben?»

«Kein Zweifel!», antwortete Astrid Kreuzfeldt. Sie war noch immer so blass, dass Wencke Sorge hatte, sie würde zusammenbrechen, wenn Sanders ihr nicht den Ellenbogen stützen würde. Obwohl sie erstaunlich lange durchgehalten hatte mit dem Abstreiten. Erst als heute Morgen der Anruf von Rieger aus Oldenburg kam, dass ihre Fingerabdrücke zwar nicht auf der Rückwand, dafür aber an der Tuba in der Ladenecke gefunden worden waren, da hatte sie ein wenig zu wanken begonnen. Die anschließende Hausdurchsuchung gab ihr dann den Rest: das Akkordeon im Schlafzimmerschrank; das Mikrofasertuch, mit dem die Schaufensterwand abgewischt worden war, in der Wäsche. Aber das wichtigste Beweisstück hatten sie erst nach zwei Stunden intensiver Suche gefunden. Angefangen hatten sie um Viertel nach sechs, ohne eine Tasse Kaffee oder ein Brötchen im Magen, aber die Quälerei hatte sich gelohnt. Ganz versteckt unterhalb des Spülbeckens in der Küche hatten sie das Manuskript gefunden. Nur ein paar Blätter, mit unleserlicher Schrift, etlichen Flecken und Staub. Es war schon erstaunlich, dass diese Papiere so viel wert sein sollten.

Und dann hatte Astrid Kreuzfeldt endlich mit dem Reden angefangen. Knapp, in aufgeräumten Sätzen, wie es zu ihr passte. Sie sprach so, als hätte sie sich das Geständnis bereits im Geiste zurechtgelegt.

«Kai Minnert hat mich am Freitagabend ganz überraschend besucht. Er wollte sich mit mir solidarisieren, da wir beide von unseren Partnern hintergangen worden waren. Ich dachte in diesem Moment fälschlicherweise, dass mein Mann Gerrit ein Verhältnis mit meinem Bruder hatte, ziemlich verworren, ich weiß, aber diese Angst geht auf ein bestimmtes Erlebnis in der Vergangenheit zurück, aber davon haben Sie ja sicher schon gehört. Erst wollte ich nicht mit Kai gehen, doch so gegen zehn Uhr habe ich dann doch das Haus verlassen. Irgendwie hatte ich die Gewissheit, dass sich nun endlich alles klären würde, dass alles zu einem Ende käme. Wie hätte ich zu Hause bleiben können? Minnert hatte sich und mir eine Aussprache zwischen allen Beteiligten versprochen, deshalb ging ich zum Laden. Wir tranken zusammen eine Flasche Sekt, vielleicht wollten wir uns Mut machen oder auch den Ernst der Lage überspielen, ich habe keine Ahnung. Leider vertrage ich überhaupt keinen Alkohol, das hastige Trinken machte mich benommen. Irgendwann ist Kai dann in sein Schaufenster gestiegen. Er wollte etwas hervorholen, etwas sehr Wertvolles, hat er mir gesagt. Und Henner und Gerrit hätten diese Sache unterschlagen und verkaufen wollen, um damit den Kauf der *Villa Waterkant* zu finanzieren. Aber dann ist Kai nicht mehr aus dem engen Fenster herausgekommen. Ich habe ihm das wertvolle Päckchen aus der Hand genommen, damit er beweglicher ist, und in diesem Moment ist ein Unbekannter aufgetaucht. Die Tür war ja nicht verschlossen, schließlich haben wir auf Henner und Gerrit gewartet. Ich glaubte im ersten Moment an einen Überfall, und da ich ja dieses wertvolle Paket in den Händen hielt, suchte ich mir das erstbeste Versteck: die alte Tuba in der Ladenecke. Ich bin ja nicht so groß, ein wenig zusammengekrümmt passte ich dahinter, nur atmen durfte ich fast gar nicht. Der Unbekannte hatte sich dann mit Kai gestritten. Es ging um das *Inselhuus*, der Mann hat Kai fünftausend Euro geboten, damit er niemandem erzählte, wer der eigentliche Käufer des Hauses sei. Aber ich weiß nicht wirklich, um was es dort ging, zudem konnte ich Kais Antworten aus dem Schaufenster nicht verstehen. Er nuschelte, ich glaube, es ging ihm ziemlich schlecht. Der Fremde schimpfte, wurde wütend, schließlich hat er die Schaufensterrückwand vorgeschoben und mit dem kleinen Messingschloss verriegelt. Dann ist er gegangen, ich glaube, er hat noch etwas gesagt, ‹Gute Nacht, wir sprechen uns morgen› oder so. Glauben Sie mir, ich war ganz schwach auf den Beinen und musste erst einmal durchatmen. Als ich dann aus meinem Versteck kriechen wollte, erschienen tatsächlich Henner und Gerrit im Laden. Erst war ich erleichtert, ich hatte den einen Fuß schon neben der Tuba durchgeschoben, doch dann hörte ich Gerrit: ‹Du hast ja Recht, ich bin ja froh, wenn ich die Astrid los bin, und mit dem Geld geht das Ganze wesentlich schneller, du hast ja Recht!› So etwas aus dem Mund des eigenen Mannes, das tut weh, glauben Sie mir. Selbst wenn ich gewollt hätte, nach diesem Satz war ich nicht mehr in der Lage aufzustehen. Die Männer standen vor der verriegelten Rückwand, ich denke schon, dass sie wussten, wer sich dahinter befand. Einer von den beiden hat das Schloss zögerlich berührt, ich weiß nicht mehr, wer. Doch dann haben sie sich wortlos angeschaut, einen ganz kurzen Augenblick nur, und sind gegangen. Einfach so. Sie verstanden sich ohne Worte, waren einer Meinung, ich habe in diesem Moment noch mehr an meinen Verdacht geglaubt, dass sie eine Beziehung hatten. Es dauerte eine Ewigkeit, bis ich mich wieder bewegen konnte. Wie gelähmt hockte ich hinter der Tuba und drehte das Paket unentwegt in meinen Händen. Aus dem Schaufenster kam kein einziger Laut. Bis auf mein Herzklopfen war es völlig still im Laden. Schließlich bin ich aufgestanden, wie automatisch. Ich kann nicht genau sagen, ob ich bei Verstand war oder kurz vorm Durchdrehen. Die Angst, die Verzweiflung, der Alkohol, ich war wohl unzurechnungsfähig, doch ich fühlte mich völlig klar im Kopf, als ich einen herumliegenden Lappen nahm und die Rückwand abwischte. Keine Fingerabdrücke, dachte ich nur. Und dabei ging es nicht um mich, schließlich hatte ich an dieser Stelle keine Spuren hinterlassen. Wie soll ich es erklären? Ich wischte die Spuren der Männer fort, so, als könne ich damit die letzten Minuten ungeschehen machen. Ich hatte zu viel gehört. Was sollte aus meinem Sohn werden? Der Vater und der Onkel, zwei skrupellose Betrüger, die mir und Michel alles nehmen wollten, was wichtig war. Es war wie vor fünfzehn Jahren, als mir schon einmal das Fundament meines Lebens zerbrochen ist und ich in einen Abgrund aus Lügen und Demütigung gefallen bin. Nein, diesmal war es noch schlimmer. Es kam immer noch kein Laut aus dem Schaufenster, vielleicht war Kai eingeschlafen, ich weiß es nicht. Hätte er gerufen, dann hätte ich ihn wahrscheinlich wieder befreit, doch es blieb stumm und ich habe ihn vergessen. So muss es gewesen sein, ich habe ihn einfach vergessen, weil ich so mit mir und meinen neuen alten Wunden beschäftigt war. Sonst hätte ich ihn doch da rausgeholt, ganz bestimmt. Ich wusste noch nicht, in welcher Gefahr er schwebte. Ich hatte keine Ahnung. Nicht so wie mein Bruder Henner, der als Taucher ganz genau wissen wird, wie viel Atemluft der Mensch zum Überleben braucht, wie viel Kubikmeter Kai wohl zur Verfügung standen. Genau wie mein Mann Gerrit, Feuerwehrmann, er kennt sich aus mit Atemschutzgeräten und so, er wird von der Gefahr gewusst haben. Als ich von Minnerts Tod erfuhr, habe ich gleich gedacht: Die beiden könnten es gewusst haben. Aber trotzdem war *ich* es, die ihn nicht gerettet hat. Das werde ich nie verstehen. Ich muss völlig weggetreten gewesen sein. Es macht doch sonst keinen Sinn! Hab ihn einfach dort drinnen liegen lassen, habe die Fingerabdrücke weggewischt, die Ladentür verschlossen und den Schlüssel gemeinsam mit den Sektgläsern und der Flasche in den Altglascontainer beim Bootshaus eingeworfen. Und dort habe ich auch erst bemerkt, dass ich noch immer dieses Paket unter dem Arm trug. Wirklich erst dann. Von dort bin ich nach Hause gegangen. Einfach so. Ich muss total daneben gewesen sein. Mein Leben war in diesem Moment am Ende, dachte ich.»

Tjark Bonnhofen, der noch immer dastand wie ein Weltcupboxer kurz vor dem K.o., ungläubig und trotzig, kannte diese Geschichte natürlich noch nicht in all ihren Details. Er wusste nicht, dass er letztlich nur Handlanger war, dass er, wahrscheinlich noch nicht einmal mit konkreter Mordabsicht, die Rückwand verschlossen hatte, und drei Personen, die um die tödliche Falle Bescheid wussten, seine Tat nicht rückgängig gemacht hatten. Natürlich würden sie alle bestraft werden. Wie und mit welchem Strafmaß, das wusste Wencke in diesem Moment noch nicht, und es war ihr auch, gelinde gesagt, schnurzegal.

Ironischerweise hatte Bonnhofen mit seiner Lügengeschichte im Polizeirevier sogar noch unwissend dazu beigetragen, dass die ganze Geschichte hinter dem Fall aufgedeckt wurde. Ohne seine erfundene Zeugenaussage, in der er von seinem unheilschwangeren Gespräch mit Kai Minnert und dessen Andeutungen in Richtung Antiquitäten berichtet hatte, wäre Wencke niemals, oder zumindest nicht so schnell, auf die Geschichte mit dem *Hagebutten-Mädchen* gestoßen. Das war schon irgendwie kurios, fand Wencke, auch wenn Bonnhofen sicherlich nicht darüber lachen konnte. Und Wencke würde ihm sowieso nichts davon erzählen. Dazu war der Anblick der sich ausbreitenden hektischen Briefmarkenflecken auf seinem Gesicht und an seinem Hals einfach zu herrlich.

Er hatte immer noch das Handy in der Hand. «Ich denke, ich rufe dann doch einmal bei meinem Anwalt an.»

«Tun Sie das, Bonnhofen. Und erzählen Sie ihm auch gleich die Sache mit der Falschaussage bei meinem Verhör, erzählen Sie ihm die Sache mit der versuchten Schweigegeldbestechung, die Frau Kreuzfeldt als Zeugin vor Gericht angeben wird, und vergessen Sie nicht den zweiten Bestechungsversuch bei Frau Hikken, von dem wir bereits ebenfalls in Kenntnis gesetzt worden sind!»

«Ihr Scheiß-Weiber», fluchte Bonnhofen. Wencke hatte keine Ahnung, warum er es tat, vielleicht hatte er ohnehin ein Problem mit Frauen, aber was ging sie das an?

Montag, 3. Mai, 17.22 Uhr

Sanders?»
«Ja?»
«Ich bin's, Wencke.»
«Lange nichts von dir gehört.»
«Sechs Wochen ...»
«Schön, deine Stimme zu hören.»
«Hm ...»
«Was gibt's?»
«Heute kam der Bescheid, dass die Verhandlungen im Oktober stattfinden sollen. Gegen Bonnhofen wegen Freiheitsberaubung, Gerrit und Astrid Kreuzfeldt stehen wegen unterlassener Hilfeleistung vor Gericht, und alle drei haben sich zusätzlich noch wegen fahrlässiger Tötung zu verantworten. Werden bestimmt ziemlich lange dauern, die Prozesse, und ich glaube nicht so ganz daran, dass wirklich etwas dabei herauskommen wird. Vorsatz wird man sicher keinem der drei nachweisen können, wie denn auch. Oder hast du eine Ahnung, wie es wirklich gewesen ist an diesem Freitagabend?»
«Hier auf Juist ist man sich sicher, dass sie es alle wussten.»
«Was?»
«Na, dass Kai Minnert in seinem Schaufenster sterben würde.»
«Und was erzählt man sich sonst so auf Juist?»
«Ach, na ja, viel über Henner Wortreich und Kai Minnert. Bei der Beerdigung war, glaube ich, die ganze Insel anwesend. Alle waren, hm, wie soll ich sagen, ziemlich ergriffen. Sie werden fehlen auf Juist, weil sie so anders und doch so mittendrin waren, hat die Pastorin gesagt, und ich glaube, damit hat sie den meisten aus der Seele gesprochen. Auf jeden Fall liegen immer frische Blumen auf dem Grab, von wem auch immer.»

«Und wie gehen sie mit dir um?»

«Sie grüßen mich nach wie vor, und das will bei den Insulanern schon was heißen.»

«Tut mir Leid, das mit deiner Stelle bei der GER in Nordhorn!»

«Ach so, ja, mir auch. Der andere Bewerber hat sich eben durchgesetzt. Kann ich auch verstehen, es wäre nicht gerade geschickt, einen leitenden Ermittler einzusetzen, der vor gerade mal sechs Wochen einen Menschen ohne Warnung mit der Dienstwaffe erschossen hat.»

«Aber denen ist doch klar, dass *ich* sonst erschossen worden wäre, oder?»

«Glaub schon. Die Verhandlungen sind bislang recht fair verlaufen. Nur den Job im Emsland ... aber na ja. Ich gönne sie dem anderen ja auch.»

«Wirklich?»

«Es ist Rüdiger Glaser, weißt du? Der Zöllner von Juist, stell dir vor. Die ganzen Monate arbeiten wir Hand in Hand und in allerbester Freundschaft auf Juist, und dann stellt sich heraus, dass wir uns beide um denselben Posten beworben haben.»

«Oh!»

«Wie gesagt, ich gönne es ihm von Herzen. Er ist ein wirklich guter Mann. Seine Theorie am Anfang unseres Falles, weißt du noch? Dass es nicht nur eins, sondern einen ganzen Haufen Motive für den Mord an Minnert geben wird. Kannst du dich erinnern? Seine Vermutung hat sich bestätigt. Und da sage ich: Hut ab. Sehr engagiert, sehr diszipliniert, sehr ...»

«Hey, hey, hey, so bist du aber auch, Sanders.»

«Meinst du?»

«Es ist im Prinzip sogar der Grund, weshalb ich dich in deiner vorletzten Arbeitswoche auf Juist behellige. Ich habe nämlich heute einen Brief bekommen.»

«Und?»

«Aus Hannover. Vom Big Boss persönlich.»

«Der die Abteilung zusammenstreichen wollte am Tag, als der Mord passiert ist?»

«Ja, genau der. Höchstpersönlich. Stell dir das vor!»

«Ist ja 'n Ding!»

«Aber hör dir erst mal an, was er geschrieben hat. Pass auf, den Bürokratenkram lass ich raus, nur die wichtigsten Stellen ... hier steht's: *Da wir im März aufgrund von außendienstlichen Tätigkeiten Ihrerseits nicht zu unserem Gespräch gekommen sind und da uns auch sonst vor Augen geführt wurde, dass in Aurich personell äußerst eng, wenn auch nicht uneffektiv, gearbeitet wird, sind wir nach Beratung mit den zuständigen Finanzierungsbehörden zu dem Schluss gekommen ...* und jetzt pass auf, jetzt kommt's: *... dass wir für Ihre Abteilung ab nächsten Monat wieder eine zusätzliche Vollzeitstelle einrichten werden!*»

«Gibt's ja nicht! Das habe ich in meiner gesamten Dienstzeit noch nicht gehört. Gratuliere, Wencke!»

«Ich bin so erleichtert, wirklich! Nach Dienstschluss werden Greven, Britzke und ich erst einmal einen trinken gehen, aber richtig!»

«Ich wünsche euch viel Spaß!»

«Ja, aber da ist noch was anderes. Neben dem Feiern wollte ich meine lieben Kollegen auch noch etwas fragen.»

«Ja?»

«Ob sie sich vorstellen könnten, wenn diese neue Stelle von einem alten Bekannten besetzt werden würde ...»

«Aha, also, du dachtest doch nicht etwa ...?»

«Würdest du?»

«Wieder unter deiner Fuchtel arbeiten? Wieder anarchistische Team-Meetings ertragen? Wieder planlose Ermittlungen miterleben?»

«Na, dann ...»

«Ja!»

«Wie *ja*? Planlose Ermittlungen nein danke oder ja bitte?»

«Ja bitte, natürlich. Ich muss mir aber erst eine neue Wohnung suchen und Möbel kaufen. Meine alten habe ich ja bei eBay versteigert, und außerdem ...»

«Ach, Sanders, unterkommen kannst du erst einmal bei mir. Wenn du willst, versteht sich. Von Aurich aus kannst du das andere dann ja noch regeln. Ich hab noch ein kleines Zimmer frei. Nichts Großes, aber eine Matratze passt noch rein, es ist so 'ne Art Büro.»

«Seit wann arbeitest du denn in einem Büro?»

«Eben!»

«Na, dann ...»

Sandra Lüpkes

«Ein Nachwuchsstar der deutschen Krimiszene.»
Jürgen Kehrer in der Süddeutschen Zeitung

Fischer, wie tief ist das Wasser
Küstenkrimi
rororo 23416

Halbmast
Kriminalroman
rororo 23854

Inselkrimis mit Kommissarin Wencke Tydmers:

Das Hagebutten-Mädchen
Shantychöre und Döntjeserzähler der sieben ostfriesischen Inseln treffen sich auf Juist. Doch der feuchtfröhliche Abend endet tödlich. Die impulsive und oftmals chaotische Kriminalkommissarin Wencke Tydmers versucht, den Mörder zu finden ...
rororo 23599

Die Sanddornkönigin
rororo 23897

Der Brombeerpirat
Norderney. Die 14-jährige Leefke: tot, Wenckes Bruder: verschwunden. Besteht ein Zusammenhang?
rororo 23926

Die Wacholderteufel
rororo 24212

Das Sonnentau-Kind
Küstenkrimi
Wie schafft man es nur, Job und Kind unter einen Hut zu bekommen? Die Auricher Kommissarin Wencke Tydmers zwischen Mord und Mutterpflichten.

rororo 24408

Weitere Informationen in der Rowohlt Revue *oder unter* www.rororo.de